JN295121

東日本大震災の人類学

――津波、原発事故と被災者たちの「その後」

トム・ギル
ブリギッテ・シテーガ　＝編
デビッド・スレイター

人文書院

もくじ

Ⅱ　見えない被害と向き合う

Ⅲ　被災者たちの日常

秋田市
盛岡市
宮古市
山田町
岩手県
大槌町
釜石市
秋田県
大船渡市
陸前高田市
気仙沼市
南三陸町
山形県
宮城県
石巻市
女川町
東松島市
塩竈市
山形市
仙台市
七ヶ浜町
福島市
飯舘村
南相馬市
川俣町
双葉町
二本松市
福島第一原発
郡山市
大熊町
福島県
20キロ区域
いわき市
0
20km
40km

本書関連地図

東日本大震災の人類学

津波、原発事故と被災者たちの「その後」

本書は国際交流基金の助成を受けて刊行されました。

イントロダクション：3・11を語る

ギル／シテーガ／スレイター

3・11の二年後

いつの間にか3・11から二年経った。この歴史的な大震災を、ようやく冷静に見つめることが可能になったのではないか。当時、「日本が二度と元の姿に戻ることはない」などとよく言われたが、今では多くの日本人が3・11以前とそう変わらない生活をしている。復興のニュースがテレビに出ない日が増えつつある。子供の沿岸遊びも震災の翌年から許されることとなった。せっかく買った放射能測定器は引き出しの奥に眠っている。日本に来る外国人観光者はほぼ大震災の前の水準に戻ってきた(1)。震災のために全国規模で激変したと言えそうなことは原子力発電を取り巻く状況くらいで、五三基ある日本の原子炉のうち二〇一三年三月現在稼働しているのは二基のみである。ところが「原発ゼロ」というスローガンが流行ったにもかかわらず、それに反対する自由民主党が二〇一二年一二月一六日の総選挙で大勝したことで、この変化の先行きも怪しくなった。「物事が変われば変わるほど、今までと同じことに(2)」というわけである。しかし日本のほとんどの地域で以前と変わらない日常生活が営まれる一方、岩手県・宮城県・福島県の人々のなかには、二度と元通りには戻れないほど、人生が激変してしまった人々もいる。この論集でとりあげるのは、そうした人たちである。

　死者の数のみに限っていうと、３・１１より悲惨な震災はこれまでも世界にはたくさんあった。今回の東北大震災では二万人近くが犠牲となったが、二〇〇四年のスマトラ島沖地震・津波での死者は約二四万人だった。二〇一〇年のハイチ地震では約三一万六千人が亡くなり、３・１１の約一六倍だった。ハイチやスマトラで被害者がこれほどの数にのぼった理由のひとつは、第三世界のインフラが先進国ほど整っていないことにあった。一方、３・１１の経済的損害について、世界銀行や日本政府は一〇～二五兆円と推計している。日本の不動産が高額のため、ハイチ地震と比べて、経済的損害は日本のほうがはるかに上まわった。経済的に見れば史上最悪の自然災害であることは間違いない。このように、自然災害による被害規模の測定は、社会経済的な側面によって大きく左右される。英語に「比較はするものではない（comparisons are odious）」ということわざがあるとおり、地震の悲惨さは死者の数や経済的損害の数字だけで測れるものではないが、世界の大災害と３・１１を数字で比較しそれぞれの悲惨さを改めて認識することには意味があるだろう。

「歌は世につれ、世は歌につれ」

　確実なことは、３・１１が世界史上最も徹底的に記録された大震災だということである。震災の現場にこれほど多くのデジタルカメラ、カメラ付き携帯電話、監視カメラなどが集中したことは未だかつてなかった。新聞、テレビ、ブログ、フェイスブック、ツイッター、ユーチューブなどを介して大量の情報が世界中に流された。社会科学者は普通、資料が足りないと嘆くものだが、今回の場合は逆に資料が膨大すぎる。その膨大な資料を整理しようとしている研究施設[3]もあるが、どんなに時間をかけても全部を見るのは不可能だ。だからこそ今、社会科学者の出番ではないか。急いで書かれては忘れ去られる記事やツイートのような情報ではなく、現地でじっくりと当事者の声を聞くことが必要ではないか。

　この論集の著者は、皆長い間日本社会を研究しており、本書の各章は、現地での徹底したフィールドワークを基に書かれている。なかにはボランティア活動やルポの取材を通して現地入りした執筆者もいるが、そうした活動をしながら、被災地の事情をできるだけ客観的に見つめようとしている。本書は、大震災という非常事態のなか、被災した個人や共同体が何を選択し、どう自分たちの状況を把握したのかを論じ、具体的な事例にもとづいて、文化的な持続性がどのようにはたらき、また革新的変化がどのように起こったのかを明らかにしようとするものである。

　実際、現実として起こった出来事とそれに対する文化的解釈の関係性は相互的である。ナラティブ、すなわち「語り」は、現実を描きだす反面、新しい現実を作りだすこともある。例えば、福島県の一部が放射性物質により汚染されたという現実がある。そこから、福島県産の農産物は危険であるというナラティブが発生する。政府が安全基準値を発表しても、「それを信じない、福島の農産物は買わない」という人が多くなる。そこで風評被害による経済不振という新しい現実が生まれる。

そうなのだ。放射能測定器は引き出しにしまってあっても、スーパーで福島産キャベツと三重産キャベツがあれば、後者を買う。千葉産キャベツと岩手産キャベツなら、前者を買う。千葉県の産地は実は岩手県の産地より福島第一原発に近いかもしれないが、「東北」ではないからである。日本における「人が信じること」(ideology)と「人が実際にやること」(practice)のこのような関係については、グッドマンとレフシング(Goodman and Refsing 1992)が参考になるだろう。

ここで、3・11の語られ方を検証したいと思う。二〇一一年三月一一日、いったい、どこで、いくつの災害があったか。馬鹿らしい質問に思えるかもしれないが、その答えは意外なことにいく通りもあり、それぞれの答え方の違いが様々な意味合いを持つ。まず、どこで起きた災害なのか。海外のマスコミでは単に「日本」の災害として報道された。日本国内では、3・11の正式名称は「東日本大震災」となった。(4) この名称には問題がある。「東日本」には東京も含まれており、国の人口の半分ほどが東日本に住んでいるからである。(5) そこで、もっと限定的に「東北大震災」と呼ばれることもよくある。しかしこちらにも問題がある。特に甚大な被害を受けたのは岩手、宮城、福島の三県で、死者の数は宮城県で約一万八〇〇〇名、岩手県で約五八〇〇名、福島県で約一八〇〇名にのぼっている。その他すべての都道府県で亡くなった人は、合計約七〇名である。津波に関しては「三陸」という名称が使われることもよくあるが、厳密には三陸海岸は青森県と岩手県と宮城県北部の太平洋沿岸を指すため、被害が比較的少ない青森県の沿岸を含む一方、甚大で悲惨な被害が出た宮城県南部と福島県の沿岸が含まれない。

この名称の問題は重要である。現実に物理的に生じた被害とは別の、いうならば概念的な被害に対して特に大きな影響力を持つからだ。年月が経つにつれ、この震災に対する人々のイメージをさらに大きく左右することになる。このことは特に原発事故に関して顕著である。原発事故は福島県で起きた。しかし福島県は面積一万三七八三平方キロメートルの日本で三番目に大きな県であり、そのうち放射性物質の拡散によるひどい汚染があったのは東海岸の数百平方キロメートルにすぎない。「福島」は県庁所在地「福島市」の名前でもあり、福島市では約五〇キロメートル離れた県内の避難地域から来た人々が避難生活を送っている。彼らにとって福島市は安全な避難先である。しかしこの先何十年かは、世界の多くの人々が「福島」と聞いて真っ先に連想するのは、県や市のことでも、浜通り・中通り・会津という三つに分かれたそれぞれの特色豊かな土地のことでもなく、震災、原発事故、放射能の「フクシマ」だろう。それは日本国内において「ヒロシマ」「ナガサキ」が原爆の投下された被爆地としてカタカナで表記される状況と似ている。「フクシマ」という表記とイメージは極めて大きな問題となりうる。この問題を意識している福島県関係者や支援団体には、ひらがなで「ふくしま」と書くことさえある。(6)

どこで起きたのかという場所の定義と同じように、どれだけ起きたのかという数の定義も無視することができない問題である。それは個人の考え方や感じ方から行政の防災対策にいたるまで、様々な分野に影響を与えるからだ。日本では「東日本大震災」が一つの出来事として語られている。実際「震災」という言葉は、地震の「震」と災害の「災」からできており、そこには地震による災害と地震によって発生した津波やメルトダウンなども含まれる。英語圏ではしかし、「Japan's triple disaster」つまり地震、津波、原発事故を別々に数え「三重災害」という言い方をよくする。これに加えて、風評被害を「四つめの災害」と呼ぶこともあれば、さらにはTPP（環太平洋戦略的経済連携協定）を「五つめの災害」として語ることさえある。現在の状況下でもし日本がTPPに加盟すれば、低価格輸入農産物が「津波」のように日本に入りこみ、震災のような打撃になるという意味である。もちろんTPPは直接3・11とは関係ない。しかし、その派生的影響に目を向けると、原発事故の際に取り沙汰された中央（東京）と地方（福島）の関係の問題に通じている。日本がTPPに加盟して貿易障壁がなくなれば、大都市を中心とするハイテク産業にとっては有利になる一方で、安い農産物が大量に輸入されることにより、農業を中心にする地方は打撃を受けるだろう。それは東京に電力を供給するために福島県に原発が建てられ、今回福島県がその被害を最も被ったのと構造的に同じである。東北の農民・漁民の憤慨をさらに深めることになるのは当然だろう。

震災はいくつあったかという質問に対して、一つだけの正しい解答があるわけではないことはいうまでもない。ここではヒューリスティックに、すなわちその数が真実だからではなく議論を展開するための道具的な概念として、今回起きた震災の数を一つでも三つでもなく、「二つ」としてあえて論じる。この二つとは、「天災」と「人災」である。

天災と人災

3・11を語るとき、地震とその結果発生した津波をワンセットで「天災」として、原発事故とその結果発生した風評被害を「人災」とすることが多い。マグニチュード九・〇の巨大地震そのものが直接もたらした被害は、その地震の規模のわりには少なかったともいえる。建物の被害が地震によるものなのか、津波によるものなのか区別できない場合も多いが、ある調査[7]によると、地震が直接の原因となって死亡した人は二六八名（おもに崩れた建物の下敷きになったのが原因）で、さらに地震直後の火事や土砂崩れで一六五名が犠牲となった。この数字は十分恐ろしいが、人類の歴史上五番目に強いとも言われる地震だったことを考えると意外に少ない数字ともいえる。地震大国である日本では、あらゆる面で耐震設計や地震対策が進められていたためであろう。しかしその約四〇分後に沿岸を襲った津波は、約一万八〇〇〇名の命を奪った。[8]全壊した建物は約一三万棟あり、そのうち地震によるものは約二万六〇〇〇棟で、津波によるものは約一〇万四〇〇〇棟である。じつに死者全体の九四%、建物全壊の八〇%が津波によるものだった。

人が地震と津波を「天災」と言うとき、それはどういう意味だろうか。この言葉は「天罰」と同じ「天」の字が入っているが、まったく違う概念である。当時の東京都知事、石原慎太郎がこの大震災を天罰と呼んだが、厳しい批判にあって発言の撤回を余儀なくされた。[9]アメリカでは、震災について、キリスト教に改宗しない日本人が神様から受けた罰だと述べた牧師や評論家が厳しい非難と罵声を浴びた。[10]ほとんどの日本人にとって、こういった話は馬鹿馬鹿しく聞こえるし、私たちもまったく同感である。ところが世界の国々で、自然災害を天罰と考える発想は実はよくあり、日本の神道と仏教にもそのような概念があることはある。しかし、日本でそういうことを心の底から信じている人はほとんどいないだろう。そもそも石原氏が言うように、大津波で日本人の「我欲を洗い落とす必要がある」[11]のであれば、なぜ六本木や新宿ではなく東北の漁村が被害を被ったのか、納得できる回答などあるはずもない。

神の怒りによる天罰ではなく、自然の出来事という意味で「天災」という言葉は使われる。人がその言葉を使う時、「自然現象だから仕方がない」という意味合いがある。例えば、この本の執筆者のひとりであるスレイターに対して、石巻市の八五歳の女性はこう話した。「来ることは分かってたんだよなぁ、ただ時間の問題で。もちろん、待ってたわけじゃないよ。考えてもいなかったし。でも、(準備のことを)聞かれたら、誰でもいつ来てもおかしくなかったって言うと思うよ。」

「来る時は来る」というのは、石巻を含む三陸沿岸が一八九六(明治二九)年と一九三三(昭和八)年に大津波を経験しているからである。それぞれの津波の後、大津波記念碑が津波の到達した地点に設置された。にもかかわらず次第にまた沿岸付近に住宅地が作られたことは、歴史の教訓を無視したといわれても仕方ないだろう。しかし地元住民は必ずしもそれを責任の問題とは見なしてはいなかった。釣り船を津波で失った南三陸の年配の漁師はこう言った。「すべてにおいて準備しておくなんて無理なんだよ。災害を待っての生活なんてできないし。来る時は来るからさ。」沿岸に暮らす人々の多くは彼と同じ考えであった。彼らにとって、海のそばに暮らすことは、無責任に危険性を無視することではなく、その危険性が彼らの選んだ人生の一部であることを冷静に認めることであった。ひと言でいえば運命主義である。一九三三年の地震の後に津波被災地に戻り同じ場所に家を建てた漁民たちを、山口弥一郎は名著『津波と村』(一九四三年)で描写し、一見すると無謀だとも思える彼らの振る舞いに、十分な経済的・民俗的理由を見出した。前者は、崖を降りて漁に出る不便さ、後者は先祖の供養義務である。そういった心情は現在も消えてはいない(12)。

地震や津波という自然災害に対して、運命だから仕方がないと思うことは決して非合理的ではない。日常生活に伴うリスクをいちいち気にするより精神的に健全であるとも言える。ところがこの運命主義が、人間が明らかに関わっている分野にまで適用されることがあった。情報公開、避難実行、仮設住宅の企画、復興予算の配分などで問題が発生した時でさえ、まるで自然災害と同じであるかのように、仕方がないとする考え方も見られた。被害者はたくさんいたが加害者はいない。地域住民の行動を顧みて反省することも、地域、地方や国の行政の対策や政策の失敗を厳しく批判することもあまりなかった。天災とされる地震と津波による被害について誰かの責任を問う風潮はあまり見られない。津波地帯の周辺で行政を非難するデモが行われたという例も見当たらない。

地震と津波が合わせて一つの天災として概念化される一方で、原発事故とそれに伴う風評被害の問題を「人災」と概念化することも一般的になってきた。原発は人間が作ったものであるため、たとえ一〇〇〇年に一度とされる巨大な津波が来たのは不運であっても、それを想定しなかった東京電力と、その会社を監督する役目を担う行政を許さないという声が多く聞かれた。「想定外」は、会社の無責任体質を意味する言葉として皮肉の的となった。福島第一原発の事故は、会社の金欲、安全対策の怠慢、原発産業と政府の癒着が原因とされた。大悪とされる東京電力が、経済的に苦境にある地方の市町村を探しだしては、補助金やインフラ投資、地域住民の雇用を餌に原発敷地提供を促し、結果としてそれら地域の原発依存性を高めたという言説もある。両者の関係を、危険な麻薬を売るディーラーと麻薬依存者の関係に喩えるものさえあった。ひとたび敷地を提供した市町村は、さらに多くの原子炉建設を認めるようになることが多く、結果として福島第一原発は六基もの原子炉を擁していた。第二原発の四基と合わせ、日本全国の原子炉のほぼ五分の一が福島県の沿岸に集中していた。おまけにその敷地は、活発な活断層の至近にあったのだ。

　地震による建物倒壊といった直接の被害、原発に電力を供給していた送電線の鉄塔倒壊による停電、津波による地下ディーゼル発電による非常用電源の浸水等が重なって、原発事故の悲劇は起きた。事故を受け、反原発運動の機運が高まり、日本各地で大規模な反原発デモも繰り広げられた。二〇一一年九月二日、原発事故当時の菅直人総理大臣は辞職に追いこまれ、つづいて二〇一二年一二月一六日の総選挙では政権政党だった民主党は惨敗した。

　脱原発を掲げる人々の多くが、電力会社、原発を作る建設会社、監督官庁などから成る「原子力村」を悪者と見なすことを躊躇しなかったが、福島県で語られる原発に対する想いはもっと複雑であった。東京電力を敵と考えると、原発の敷地を提供した町は、それに協力した「裏切り者」と見なされることになるのだろうか。そういった考え方がまったく見られなかったとは言えない。町も事故に加担したというこうした意識が、当事者のあいだに罪悪感を抱かせ、それが共同体の憤りや亀裂につながることもあった。

　あえて単純化して比較すると、津波という「天災」をきっかけに、共同体として苦しみや我慢を共に経験したことで団結意識がこれまで以上に高まったのとは対照的に、「人災」とされる原発事故の地域では逆に団結が崩れ、責任者を探し弾劾しようとする動きも見られた。このような相違点は天災と人災の二項対立の発想に由来すると思われる。

　この「二つの災害」の展開はそれぞれ異なり、それに対する被災者のナラティブや解釈も大きく異なった。津波はいっきに大勢の人の命を奪い、建物を流し、沿岸の共同体を地図から消し去った。それに対し、原発事故ではほとんど誰も命を奪われてはいないし、建物も潰されていない。津波後まるで焼け野原のようにその風景が激変した沿岸の漁村に対して、原発事故に伴う福島県内陸部の避難区域の風景は、事故の前とほとんど変わっていない。ただ人の気配がなくなり、雑草の生い茂る、寂しい部落になっただけである。それらの地区で民家が放置されているのは、国が放射能の危険性を示し避難指示を出したからであるが、避難区域のなかには、飯舘村《いいたて》のように、原発事故直後には放射性物質降下の度合いの確認が後手に回り、政府が当初、当分の間危険はなく避難する必要はないとしていた所もあった。津波の被害がすぐに明らかになったのに対し、原発事故の被害がどれほどのものか、本当にわかるのは数十年後になってからという可能性もある。津波の問題は白黒ではっきりしているが、放射能の問題は一大グレーゾーンである。ギルが話を聞いた原発地帯からの避難者の一人は、津波でやられた町に対し「宮城の人はラッキー。被害は大きかったが、もう終わった。誰が死んだ、誰が家を失った、はっきりしている。でもここはまだまだどうなるかまったく分からない。それが放射能の恐ろしさ」と言った。死者がない、物理的な害がほとんどない地域の人が、大勢の人が亡くなった地域の人を「ラッキー」だと言うのはおかしな話に聞こえるが、彼の気持ちも分からないではない。実際、スレイターとシテーガが津波地帯で出会った人たちの多くが放射能汚染の被害者に同情を示していた。将来、自分の故郷にふたたび暮らせるかどうかわからない辛さを思いやっていた(13)。

またしても単純化ではあるが、津波は過去への悲しみ、放射能は将来への不安感をもたらしたといえるかもしれない。事故直後から、放射性物質の拡散の影響で子供の甲状腺ガンが増えるのではないか、福島の農産物がこのまま受け入れられなくなるのではないか、健康への影響が出なくとも放射能汚染への恐怖が被害者とその子供たちへの差別につながるのではないか、といった言説が飛び交った。原発事故避難地域の未来はいまだ不透明である。

ほんの少しでも考えれば、この「天災」対「人災」の二項対立の物語全体が極端に単純化されてしまっていることがわかる。もちろん津波は人災という側面もあった。なぜ防波堤をもっと高くもっと強く作らなかったのか、なぜもっと早く警報を鳴らし、もっと正確な情報を人々に届けられなかったのか。そして何より、危険性があると過去の津波の歴史から知られていた沿岸近くに、なぜふたたび村落が築かれていたのか。一方、「想定外」を言い訳にすぎないとしたところで、記録的な津波でなければ原発事故は実際に起きなかっただろうという意味で、原発事故は天災でもあった。しかし災害に関するナラティブでは、天災対人災の二項対立の考え方が極めて根強く人の心にあることは間違いなく、それを把握することは、3・11を理解するうえでやはりヒューリスティックな価値があると考える。

ここに書き記したことは我々が東北でフィールドワークを行うなかで、特に強く感じ、印象に残った事柄である。

論文紹介

本書の内容を簡単に紹介しよう。巻頭論文はチャールズ・マクジルトンの「支援を拒む人々」である。マクジルトンはアメリカ人で、これまで二〇年間にわたって日本の貧困者に対する食料支援活動を行っており、二〇〇〇年からは日本最大のフードバンクである非営利団体セカンドハーベスト・ジャパンの理事長を務めている。大震災翌日から積極的に被災地支援活動を行うなかで、彼はある現象に遭遇した。それは、緊急を要する多くのニーズがあったのにもかかわらず、しばしば援助を拒まれたことである。支援現場での豊かな経験を持つマクジルトンの洞察は、今までほとんど語られず知られていなかった支援に対する拒否と躊躇の実態を解き明かす。

マクジルトンは、なぜ援助が拒まれるのかを問い、その背景に官僚文化と地方文化の相互作用を見いだす。彼は提供者と受給者の間に立った官僚たち、地方の役人を「ゲートキーパー（門番）」と位置づけ、彼らの判断で援助受け入れが滞った例を挙げ、その背景と理由を解説し考察する。役場に援助物資が届くと、誰がどのように被災者に配布するのかが問題となった。物資が被災者の一部にしか行きわたらない量であれば、公平を期すため、いっそのこと誰にも配らないほうが良いとされることすらあった。こういった行為は理想的な平等主義というより、むしろクレームが出た場合に責任を問われたくないという担当者たちの保身によるものだった。さらにマクジルトンは、日本人、特に東北の人々の持つ外部者に対する不信感や、貰った物には「お返し」をするという互酬の意識、さらに我慢強さや協調性が美徳とされる文化に言及し、それが必要な物資でも求めない、受け入れないという行為に関係していると指摘する。

デビッド・スレイターの論文は、マクジルトンと同様に支援の受け入れ問題を取りあげたものだが、支援を受け入れる側のよりミクロの視点から検証している。スレイターはアメリカ人の在日文化人類学者で、学生等を連れて津波被災地を何度も訪れてボランティア活動をしてきた経験を生かし、ボランティアと被災者の間の複雑な人間関係を分析する。日本では阪神大震災が発生した一九九五年が「ボランティア元年」と呼ばれており、プロではない人に助けてもらう習慣の歴史が浅い。自衛隊や消防局などが行う救出活動は、税金を払う市民として相互関係が存在するが、支援者がボランティアである場合、そういった相互関係がない。ボランティアは、お返しを必要としない純粋な「贈り物」を届けようとしているといえる。しかし、マルセル・モースが『贈与論』（Mauss 1924）でとうに指摘しているように、「純粋な贈り物はありえない」。スレイターは、もらいっぱなしでは、子供ならまだしも大人の場合、自尊心が傷つくとし、被災者たちがボランティアの援助を受けながら、いかに自尊心を守る工夫をしたかを分析する。

ボランティアのなかには理想主義の若者たちもいた。そういった若者の数は多いのか少ないのか、彼らの活動は震災後の生活の大きな助けとなったのかそれとも妨げとなったのか、今時の若者は他の世代と比べて賞賛されるべき行動をとったのか、これまでの世代と同じなのか違うのか――このような問いについて、マスコミやブログやツイッターで熱い議論が交わされている。若手のフィンランド人研究者であるトゥーッカ・トイボネンは、現役の学生たちによって設立された非営利団体「Youth for 3.11」でインタビューと長期の参与観察を行い、この団体の内側から、若者の視点からの震災と、彼らの活動の動機と社会意識を分析する。トイボネンは、ボランティアをすることに対する個人的または組織的な抵抗についても言及している。例えば、学生のボランティア活動に消極的な大学や、ボランティア活動に対する若者自身の複雑で矛盾に満ちた気持ちについてである。「良い子ぶっている」といったイメージがボランティア活動の大きな障壁の一つとなっている一方で、成長し成功を収めているボランティア団体が、新しい社会起業家のイメージを生みだしていることも指摘する。

デイヴィッド・マクニールはアイルランド人で、日本で活躍しているベテラン・ジャーナリストであり、また社会学の博士号も持っている。イギリスのインディペンデント紙やアイルランドのアイリッシュ・タイムズ紙の特派員として大震災を報道した。

今回の震災ほどの国家的危機が起これば、その報道の仕方には極めて複雑な問題が多く生じる。わかりやすい情報を求める読者や視聴者に、前代未聞の出来事を伝えなければならない。何を強調し、何を切り捨て、誰の声を紹介するのか。協力し合い助け合う姿を描くか、生存のための闘争を描くか。これらの問題と向き合うなかで、日本のマスコミと海外のマスコミの間には相違が生まれ、お互いを批判し合うことになった。海外のマスコミは大げさにセンセーショナルな報道をし、不必要にパニックを扇動したと批判された。一方で国内のマスコミは、被ばくを警戒して問題の地域での直接取材を控えるほど臆病であったとか、後から問題化することをおそれて公式発表をただなぞるような報道に甘んじたという批判を受けた。一方の海外のマスコミは、主にフリーランスジャーナリストや stringer と呼ばれる非常勤通信員を使い、彼らが面白い記事を書けば報酬を与えている。彼らの姿勢は、会社の安全規定や記者クラブの規則に縛られた日本の全国メディアの記者とは大きく異なる。両者の軋轢《あつれき》の背景には、こうした対照的な構造があっただろう。しかし同時に、マクニールは、日本のマスコミと海外のマスコミを単純に区別して対立構造を作りあげることは誤りだと指摘する。週刊誌などで活躍する日本人のフリージャーナリストの事情は、むしろ外国人記者のそれにかなり近いからだ。

池田陽子は、故郷である福島県郡山市で生活しており、三月一一日の地震発生時もそこにいた。原発事故に対する地域住民の反応をつぶさに観察する傍ら、ツイッターなどソーシャルネットワーク上で展開される原発事故に関するリスクについての議論を見てきた。福島県内の避難地域外で暮らす人々のなかには、変わらない日常生活を送る人もいれば、県外へと避難した人もいる。福島県民でもあり、博士号を持つ文化人類学者でもある池田は、外部者・内部者の視点から、住民がそれぞれにリスクと安全について考え向き合うさまを描きだす一方で、インターネットやメディアを通して危険と安全の概念が構築されていく過程を考察し、美しい自然豊かな「福島」と原発事故後に築かれていった「フクシマ」の言説の差の開きを分析する。

福島では、各地の空気中の毎時の放射線量が天気予報で報じられ、「セシウム」や「マイクロシーベルト」といった単語が日常会話の一部と化した。池田は、放射線量や原発事故後の食の安全について専門家の見解が大きく分かれるなか、個人がリスクと安全についてそれぞれ判断し行動したことを示す。また、匿名性の高いインターネット上でのデマの拡散や、危険認識を盾にして、福島に対する差別を正当化するような発言が広まったことについても言及する。

在日イギリス人の社会人類学者であるトム・ギルは、福島県の放射能問題について、飯舘村の最南部にある長泥《ながどろ》行政区で震災直後からこれまで二年間近くフィールドワークを行ってきた。国が定めた福島第一原発から半径三〇キロメートル避難地域の外にあるにもかかわらず、飯舘村では、避難地域に当初から指定された多くの地域よりも放射線量が高くなった。飯舘村の村民は、はじめのうちは避難する必要がないと言われていたのに、震災から八〇日間経過した時点で村全体が計画避難区域に指定され、翻弄された。環境運動家でもある飯舘村の村長は、村の除染と早期帰村を強調してきた。問題は、山林の中に点在している二〇の集落（「行政区」）のあいだで、一時間あたりの空気中の放射線量の値が大きく異なることである。避難する必要がそもそもなかったはずの集落があれば、数十年間は人が住めないであろう集落もある。ギルは、後者のような集落の除染はもはやほぼ不可能であり、除染のための膨大な費用をむしろよその場所で新しい人生を始めるために使うべきだという住民の主張を紹介し分析する。

故郷を守りたいという想いは誰しも持っているが、原発事故によって故郷そのものの意味が問われるようになった。故郷とは、村なのか、集落なのか。人間の集まりなのか、特定の場所なのか。当事者はそれまでまったく考える必要がなかった自分のアイデンティティの基盤を問われることになった。また村の中でも一番汚染がひどい長泥と蕨平の二区が、村の路線を離れて、国と東京電力に対する損害賠償の申し立てを決断するというような、一つの村の中における多様な反応を紹介し考察する。

大震災後に複雑化したのは、出身地に関するアイデンティティだけではない。ジェンダー・アイデンティティについてもまたそうである。森岡梨香は東北地方における母親たちの戦いぶりを記録している。森岡は震災発生当時、アメリカに住んでいたが、その後帰国し、国際援助事業団に所属して五ヶ月間宮城県で働いた。彼女が一番驚いたのは、被災者たちの受動的な態度であった。被災者は、自分が不満を表明することがわがままだと非難されてしまいかねず、そうした恐怖心から「事を荒立てる」ことを何より回避しようとしていたのである。特につらい思いをしていたのが母親たちで、学校のグラウンドの除染や放射能測定器の配布を求める母親たちは、経済への影響を心配する地元の有力者や、さらには自分の夫にまで反感を買われることがあった。森岡は、女川《おながわ》原子力発電所がある宮城県で、原発を実質的に受け入れてきた男性支配社会において、実はそれ以前から潜在的に存在していた男女間の社会理想の不一致を、福島第一原発事故が表面化させたと指摘する。

森岡はまた、思わぬことから運動家となった母親たちが、その活動の中で母親としての立場や役割を強調する作戦を使うと分析する。一般女性の行政批判は「女らしくない」と妨げられても、子供を守る女性はどんな保守的な政治家でも「女らしい」と認めざるをえない。森岡は、悲惨な状況に対し沈黙を守る男性中心のエリート地方権力に対し、このような「うるさい女」が大きな問題提起をしたことについて描く。彼女は、3・11がジェンダー関係について一石を投じたことを論じている。

3・11は人々の宗教意識にも大きな打撃を与えた。日本は「無宗教」と見られることが多い。実際、仏教や神道の教義が直接日本人の社会生活に影響を与える様子はあまり見当たらない。しかしその反面、特に地方社会において、お寺や神社の存在は日常生活に密接に関わっている。東北の沿岸では、地域のそうしたお寺や神社の多くが津波で流されてしまい、住職や神主が犠牲になった地域もあった。若手アメリカ人研究者であるネーサン・ピーターソンは、岩手県宮古市を拠点にして、一〇ヶ月にわたり周囲の集落を数ヶ所訪れ、津波で大きな打撃を受けた暮らしの中の信仰や宗教とそこからの対応を調査した。ピーターソンは現地で、多くの人々によって手作りの記念碑や仮の祭壇が設けられていった様子を記述している。生き残った人々が、がれきの中から寄せ集めた材料で、死者を祀る自分たちの祈りの場を設けていったのである。仏像や位牌のそばには、ぬいぐるみや人形、たばこやお酒といったいわば雑多な品々が置かれた。そこでは聖と俗が混ざりあい、故人の持ち物が聖像に化していったという。

お寺そのものが避難所となった事例がいくつかある。オーストリア人の日本研究者であるブリギッテ・シテーガは、岩手県山田町《やまだまち》のそうした避難所の日常生活を調査している。寺に避難した人たちと一緒に生活をしながら、彼女は時間をかけて様々な人たちの話を聞いた。避難所での日常生活における、お風呂、トイレ、衛生、掃除といった場面の細かな実態を、これほど詳しく報告しかつ分析している論文はまだわずかである。しかし、身体を清潔にし、避難所の環境をきれいにすることは、避難所で生活する人々にとっては、自分たちの暮らしを取り戻すために第一に重要なことだった。彼らは皆で汚れの困難を体験することで「皆一緒」という気持ちを強めながら、掃除をして衛生を保つことで、避難所をある程度「家《うち》」のような空間へと変えていった。不慣れな生活を支えるべく避難者たちが行ったのは、新しい生活方式の探究ではなく古い生活方式の再現だった。最初のうちは仕方なく土足で体育館に入っていたが、数日のうちに上履きが用意されるようになり、内と外の空間を区別するようになった。いつの間にか班制度が作られ、班長が料理や掃除の当番制を作った。料理は完全に女性の仕事となり、ジェンダー関係も保守的なままだった。これは、森岡が描く「うるさい母たち」に示されるような震災後のジェンダー関係の進展とは対照的である。

この論文集の著者のほとんどは日本研究者だが、3・11以前に東北地方のことを専門的に研究していたのは、アリーン・デレーニとヨハネス・ウィルヘルムの二人だけである。彼らは大震災以前より、長年にわたって三陸沿岸の漁村を調査していた。津波が起こる前から漁師たちと交友関係があり、この地域を熟知する二人にとって、津波後の調査がもつ意味はとりわけ重いものだった。宮城県の漁船の九割が破壊され、加工工場や倉庫や運搬経路も大きな打撃を受けた。震災後に個人がおかれた状況は実に様々だったが、共通の問題もあった。漁船の買い替えやインフラの復興工事の問題、魚の放射性物質による汚染の心配、魚の需要が戻るかといったことへの不安などである。さらに、復興の名目で新しい資本が地域の漁業に入ってこようとする動きが、漁師を不安にしていた。住居についても、津波により住居建設禁止区域となった場所を避けて、海からより遠いところに集落を作り直すかどうか、厳しい選択を迫られている地域が多い。これら沿岸の共同体は、大震災の前から経済的に苦しいところが多かった。復活するためには、新しいかたちの地方自治が求められる。それが作られていくときに、被災した集落からの視点を欠くことがあってはならないと、二人は重ねて強調している。

ユダヤ系アメリカ人人類学者のエリック・ウルフは「社会の仕組みは危機に面しているときに一番はっきり見えるようになる」と書いている（Wolf 1990: 593)。大震災により東北地方社会の「仕組み」があらわになった。その社会の繋がりや構造は、強化されたり激変したりした。３・１１はこれから数十年にわたって日本の社会に影響を与えるだろう。各地の事情を細かく紹介するこの論集が、その巨大かつ複雑な社会現象の理解に少しでも貢献できれば幸いである。

注

（1）「訪日外客数（総数）」日本政府観光局（JNTO）HP＞資料室＞マーケティング・データ＞訪日外客の動向参照。〈http://www.jnto.go.jp/jpn/reference/tourism_data/visitor_trends/pdf/2012_tourists.pdf〉二〇一三年現在、むしろ尖閣諸島の外交問題が中国からの観光者を減少させている。

（2）"plus ca change, plus c'est la meme chose" Jean-Baptiste Alphonse Karr（1808～1890）フランス人小説

家。

（3）例えばハーバード大学の東日本大震災デジタルアーカイブ（http://www.jdarchive.org/ja/home）や東北大学のみちのく震録伝（http://shinrokuden.irides.tohoku.ac.jp/）など。

（4）厳密にいうと、地震のみを示す場合は「東北地方太平洋沖地震」であり、このために発生した災害は「東日本大震災」である。

（5）興味深いことに、一九九五年に神戸市と淡路島を中心とする大震災があった時、正式名称は「阪神淡路大震災」とされ、被害がほとんどなかった大阪を含む名称になった。

（6）例えば東京都にある特定非営利活動法人「ふくしま支援：人と文化ネットワーク」、福島県の公式スローガン「ふくしまから　はじめよう。」など。

（7）'Japan — 366 days after the Quake... 19000 lives lost, 1.2 million buildings damaged, $574 billion.' EarthQuake - Report. Last update: March 10, 2012. 〈http://earthquake-report.com/2012/03/10/japan-366-days-after-the-quake-19000-lives-lost-1-2-million-buildings-damaged-574-billion/〉

（8）この数字は行方不明者約二七〇〇名を含む。

（9）「東日本大震災　石原知事「天罰」発言を撤回、謝罪」TOKYO MX ニュース、二〇一一年三月一五日参照。〈http://www.youtube.com/watch?v=-wShmF4DjlI〉

（10）"'The View' Debates Glenn Beck's Japan Comments（VIDEO）" *The Huffington Post* First Posted: 03/15/11 01:56 PM ET Updated: 05/25/11 参照。〈http://www.huffingtonpost.com/2011/03/15/the-view-glenn-beck-japan_n_836049.html〉

（11）二〇一一年三月一四日、記者会見での石原慎太郎の発言より。注（7）参照。

（12）この問題に関して、川島（二〇一二）が参考になる。

（13）　福島県の沿岸には津波と原発被害の両方を受けてしまった人たちもいた。彼らの経験ははかり知れないものであった。

参考文献

川島秀一　二〇一二　『津波のまちに生きて』冨山房インターナショナル

山口弥一郎　二〇一一　『津波と村』（一九四三）復刻版、三弥井書店。

Goodman, Roger, and Kirsten Refsing .1992. *Ideology and Practice in Modern Japan*. London: Routledge.

Mauss, Marcel. 1924. *Essai sur le don*.（マルセル・モース『贈与論』吉田禎吾・江川純一訳、ちくま学芸文庫、2009年）

Wolf, Eric. 1990. 'Distinguished Lecture: Facing Power — Old Insights, New Questions.' *American Anthropologist* 92（3）586-596.

I　被災地の内と外

支援を拒む人々
——被災地支援の障壁と文化的背景

チャールズ・マクジルトン
（池田陽子訳）

3・11以降、海外から訪れた支援隊や救援隊の多くは、日本人が支援を受けることに気が進まない様子なことに困惑した。支援チームのメンバーの多くは、そのような抵抗をそれまで経験したことがなかった。なぜ政府は救援物資を素早く、効率良く配給せず山積みのままにしたのか。なぜ地元の代表者たちは援助の申し出に無関心な様を見せたのか。なぜ、支援の申し出は、厚意ではなく、重荷と取られたのか。なぜ、必要としている人に物資を届けるという簡単であるはずのことがあれほど難しかったのか。なぜ支援の申し出が、支援の受け入れを上回ることとなったのか。

大震災からの一八ヶ月を振り返ってみると、そこで目にした態度や行動パターンは、かれこれ二〇年日本で仕事をしてきた自分にとっては馴染みのものだった。二〇〇〇年から私は、日本ではまだあまり知られていなかったフードバンクの先駆けとなる活動を始めた[1]（のちのNPO法人セカンドハーベスト・ジャパン）。フードバンクとは会社、卸売業者、製造元、農家、それに個人から寄付される食品を集め、

石巻市に支援物資を届けたセカンドハーベスト・ジャパン。2011年４月４日。

必要としている貧困層の人々や、彼らを支援する福祉関係の機関、非営利団体（ＮＰＯ）に再分配する組織でありシステムである。日本では毎年、安全に食べられる五〇〇万〜八〇〇万トンもの何の問題もない食料品が廃棄されているが、フードバンクはそれらの食料が無駄にならず、有効に活用されるよう橋渡しをする。しかしながら日本では、米以外の食品では支援の供給が需要を上回っている。

大震災以前、なぜ私たちの食料支援の申し出が断られたり、無視されたりするのだろうとしばし疑問に思っていた。もしかしたら、そういったサービスへの需要はないのではないか、他にあてがあるのかもしれない、もしくは、自分たちのサービスが知られていないだけなのか、または理解されていないのかといろいろ考えた。しかし、３・１１の大災害はその規模からして、発生時から数ヶ月にわたり、被災者が助けを必要としていることは疑う余地がなく、どこで援助が必要で、どんな物が必要とされているかも明確だった。現地では、しばらくは支援物資に頼るしかない暮らしが続いていた。それなのに、私たちの支援の申し出はしばしば断られたのである。今回の震災は、日本人が支援を断る理由について検証する貴重な機会ともなった。

初期に見られた兆候

震災発生から数日の間、被災地情報には矛盾やばらつきがあり、不明な点が多かった。連日、被災者に物資が届いていない、見捨てられている地域があるという報道や、政府機関が支援物資を山積みのままにしているとの報道がされた。福島の原子炉から漏れ出している放射能の状況を把握しきれないことが問題を複雑にしていた。原発が実際どれくらい深刻な事態になっているのか、政府は最悪の事態になった場合そのことを公表するのか、また重大なメルトダウンが起きたらどうすればいいのか誰にもわからなかった。震災直後は混乱し、先の見えない状況だった。

三月一二日土曜日、CNNに取材班の通訳を頼まれた私は、その翌日には成田空港に行ったが、被災地へ向かう方法が見つかないまま待機していた多くの国際救助隊のチームと同様、空港で足止めされた。彼らは救助に向かう準備も万端整い、助けたいという気持で集結していたが、言葉の壁や輸送、宿泊の手配の問題など現実的な障壁に行動を阻まれていた。彼らが救援活動を開始できるよう手配の手伝いをする日本人の姿はそこにはなかった。国内外からの支援が無視されるのを見るのはこの時だけではなかった。

月曜の早朝、同行したCNNの取材班は宮城県石巻《いしのまき》市の隣、東松島市で取材先を探した。避難所となった小学校を訪ね学校関係者に話を聞くと、支援物資は一日一回届いていたが、どれくらいの量届くか、この配給がいつまで続くかはわからないとのことだった。それを聞いた私は、自分が支援団体セカンドハーベスト・ジャパンを運営していることを話し、物資を届けにできるだけ早い時期に戻ってくると伝えた。

奇跡的にも、その翌日、約束通り、トラックの荷台いっぱいに食料を積んで、避難所を再び訪れることができた。この時は避難所を運営している教師たちにも紹介された。話し合いがありますからと、彼らはいったん、私たちに教室の外で待つように言った。一五分ほど何やら話し合った後出てきて、気が進まなそうに「わかりました。今回は救援物資をいくらかいただきます」とこちらに告げてきた。説明によると、周辺の他の避難所がどう思うか、支援物資はまずメインの集積所に届けるべきではないかといった点が気になっているという（実際、数日後には、個々の避難所ではなく物資集積所に支援物資を届けるよう指示されることが普通となった）。持参した支援食料品を見てもらい、必要なだけいくらでも取ってくださいと伝えた。しかし、一〇〇人近くが避難生活を送っている避難所なのに、担当者たちはせいぜい三〇人分ほどの食料品しか受け取らなかった。なぜそれしか取らないのかの説明はなかったし、こちらも、支援をする際はいつでも相手が必要としている以上のものを押し付けないことを方針にしている。自分の名刺と携帯番号を渡し、もしさらに支援が必要な時にはいつでも連絡してほしいと告げた。彼らから連絡がくることはなかった。これが、被災地で支援の受け入れを渋られた最初の経験だった。

支援活動を妨げるもの

被害の大きさからして、支援を断わる人がいることが信じられなかった。しかしながら、それは、当初思ったような、大震災から日も浅く混乱が大きいなかでたまたま起きた稀な出来事ではなく、その後も繰り返し起きた。支援受け入れを拒否されること、もしくは支援に対し細かい条件を出されることがよくあった。例えば、支援を必要としている地域が宮城県にあることを知り、そこにモモやツナの缶詰、長期保存可能な有機牛乳をいくらでもほしいだけ提供することを申し出たことがある。しかし、それら食料品の支援は、「希望物資リスト」に載っている品ではない、という理由で断られた。[2] 支援物資の要望が、こちらの提供可能な量を上回ったことは一度もなかった。避難所にいる人それぞれ一食分の量しか受け取らない、貯蔵する場所に余裕があってもほんの少ししか受け取らない、避難している人の数に全然見合わない量の物資しか受け取らない、ということばかりだった。

支援への抵抗感が示されるのは、これら避難所に限ったことではない。三月一二日、私たちのスタッフの一人が「災害救援の経験がある何人かと連絡をとったが、『物事が落ち着く二〜三週間後まで、支援活動を開始するのは待ったほうがいい』と勧められた」と言いだした時には唖然とした。震災の爪痕を目の当たりにしながら仙台を拠点に支援活動を展開して三週間が過ぎた頃、今度は、支援活動開始を待てと助言した同じ人から、「皆なんとかなっているし、救援物資は地元の店の再開や商売の妨げになるかもしれない、この地域での支援活動はそろそろ終える方向で」と言われた。その助言に従えば、支援するにはまだ早いと支援はもういい、の間、支援すべき時というのがほとんどないことになる。

支援が地元の経済に損失をもたらすという意見はよく聞かれた。二〇一一年秋、NPO法人ハンズオン東京は、地元の商業活動に悪影響を及ぼすかもしれないというまさにその理由で、東北のある地域の学校に学習用品を届けるプロジェクトを中止した。[3] 支援物資により各家庭での日用品購入の経済的負担が軽減されることで人々が買い物に使えるお金が増える、とは考えず、支援が地元の店と競うかたちとなり客が減って地域経済復興が妨げられる、という見方をする人が多くいた。

支援受け取りに抵抗があることが分かる三つの事例を挙げる。南相馬市は福島第一原子力発電所から二二キロメートルあたりに位置している。事故後最初の一週間のうちにかなりの数の住民が自主避難し、すべての店や会社が閉まった。独立系の報道で二万人近くが取り残されているを知り、私たちは支援を提供すること、特に高齢者に支援物資を届けることを強く願った。三月二一日、市役所の職員とやっと連絡が取れ、食料その他の支援を申し出た。支援物資を市内北部の物資集積拠点の倉庫に持って行くよう指示を受け、もう一人のスタッフと共に一晩中車を走らせ、三月二三日の朝到着した。物資を届けた後、自宅へ残っている人々へ向けての支援など、今後について市と話すため市役所へと向かった。みぞれが降っており放射能の心配が頭をよぎったが、我々は支援提供の約束をした時点で、その活動に危険が伴うかもしれないことも受け入れていた。

自己紹介を済ませ、セカンドハーベスト・ジャパンの活動や可能な支援について説明したところで、「ありがとうございます。でも今のところ大丈夫です」という言葉が返ってきた。まだ家に取り残されている人たちについて心配しているような様子は見受けられなかった。どのような支援が可能か、どれくらいの頻度で支援できるのかといった具体的な質問は一切されなかった。支援してほしいとの要望も示されなかった。車で簡単に他の町まで食料調達に行けない高齢者が、現実に、多く自宅に取り残されているのに、このような対応をされたことに大変驚き、また残念だと思った。少なくとも、家に残された人々になんらかのかたちで支援物資を提供する可能性について、関心を持って検討してもらえるのではないかと考えていた。そのような支援を提供するつもりでいたが、こちらの申し出を良い機会だとは思ってもらえなかったようだった。地元の役人の協力なしでは、援助を必要としているであろう人々にその手を差し伸べることは、実質ほとんど不可能だった。

ひるむことなく、三月二五、二六、二八、二九日にも再び、セカンドハーベスト・ジャパンの日本人および外国人ボランティアは市役所を訪ね支援を申し出た。しかし三月二三日、最初の時と同様に、「大丈夫です、支援は必要ありません」という答えが繰り返されるだけだった。

しかしながら、三月二四日、南相馬の市長はユーチューブに英語の字幕付きの動画を投稿し、世界中に向けて支援の訴えを発信していた。(4) この一一分のビデオの中で市長は、南相馬が見捨てられていることと、人々は飢えており、その対応には一刻の猶予もないことを訴えた。その訴えは感情的であると同時にかなり具体的でもあった。ボランティアは安全に関しては自己責任で、という趣旨の発言をしながら市長は実際涙声になっていた。この動画のリンクと「この人たちを助けて」というメッセージがEメールで転送されてきて、私は動画配信されてから三週間後に初めてその存在を知った。まず気がついたことは、市長がこの、気持を揺さぶる訴えを投稿したまさに前日、私たちがすでに支援を申し出ていたこと、そして、その後も四回も同じ申し出を行ってきたということである。

市長のユーチューブ動画は五〇万回も再生され、市長は市民のヒーローとなり、世界中からの援助の申し出が洪水のように溢れ返った（Fackler 2011）。市長の下で働いている職員のなかに、事態や援助の必要性に対する市長の認識を共有していない人たちがいたことは明らかである。市役所職員が、市長からの援助の必要性を訴える伝言メモを単に受け取りそびれたとは考えられない。職員らが震災後の対応

石巻市の備蓄倉庫。2011 年 11 月 7 日。

に追われているその市は、陸の孤島と化したまま二万人が暮らしている状況だった。考えうる唯一の結論は、市の役人の、援助を受けることに対する抵抗感があまりにも強く、急を要する支援が明らかに必要なことを無視するほどだったということである。

二例目は、航海を通して平和、人権、持続可能な開発を推進する、大規模で知名度の高い国際交流NGOピースボート[5]が石巻にいたときの出来事である。ピースボートは他の多くのNGOとともに石巻専修大学にキャンプをはり被災地支援活動の拠点としていた。三月二三日、そのピースボートが炊き出し用の機材の提供と支援を頼んできたのは自然な流れだった。というのも私は過去に二度招かれてピースボートの平和航海で講演したことがあったし、ピースボートから、私たちのほうにボランティアが来たこともあったからだ。支援を約束し[6]三月二六日の朝には、二人の運転手とともに冷凍パン一二〇箱を含む様々な支援物資を携えて石巻に到着した。パンは被災者に提供される食事に使いたいという話だった。

支援物資を送り届けた後、会う約束をしていた支援物資配給担当の市職員のいる石巻市役所へと向かった。事前の電話では、会って、私たちの団体について説明し、長期支援について話がしたい旨を伝えていた。しかし残念なことに、石巻でもまた南相馬で体験したことと同じようなことが待ち受けていた。職員は丁重に話を聞き、差し出した名刺に礼を言ったが、後は静かに立ったまま虚ろな目で私たちを見るだけだった。質問もせず、何の要望も出さず、何も尋ねもしない。何もしない。気まずい沈黙が流れた後、私はもう一度、いつでも連絡してください、と念を押した。その面会は一〇分も経たないうちに終わった。南相馬の時と同様、彼らが連絡をよこすことはなかった。

市役所を出た時、午前一〇時近かった。そこから五〇メートルも離れていない空き地で、九〇〇人以上の人がみぞれの降る寒さのなか、救援物資を求めて列をなすのが見えた。後で聞いた話によると、なかには午前六時からあの場所に並んで待っていた人もいたという。地元のNPO支援センターが様々な地元の団体に支援を呼びかけて実現した「フリーマーケット」の会場だった。賛同した多くの商工会議所がトラックで物資を運び込んで、荷下ろしをしようとしているところだった。そこで、私たちも物資の提供を申し出ると、喜んで受けとってもらえた。午前一一時、フリーマーケットの準備が整うと、お客さんが入ってきて、並べられた支援物資から二〇品を上限に好きな物を選んでいった。最終的には一八〇〇人以上が訪れ物資を受けとった。その後、石巻でふたたびフリーマーケットが開催されたときも、このNPO支援センターに協力した。

四月一四日、ふたたび石巻専修大学を訪ね、ピースボートの炊き出し場の状況を見た。ピースボートのホームページでは毎日二〇〇〇食を用意しているとあり、それだけの量を提供しつづけるためには物資の支援が必要だろうと思った。最初に物資を届けて以来、再び物資の提供を申し出るため、ピースボートの東京や石巻のスタッフに何度かEメールや電話で問い合わせをしたが返事がなく、誰が支援プログラムの責任者なのかもよくわからなかった。そこで、実際ピースボートの被災地支援の現場を訪ね、どうなっているか確認しようと決めた。ぱっと見ただけで、恐れていたことが起きているのがわかった。私たちが三月二六日にわたした支援物資のほとんどが使われることなく残っており、一二〇箱の冷凍パンも溶けて腐ったまま放置されていた。誰も、パンが不要になったという連絡はくれなかった。彼らは謝ったが、最終的には、私たちがそのパンを回収して東京に持ち帰り、ゴミとして処分し、その処分費用も支払わなければならなかった。なんとも残念でしかたがないのは、あの日、ピースボートにパンを渡さなければ、それを、市役所の近くで、寒いなか、列をなしていた人々に直接手渡すことができたのに、ということである。

最後、三例目は、石巻よりさらに北の、大船渡《おおふなと》市でのことである。我々の運営主任（chief operating officer-COO）は一週間、大船渡と宮古の間を行き来し、現地のニーズを調べ、パートナーとして協力できる団体を探し、その合間に大船渡では、私たちとすでに協力関係にあったアメリカのNGOオールハンズ（All Hands）の活動を手伝っていた。主任は、大船渡でイタリアンレストランを経営している日本人シェフが、地域住民二四〇〇人のために食事を用意しているという前向きな知らせを持ち帰ってきた。シェフは食品支援を受ける気があるという。

温度調整が利く四トントラックの荷台にパスタ、トマトの缶詰、冷凍パン、新鮮なバナナ、その他日本でよく使われる食材を積んで、四月二日、私たちは大船渡に到着した。思うような支援活動を行えずにいる現実がもどかしいとオールハンズのスタッフは話していた。彼らは、被災地で多くの時間を役人との会議に費やしていたのだ。そのオールハンズはイタリアンレストランの日本人シェフのことを知っており、彼は食料支援物資を喜んで受け取るだろうと考えていた。シェフは避難所兼支援センターになっていた地域の大規模な集会所を拠点とし食事の準備をしていた。彼は自ら各避難所の調理室を巡り何が必要とされているかを調査したと話し、その調査結果を見せてくれた。訪ねた避難所には合計で少なくとも推定二〇〇〇名が避難生活を送っているとのことだった。彼は避難所の女性たちの負担を軽減するために食事を提供していると話した。シェフは、話し終えると助手に向かって、私たちに付いて、物資を載せた四トントラックが停めてある場所まで行くよう指示した。助手は積み荷を前にすると、「スパゲッティー五箱、パン二箱、トマト一箱、それからバナナ二箱をいただきます」と言った。私たちはあっけに取られた。彼が受け取ったのは二〇〇人分も賄《まかな》えない量である。保管場所に問題があるわけでもなかった。そこには四トントラック何台分かの積み荷を貯蔵できるだけの空きがあった。もう二人いた避難所の係の人の方を向き、何がほしいか尋ねた。「申し訳ないけど、これは受け取れません。いったん中央の物資集積所の方に持って行ってください。」トラック一杯分の届けるあてのなくなった物資が残った。主任から、二〇〇〇人に食事を提供している人がいて支援を必要としていると聞いたときには予想もしなかった展開だった。

オールハンズのスタッフが、ほかにこの残りの支援物資を届けられる先がないか探してくれている間、一時間ほど待った。ばかげた状況に思えた。十分な支援物資があるのに引き受け手がいないとは。以前に仕事で会ったことがあるという市の職員とやっと連絡が付き、すぐ近くにおり、物資を受け取ってもらえるかもしれないという話になった。その職員、千葉さんは年配の役人で私たちに会えたことを喜んでいるように見えた。彼は米の配給の担当者だった。丁寧に自己紹介をした後、何を提供できるかについて説明した。バナナがあると聞くと特にうれしそうだった。しかし、実際にトラックへ向かい、私たちがバナナの箱を降ろし始めると、「二箱だけで結構です」と言った。二箱⁉　ばかげた状況に苛立った私は彼に三箱を手渡した。トラックに乗り込みその場所から離れる時ふと窓越しに米の袋が山積みになっている広い部屋が見えた。もしかしたら千葉さんは自分はあくまでも米の係であって他の物の担当ではない、と考えたのかもしれない。バナナを受け取ったのも多分、せっかくわざわざ東京から来てくれたのだから、と礼儀をもって接するためだったのだろう。

これら例に挙げた出来事について、彼らは、消費の見込みを超える量の食料は受け取らないようにしていたのだろうと論じることもできる。それはもっともなことだし、そのような姿勢は私たちの考え方にも通じる。私たちは、いらないという人に食べ物を押し付けない、必要な分以上は取らないようにお願いする、ということを常に方針として掲げてきた（千葉さんに一箱余分にバナナを渡したのはこの方針を守らなかったということになる）。しかしながら、大船渡での経験は、被災地で頻繁にみられる根深い問題を裏づけるものだった。それは、個人や団体が、支援を受けることに消極的で、支援をチャンスと考えず重荷と考えているということである。

本書の中で、デビッド・スレイターは個人が支援を受けたがらないことについて書いている。彼は、支援を与える、受ける、のやり取りのなかで暗黙のうちに同等ではない関係が築かれ、それが支援を受ける側の自尊心を傷つけると指摘する。それも一理ある。しかしスレイターが研究の対象とした支援ボランティアと被災者の個人間での小規模なやり取りと、私がここで書いている組織間での支援のやり取りでは、規模以外にも違う点がある。私たちと交渉した人々は、一個人として支援を受けるか受けないかを決めていたのではない。寒さと飢えを耐え忍んでいる何千もの人々の代表とし決断していたのだ。

地域のために尽くすべき立場の彼らは、支援を拒否することで、彼らを頼っている地域を害した。

地域への責任を考えると、彼らの行動はより許し難いともいえたが、逆に、その責任の重さが彼らの行動パターンの理由であったとも考えられる。人々のために支援物資を受け取るということは重荷である。それをどうやってできるだけ平等に配給するかを決めなくてはならない。誰がその恩恵を受け誰が受けられないかを決める羽目になるかもしれない。さらには、どう配給したかを非難されることもありうる。皮肉なことに、責任感が強いほど、予期せぬ支援物資を受け取ることをずっしりとのしかかる重荷のように感じるため、断るほうが楽だということになりやすい。

これら地元の役人らが、支援を好機と考えられたなら、支援物資の使い道を見つけたり、他の団体や個人で支援が必要と思われる所に連絡をとったりしたかもしれない。支援の輪を広げて周辺地域の関係者と交流を深めることで社会資本（Social Capital）を築くよい機会だと思えたかもしれない。もしくは、単純に、地域にとって良いことをする機会にできたはずだ。支援提供の申し出を受けがんばる力が湧いてもよさそうだが、彼らはそうではなかった。支援を受け取ることを負担としか考えなかった。

繰り返される支援に対する抵抗の歴史

支援に対する抵抗が見られたのはこの震災に限ったことではない。日本では近年、適切な理由もなく支援が断られた顕著な例がいくつかあった。悲しいことに、支援を受けてさえいれば悲劇の結末が大きく変わっていたと思われる場合もあった。

例えば一九八五年、五〇〇人以上の人が命を落とした日航ジャンボ機墜落事故について考えてみる。八月一二日の夕方七時直前、日航ジャンボ機は山深い場所に墜落した。横田アメリカ空軍基地の職員は墜落現場をいち早く発見し、救助ヘリコプターを派遣した。ヘリコプターは現場へ到着し、海兵隊の隊員たちが降下する準備をしていたが、司令官から、日本の自衛隊が救助を行うとの連絡が入り、ヘリコプターで現場上空にいた隊員たちは基地へ戻るようにとの指令を受けた。米空軍が墜落現場まで自衛隊を案内する申し出も断られた。自衛隊の救援部隊が現場にやっと到着したのは翌朝になってからだった。四名が生存していたが、医療関係者の報告によれば、墜落時もっと多くの人が生存していたことは明らかで、彼らはひと晩持ちこたえられずに亡くなったとのことだった（Hood 2011）。東京消防庁は、夜でも生存者の救出ができるようサーチライト付きヘリコプターの提供を申し出たが、自衛隊はそれも断ったという。

一九九五年の阪神大震災の時にも支援拒否のケースがあった。マクコーマック（McCormack 2001: 10）はこれについて、「官僚的反応は冷淡で、緊急の救済より、自分たちの管理下で事を進めること、また国のメンツを保つことのほうに関心が向いていた。外国政府からの六二件の援助の申し出のうち、受け入れたのはたった二〇件にすぎなかった」と書いている。地震の翌日には何千人もの国内外のボランティアが支援を申し出たが、政府はそのあまりの多さにまったく対応することができなかった。「政府と民間の対応の違いはあまりにも歴然だった。大変な被害が出ていたにもかかわらず、管轄についての議論やお役所仕事の様々な障害に阻まれ政府の救援活動は機能していなかった。政府の対応のまずさに業を煮やした約一三〇万人のボランティアが、自分たちで組織を形成しながら被災地域に集結した」

(Schwartz 2003: 14)。

政府には緊急災害時の対策計画があったが、それは三日以内に、改正されなければならなかった(Tierney and Goltz 1997: 7)。政府は、事前協定では想定されてもいない非常事態下でそれほど大人数のボランティア、自衛隊、そして多様なNGOと協力した経験がなかった。震災の救援活動のため来日した外国の医師たちはケガ人の手当をすることを認められず、日本政府は毛布、ペットボトルの水、テントは日本駐在の米軍基地から受け取ったものの (Grubel 2000: 122)[7]、アメリカ海軍の、航空母艦を海に浮かぶ避難所とするため向かわせるという申し出は断った(McCormack 2001: 10)。神戸の時は、国と地方の政権の間にも問題が生じた。グルーベル (Grubel 2000: 120) によると、例えば自衛隊がヘリコプターによる火事への放水を申し出たが、地元の行政関係者は自衛隊に懐疑的で、その作戦の有効性も疑わしいと思って躊躇しているうちにことが手遅れになった。神戸が県庁所在地の兵庫県では当時、行政が左派に傾いており、自衛隊やアメリカ軍に対し敵対的だったという指摘もある (Tierney and Goltz 1997: 7)。それが、米軍や自衛隊からのさらなる大規模な救援や支援を断った一因と考えられる。

自衛隊の助けを得ながら支援物資を配る。2011 年 5 月 28 日石巻市。

国内NGOの神戸での支援活動も思うようにはいかなかっ

た。これは当時の政府のNGOに対する考えとも関係があった。「不均衡は法人化しているNGOとそうではないNGOの間にも及んだ。前者はその活動に関して、それ自体が区分化され縄張り意識の強い関係省庁の許可を必要とするため、自らも官僚の派閥主義の締め付けから逃れることができなかった」(Schwartz, 2003: 14)。特に憂慮すべき点は、官僚がその管轄の支配を守るためなら、必要とされている貴重な支援が届けられなくなることすら厭わなかったことである。「外務省に『世界の子供を助ける』ための団体を作る許可を申請したあるグループは、『世界の子供』とは海外の子供を指すため、神戸での活動はその目的とは相反すると警告された(Deguchi 1999: 12)」(Schwartz 2003: 15より再引用)。

私たちが体験した支援への抵抗があまりによくあることなのがわかる。ここで、どの情報や物資が支援を必要としている人々に届けられるかを決める権限を持つ人々やグループを「ゲートキーパー(門番)」と名づけることにする。支援を拒否する理由として最も多いのは、「ただで何かを受け取るわけにはいかない」という思想傾向にもとづいた考えである。また時には理由は単に「あなたたちのサービスについて人々に説明するのが面倒くさい」という陳腐な場合もある。これらを表す二つの例を挙げる。

湯浅誠氏は日本の反貧困運動でよく知られた人物である。二〇〇二年まで、彼は私とともに元祖フードバンクグループの会長をしていた。その後彼は、困っている人々に援助の手を差し伸べる「もやい」という組織を立ち上げ独立した。二〇〇八年の年末から二〇〇九年の正月にかけて、もやいは、湯浅氏の反貧困ネットワークの一環として、日比谷公園に一時的にテント村を設置し、非正規労働者の困窮に人々の関心の目を向ける活動の先頭に立った。これは、当時「リーマンショック」が経済にもたらした打撃への対応だった。彼はセカンドハーベスト・ジャパンからの食料品の寄付は受け取ったが、支援食料の鮮度を保つために寄付品を毎日配達して届けたいという我々の申し出は拒否した。テント村が解体された後、寄付された食料品のうち使用されなかったもので腐ったり、雨で傷《いた》んだりしていないものを回収するよう頼まれた。回収した利用可能な食品は七トンにも及んだ。

反貧困ネットワークは援助を必要としている人にサービスを提供する様々なNPOの連合である。しかし、私たちの団体も参加するよう検討してくれたことはなかった。貧困層の家庭にとって食の確保が重要な問題であることを理解する人は皆、奇妙に思うだろう。人によっては、私たちの組織のことを、湯浅氏が知らないのだろうと勘違いするかもしれない。しかしそんなはずもない。日本において、認めない、という気持ちを表す方法の一つは、誰かまたは何かを無視すること、または、それらが存在していないかのように振る舞うことである。湯浅氏と彼の仲間のグループは、支援している人々を代表して、何を受け入れるか決める立場にあるわけだが、この場合、無償の食料支援は受け入れられないと判断したといえる。

しかし、ゲートキーパーとして振る舞っているのは彼らだけではない。それまで私たちと協力関係にあった団体のトップが入れ替わったことをきっかけに、関係が途絶えてしまうことも時にはある。そのようなことが、日本に亡命を希望する難民に基本的な支援を行う外務省所轄の独立行政法人アジア福祉教育財団難民事業本部と私たちの間であった。難民事業本部は、それまで何年もの間、食料支援を必要としている人々がいれば私たちに紹介していた。ある時、難民事業本部から五~六ヶ月も誰も紹介されていないと気づき問い合わせると、「今までのやり方では無駄が多すぎるからと、新任の上司がこれまでと方針を変えまして。セカンドハーベストさんの支援については、直接尋ねられた場合に限ってお話しすることにしています」と返答された。(尋ねられたら、と言っても、日本に来たばかりの難民が、私たちの食料支援について知るはずもないのではありませんか、とのこちらの問いに対し難民事業本部は答えに窮した。) 東北の場合と同様で、難民事業本部にとって、私たちの支援は不十分な政府からの支給を補うありがたい助けではなく、厄介で面倒くさいものだった[8]。

これらが例外的なことだと言えれば良いのだがそうではない。むしろ支援を提供する、受け取るということが一般にどう思われているのかをよく表している。私たちの支援を最初から断ってくる、もしくは受けるにしても不承不承に、という教会やボランティア団体はまだまだある。苛立たしいのは、彼らがゲートキーパーとなっているがゆえに、彼らを頼っている人々が、私たちの提供する支援を受ける機会を失ったり、そういった支援があることも知らされないままいることである。一般の人々はこのような裏事情を知る由もなく、これら団体が、頼って来る人々のために、他のＮＧＯや支援機関と協力し合うよう最善を尽くしていると信じ込んでいるのである。

考えられる四つの原因

ここまで記してきた問題の根源には組織文化がある。普段と違うことや、批判される結果を招くかもしれないことを嫌う官僚的なものである。そのような官僚的態度は世界中で見られる。しかし、支援拒否の根底には日本特有の要因もあると考える。以下の四点である。

恩返し

多くの日本研究者、特に有名なところではルース・ベネディクトが、著書『菊と刀』の中で、受けた恩や親切を返すことの重要性について論じている。仏教の言葉で「報恩」、もっと日常的な言葉で言えば「恩返し」のことである。ほとんどどの文化にもギブ・アンド・テイク――受け取ったら与える――という概念があるが、ベネディクトによると日本のその義理の感覚は極端である。ベネディクトは、日本人が、両親や天皇、親類や友人、それに今まで世話になった人すべてに対する恩義でがんじがらめになっている様子を描いている。私自身、恩返しの問題点について二通り、まったく違ったかたちで経験をしたことがある。私は、支援の仕事をするにあたり、支援される側の人々のことをよく知りたいと、一九九七年一月から一九九八年四月の一五ヶ月間、東京の中央を流れる隅田川の河川敷の段ボールの家で暮らした経験がある。川岸四キロメートルの範囲に一〇〇軒以上の段ボールの家が連なっていた。毎月、時計のような規則正しさで、政府が「立ち退き」をさせるためにやってきたが、それは有効な取り締まりというよりは見せかけの官僚的パフォーマンスに近かった。この、いったん立ち退くために移動し、役人がそれを確認して去った後に、ふたたびもとの場所に戻って家を作り直す一連の行動には一二時間かそれ以上かかり、段ボールの家を夜が来るまでに元通りにすることができなければ、ひと晩、寒さや雨に晒され過ごす羽目になる。

私の段ボールハウスの周りには少なくとも一五の段ボールハウスがあり、だいたい皆互いを知っており友好的だった。彼らは以前日雇いとして建築現場で共に働いた経歴を持つ古くからの知り合い同士だった。ほぼ毎晩のように一緒に飲んでいるわりには、毎月の立ち退き時の作業はほぼ全員が一人で行っていた。もし二人や三人でチームを組んで協力し合えば、荷物を壁まで持っていく作業も、そこからさらにロープで壁の向こうまで引き上げる作業ももっと短時間で行えるというのに。私は、誰も、他人に貸しを作って義務を負いたくないのだと学んだ。

東北で出会った官僚、地元の役人、NGOや個人は、支援者に借りを作ることで重圧を背負い込むことのないよう、様々な方法で均衡を保つよう努めていた。ただちに必要な最低限の支援物資しか受け取らない、または、支援を初めから断る、などがその表れである。どのような支援をどれだけなら受け取るかをこと細かに指定してくる場合もあった。

地方のリーダーや役人と会って話してきたなかで、支援を他の場所で使えるかもしれない、支援の時期をずらし被災者の消費のニーズや貯蔵の倉庫の空き具合を調整すればどうか、など案を出す人は皆無だった。一〇年前、東京の機関や組織に支援食品の配達を開始した頃と何も変わっていない。私たちから食品支援を受けることに対する根強い抵抗がある。その理由の一つが、受け取って借りが生じても返せないからという考えである。これは機関や組織を運営する人が陥りやすい考え方で、彼らが支援を受け取ってくれることが、寄付をしてくれた支援者にとってもためになることだと分かってもらうまでには時間を要した[9]。分かってもらうために、私たちの関係が対等であることを強調したり(例えば、私たちは彼らを「救ったり」、「救済したり」しようとしているわけではない)、食料を寄付した人に実際に機関を訪ねてもらったりもした。顔を合わせることで、食料を受け取る側の気持もだいぶ違ってくる。「会社Xから食料を受け取っているだけ」から、「Yさんのためにもなるのなら」という気持ちになる。

内と外

日本人の世界観の一つは同心円上に広がる輪のセットのようなもので、最小の輪が家族で一番大きい輪は日本国である。日本人はその都度、潜在意識の中で、話している相手が自分のその輪の「内」にいるのか「外」にいるのかを問う（Bachnik and Quinn 1994参照）。そのどちらかによって、相手にどれだけの情報をさらすか、その人に対してどんな義理があるのか、ないのか決定するのである。例えば自己紹介をするとき、必ず最初に告げるのは所属するグループや団体、会社名などで、それからやっと名字を名乗る。この過程は各自の輪の輪郭を明確にするものだが、それは親しみを示すためというよりは、排他的な行動である。

支援を与える人は「外」の人、つまり、よそ者と見なされるため、協力する義理はあまりないと思われやすい。概して日本人はとても礼儀正しい。しかし礼儀正しいのと協力的なことは別である。自分の輪の外側にいると見なした相手に協力する義務はない。そのため、アメリカのＮＧＯであるセカンドハーベスト・ジャパンが支援活動に訪れても、東北の部外者であることはもちろん、日本にとってもよそ者のＮＧＯと見られるため地元から協力を得ることは難しいのである。外部者であるこのＮＧＯと協力しないからといって仲間内で問題視されることもない。

この、自分たちの外に属すると見なす人と関わることに消極的な傾向は日本社会全般にある。ＮＧＯ、労働組合、社会運動、教会などですべてそういった島国気質の傾向が見られる。今まで何度もそれらの支援団体に手を差し伸べようとしては、「今忙しいので」と会うこともなく断られてきた。同じ社会問題に取り組む者同士協力しあう道を探るより、自分たちは他と違っていかに特別であるかを確立することに労力を割き、共同で何かをすることは難しいと説明してくる。

私たちは、地域の関係者に自分たちのことをよく知ってもらうため、毎年シンポジウムを開き、貧しい人々を支援している色々なグループや資金や食料を寄付してくれる賛同者らを招待する。残念なことに、シンポジウムに来ないどころか、招待状に対し何の返信すらよこさない団体が驚くほど多い。互いに同じような支援活動をしているにもかかわらず、彼らにしてみれば、私たちは輪の外にいる、仲間ではない団体であることがその理由の一つと考えられる。

東北で接した地元の代表者や役人の態度や反応も、このような内と外の世界観を理解すれば説明がつく。私たちはよそ者、部外者だったため、協力する義理もないと思われ、協力者になれる可能性にすら気づいてもらえなかった。他の文化では、共有の目的が様々なグループをつなぐ役目を果たすこともあるが、日本では仲間への忠誠心が最優先されるようだ。私たちは南相馬や石巻や大船渡で支援を必要としている人々のことを案じたが、彼らからみれば部外者であるがために、真の協力体制を築くことが困難だった。協力し合うことは互いに受けとり与えあうこと、共通する関心や目的を持ち、相互依存することである。一方が救世主、もう一方が受け身で慈悲にあやかる側という構図など必要ないのである。

国内の支援団体と国際的支援団体の間で交流が行われる時、その世界観の対比はより明確になる。会議で、国際団体はえてして「互いから学ぶ」、「持てるものや情報を共有し合う」、「ともに協力し合って活動する」など、相手を含むような言葉を用いる。これらの団体は活動に対しそれぞれ独自の特徴ややり方があるが、自分たちの活動をより強化するためにも他とつながり、協力体制を築く機会も模索する。それに引き換え日本の団体は、他の団体と協力することで面倒なことになるかもしれないと考え、できるだけそういった状況に陥らないような道を探る。そうしてしばしば、同業の団体についてよく知らないふりをする。他の団体の存在を認めなければ、関わる義務もないというわけだ。しかし、公開討論会や一般公開される会議ではそうそう無視するわけにもいかない。そういった時、「よそ者の団体」は「オブザーバー」という立場で招待され、対等な参加者にしてもらえない。二〇一一年七月二九日、大船渡で活動する支援団体が参加して毎週行われていた会議でそんな様子を目の当たりにした。地元の団体はテーブルに着いていたが「オブザーバー」は話を聞きにきた一般の人々と同じ席に座らせられ、会議中発言せず静かにしているようにと言われていた。残念だが、そのような態度ややり方では島国根性の印象が深まるだけである。

克己心と遠慮

震災の爪痕も生々しい被災地で、日本人が冷静さを保って日常生活を送っていた様子に世界は驚いた。略奪行為の話も聞こえてこなかった。取り乱した群衆が支援物資に向かって殺到することもなかった。被災者に大混乱は起きなかった。世界が目にしたのは耐え難きを耐える静かなる冷静さだった。(10) 三月二六日に支援物資配給のフリーマーケットに参加したとき、子供からお年寄りまで八〇〇人がその開始を雨交じりの雪の中何時間も待っていた。待たされていることに文句を言っている人はいなかった。他の文化で見られる、何かしてもらうのがあたりまえという態度はそこにはなかった。

我慢強さを支える一番の要素は「自分より、または、自分たちよりひどい目に合ってる人がいる」という思いである。支援の食べ物を受け取ることは、最もつらい目に合っている個人や地域は自分たちだ

2011年3月11日東京。帰宅困難となった人々に温かい食事を提供。

ということを意味する。個人や組織は、自分たちが受け取らなければ、その分は、もっと必要としている人のもとへ届けられるだろうと信じることができる。受け取らないことで、自分たちより支援を必要としてる他人や他のグループのほうに注目がいく。そう考え行動することで二つのことが達成される。一つは援助が必要と認めてしまうとプライドが傷つくが、認めなければそれが防げる。そしてもう一つは、恥じるような思いは他の誰かに経験してもらうことにして、自分たちはまだましな立場にいるという優越感を保てることである。

　日本語にはストイシズムに近い意味の言葉がいろいろある。最も意味が近い言葉は「自分自身や自尊心を抑制する」ことを意味する「克己心」だろう。だが、同じような意味の言葉「遠慮」のほうがよく使われる。これは英語だとreserve〔自制、慎み〕、self-restraint〔自制、克己〕、また動詞ではrefrain〔我慢する〕に相当する。年配の日本人にとっては特に、遠慮は礼儀作法の基本となっている。しかし、遠慮は、特に、自意識、内気、気恥ずかしさと相まって、意思疎通を悲惨なほど妨げることがある。

　東北で地域の代表者や役人、個人に支援を申し出ると、まずだいたい「自分たちよりもっと大変な所があるはず。私たちは大丈夫ですから」という答えが返ってくる。どれくらいの支援をどんな頻度で提供してもらえるか、とも、どんな支援ができるのか、とさえも一度も訊かれなかった。私たちの支援についてもっと情報を得ようとはしない。遠慮することがあまりにあたりまえなため、支援の申し出を受けたことを自分たちの好機とすることなど思ってもみないのだろう。それどころか、そのような申し出は、彼らの克己心や自立心に対する精神的な揺さぶりとなるため、直観的に断ろうとする。

和と迷惑

「和」を重んじ「迷惑」をかけないことを悪く言う人はいない。外国から来た人はそんな日本の美徳を賞賛し、そういった振る舞いが自国でももっと見られたならと願う。しかしながら、これら日本的思考も極端になると、思ってもみないような負の結果が生じることがある。

震災後まもなく、仙台市役所が支援物資を山積みにして放置しているという報道があった。ひと目見て、それは事実と分かった。束ねられた毛布、食べ物の入った箱、ケースにはいった飲料水、どれも配給されないままそこにただ置かれていた。理由は何か。職員はすべての人に均等に十分に行きわたる分の物資が集まるまでは何も配給しないと言っていた。何が「十分」で、「すべての人」は誰までを指すのかは定かではなかった。市は山積みの物資のことを知る人から非難されるほうが、配給されたものが十分ではない場合に寄せられるかもしれない苦情に晒されるよりましだ、と考えている様子だった。少なくとも、誰も支援物資を受け取っていない、という点においては、誰もが不公平感のない扱いを受けていた。

日本赤十字社も同じ考えだった。日本赤十字社が仮設住宅に移る人のために台所家電を提供すると聞いた私たちは、それに合わせて、新しい生活を始める足しになるよう、日本でよく使われる食料品をセットにして提供することを申し出た。四月二五日、その件について日本赤十字社と話し合いをした際「東北の仮設住宅七万軒すべてに提供できるのでなければ、お断りします」ときっぱり言われた。すべてか、そうでなければいらないというのである。どこか特定の地域や地方向けにすればといった話もまったく出ず、どれくらいの量なら準備できるのかと聞かれることすらなかった。日本赤十字社に支援の提供を申し出て同じような回答を受けたNGOを他にもいくつか知っている。

この、全部かそれが無理ならいらない、という態度を示されたのは初めてではなかった。特定非営利活動法人自立生活サポートセンターもやいは、もやいの支援受給者が住居を見つけた際に新生活応援の食品セットを提供するという私たちの申し出を何年にもわたり無視してきた。この提案について話し合うことを何度も申し入れたが、彼らはそのたびに、静かに微笑んでこちらの名刺を受け取ってそれっきりなのである。もやいはこの提案に反対する理由を口にはしないが、先に述べた例にもあったように、無償で何かを提供することに気が進まないのであり、また、誰かが不公平だと苦情を言うかもしれないと心配しているのだろう。

被災地で、理論上「個人の横暴」と呼ぶのが最もふさわしいような考え方に遭遇してきた。ゲートキーパーは、個々の被災者が本当はどう思っているのかはおかまいなしで、皆の受ける支援をまったく同じにしなければ誰かが文句を言うだろうと考える。その机上の空論の批判を重要視するあまり、そんな文句が出る可能性があるなら、誰のことも支援しないほうがまし、と考える。例を挙げると、私たちは、仮設住宅にいる被災者や自宅に取り残されている人のために支援物資の詰め合わせを準備したが、誰からも文句を言われないよう、詰め合わせの内容物を同じにしてください、と徹底した指示を受けた。二〇〇四年から、支援セットを作る取り組みを行っていたが、私たちの普段の支援セットは、重さが一二〜一五キログラムでざっと一万二〇〇〇円相当の品物が入っている。普通、セットの内容物は寄付された品々で、支援の必要な一家宛てにセットを作って配送するのに掛かる経費は一件あたり七五〇円程である。しかしながら、今回、被災者のために準備した支援セットは、すべての箱の内容をまったく同じにするため内容物の七〇％を購入しなければならず、一箱につき、六〇〇〇円から八〇〇〇円の経費が掛かった。皆がまったく同じ内容のセットを受け取らないと「地域の和が乱れる」というのである。それは単に、どの箱にも一リットルの食用油が入っていなければならない、という意味だけではない。みんなが同じメーカーの食用油を一リットル受け取るようにしなければならないということなのである。

本当に、受け取る支援物資が各自まったく同じ内容でなければ不満だと、被災者が苦情を言ったのだろうか。それとも、地元役人が大げさに心配していただけなのか。真相を知るのは難しいが、二〇一一年一〇月一六日、東北支援のシンポジウムで、福島県の海岸沿いの新地町の役場職員が、内容の同じ支援物資を配給した際、他の人が受け取った物とメーカーが異なっていたと被災者から苦情があったと話したことは記しておきたい。

さらに付け加えると、地元のＮＧＯは被災者が何を必要としているか調べてみることをしないようだ。ぞんざいな平等主義の方針の下、何人家族か、職に就いているかどうかなどの差を考慮することなく、ただ仮設住宅や地域のすべてに行き渡るように支援セットが配給される。ほとんどのＮＧＯが、近所の人と内容が違っていて不平等だと誰かに文句を言われないよう、独身で定職に就いている男性にも収入源のない五人家族にも同じ内容の食料物資支援セットを配ることにしていた。本当の意味での平等を目指そうとはしていない。

支援団体同士の会合やEメールでは、支援者の提供するおにぎりの数が人数分に五個足りないので支援を受け入れなかった避難所の話や、他から苦情を言われることを恐れて支援をかたくなに拒否した地区の話などがたくさんある。支援拒否にはパターンがあり、こういった経験は東北に限ったことでも、この震災に限ったことでもないことが明らかだ。

私自身、二〇年にわたる日本での支援物資配給の経験から、ほとんどの場合、問題は、被災者ではなくゲートキーパーのほうにあることを知っている。ゲートキーパーは、時として、支えるべき被災者のための支援を、苦情が出たら対処できない、またはしたくないという理由から、にべもなく断ってしまう。そのため、心配しているような苦情が実際に出てくるかどうか知る由もない。

まとめ

セカンドハーベスト・ジャパンは今までにも支援物資配給の際の障壁を経験してはいたが、今回、被害が大きく、速やかな支援が必要なのは明らかだった東北でそれを経験することになったのにはさすがに驚いた。当初は、この状況下では、フードバンクで平時に支援している時に経験するような障壁はさすがにないだろうと誤った想定をして、私たちは普段よりはるかに多く、いつものルートではさばききれない量の寄付の物資を受け入れた。報道や現地から聞こえてくる話から、被災地には支援を待ちわびる人々がおり、私たちが支援物資を持って訪れれば歓迎されるものと信じていた。しかし現実は違っていた。支援を提供し届けることはまるで雪の塊を押し歩きながら上り坂を進むがごとくだった。

「恩返し」、「内と外」、「遠慮と克己心」、「和と迷惑」について書いたことで、読者のなかには、私が東北での支援物資配給の問題をありふれた時代遅れの日本文化論に基づいて論じていると非難する人もいるかもしれない。「日本学」や「日本人論」がここ二、三〇年の間、文化本質主義と批判されつづけ、今ではまったくはやらないことはよく理解している。確かに、日本人論には二つの大きな問題点がある。一つは、とにかく日本人はどこか独特、または独特で変わっていると決めつけ、日本以外の場所や他の時代にもあてはまるような多くのことを、「典型的な日本」のものと紹介していること（Dale 1986）。もう一つは、日本という枠組みや日本人であることが日本の人々のアイデンティティの本質的要素だとし、年齢や性別、地方の違いや階級などを無視していることである（例えばSugimoto 2010）。

これら日本人論に対する批判は的を射ている。第一に、援助の拒否は日本独特の出来事ではない。ロシア政府は二〇〇〇年に潜水艦クルスクの事故が起きた際、他国からの乗組員救助のための救援を断っているし、トルコは二〇一一年の地震に見舞われた際、イスラエルやギリシャといった国々からの支援を断った。これらは災害に遭った人々より政治や誇りが優先された国家に関する例であるが、東北大震災の例にも通じるところがある。第二に、東北で支援を断った人々や団体は日本人だからそのような行動に出たわけではない。「役人・官僚文化」が日本文化の影響と同じくらい関係している。また興味深いのは、外国人が「日本文化」に不平を漏らすのと同様に、支援活動に従事する日本人が、苛立った時、「東北文化」の障壁について愚痴っていたことである。様々な要素が絡んでいる。

それでも、長年日本で貧困や困窮の問題に関わってきたからこそ揺るぎなく主張できることがある。日本は確かに独特でも画一的でもないし、他の文化から力や影響を受けないわけでもないが、東北で遭った支援拒否の現象には日本独特の側面がある。二〇一一年の東北以外の場所、それ以前の歴史的瞬間にも、NPO間で、役所で、一般の人々の間で、そしてエリートの間で支援拒否があったことを、この章で示すことができたと思う。支援拒否の頻度やその独特の方法は、こう言ってしまうことが正しいかはわからないが、少なくとも部分的に、日本文化の産物としか言いようがない。

注

（1）私は二〇〇二年三月一一日に最初のフードバンクを法人化した。その当時の名称は特定非営利活動法人日本フードバンク（NPO Food Bank Japan）だった。二〇〇四年にそれがセカンドハーベスト・ジャパンとなった。

（2）三月一一日以前には、自然災害が起きた際どのような種類の支援物資を地域として受け取るかを指定する書類は存在していなかった。それは震災後、即席に作られた決まりだったが、一度決まりができると権威ある法令であるかのように守られることになった。

（3）二〇一一年一〇月三一日、在日米国商工会議所（ACCJ）でのハンズオン東京の理事会にて確認済み。

（4）〈http://www.youtube.com/watch?v=70ZHQ--cK40〉この件については本書でデイヴィッド・マクニールも言及している。

（5）ピースボートのホームページ参照。〈http://www.peaceboat.org/english/〉

（6）私たちの組織は毎週、五〇〇～七〇〇食の温かい食事を用意して東京の上野公園で配っている。そのため、このような活動をするための道具も知識もあるのである。

（7）アメリカ国防総省のスポークスマンは、日本に提供しようとして断られた物として以下の物を挙げた。「（……）ヘリコプター輸送を含むあらゆる交通手段に関するサポート。我々は人材、水、燃料、交通手段、水浄化と貯水施設、エンジニアの支援、発電機、テント、医療品、高度医療対応の施設、手術道具、野営病院などの災害対策と医療従事者を提供できる」（一九九五年一月一九日のアメリカ国防総省記者会見）。

（8）のちに、私たちの無償の食料品支援を紹介することに二〇秒ばかり費やすことはさして業務の妨げになるものではないと、方針を見直してくれたことを評価したい。

（9）食品支援を受け取ってくれる人々は文字通り寄付してくれた側の助けになっている。スーパーや卸売業者、レストランは売れ残りの食料を廃棄することにかかる高い経費を節約することができる。この事実と、企業にとっても慈善事業はプラスの宣伝効果があるということが日本ではまだあまりよく理解されていない。

（10）月日が流れるにつれ、店や家が空き巣に遭ったなど、震災をきっかけとした犯罪の話も聞こえてきた。それでも、震災後の人々の対応はおおむね、秩序があり冷静だったといって問題ないだろう。

参考文献

Bachnik, Jane, and Charles J. Quinn Jr. 1994. *Situated Meaning: Inside and Outside in Japanese Self, Society, and Language*. Princeton: Princeton University Press.

Benedict, Ruth. 1989 [1946]. *The Chrysanthemum and the Sword: Patterns of Japanese Culture*. Boston: Houghton Mifflin.（ルース・ベネディクト『菊と刀――日本文化の型』長谷川松治訳、講談社学術文庫、二〇〇五年）

Dale, Peter N. 1986. *The Myth of Japanese Uniqueness*. London: Palgrave Macmillan.（ピーター・デール『日本的独自性の神話』抄訳『中央公論』一九八六年一一月号）

Fackler, Martin. 2011. 'Japanese City's Cry Resonates Around the World.' *New York Times*, April 6. 〈http://www.nytimes.com/2011/04/07/world/asia/07plea.html?pagewanted=all〉 Accessed 15 October 2012.

Grubel, Ruth M. 2000. 'Appropriate Assistance: Response to Offers of Foreign Support Following The Great Hanshin Earthquake.' *Annals of the School of Sociology, Kwansei Gakuin University* 86: 117-126.（関西学院大学社会学部紀要第八六号）〈http://www.kwansei.ac.jp/s_sociology/kiyou/86/86-ch8.pdf〉 Accessed 15 October 2012.

Hood, Christopher. 2011. *Dealing with Disaster in Japan: Response to the Flight 123 Crash*. London, Routledge.

McCormack, Gavan. 2001. *The Emptiness of Japanese Affluence*. Armonk, NY: M.E. Sharpe.

Schwartz, Frank. 2003. 'What *Is* Civil Society?' In Frank Schwartz and Susan Pharr (eds.) *The State of Civil Society in Japan*, pp. 17-41. Cambridge: Cambridge University Press.

Sugimoto, Yoshio. 2010. 'The Japan Phenomenon and the Social Sciences.' In Yoshio Sugimoto, *An Introduction to Japanese Society*, pp. 1-36. Melbourne: Cambridge University Press.

Tierney, Kathleen J. and James D. Goltz. 1997. 'Emergency Response: Lessons Learned from the Kobe Earthquake.' *Unversity of Delaware Disaster Research Center Preliminary Paper #260*. 〈http://dspace.udel. edu: 8080/dspace/bitstream/handle/19716/202/PP260-Emergency%20Response%20Lessons%20Learned.pdf?sequence=1〉 Accessed 15 October 2012.

ボランティア支援における倫理
——贈り物と返礼の組み合わせ

デビッド・スレイター（1）
（森本麻衣子訳）

純粋な贈り物という考えがすでに矛盾である。強制的な贈り物という世界中で普遍的にみられる慣習を無視することで、私たちは自分たちの行いを自分たち自身にとって理解不能なものにしてしまう。

メアリ・ダグラス（マルセル・モース『贈与論』英訳版に寄せた序文より）

知らない人たちが、八時間もかけて私の家のなかの泥を掘り出してくれているときに、私はどうすればいいんでしょう。本当に、どうすればいいというのでしょう？　どうやったらお返しできるんです？

夫を失くした専業主婦の安藤さん（石巻市の震災跡地で）

はじめに

二〇一一年三月一一日に続く数週間、いや数ヶ月の間、最も必要とされていた仕事のひとつが、津波の後に残された泥を掘り出し、民家や公共スペースから土やがれきを取り除く作業であった。ボランティアの作業チームで働くうち、助けを必要とする被災者との最初の接触が一筋縄ではいかないということに私は気づいた。被災者のほとんどは家族や財産を失くしているうえに、天候や食糧もまだ不安要素だった。彼らはしばしばどうしようもなく支援を必要としており、これは自足した生き方に誇りをもつ人々にとっては慣れない状況だった。明らかに助けが必要な場合でさえ、部外者に助けてもらうということは軽々しく受けとめられるものではないのだ。東北地方における状況のこうした難しさは、支援グループの位置づけの曖昧さによって増長された。つまり、多くのボランティアは、被災者や被災地ともともと縁がなく、政府に雇われているわけでも、専門的な力量で作業をしているわけでもなかったのである。

本章では、支援を与えること・受けることにかかわる道徳的な選択について、とくに支援提供者が（隣人や政府ではなく）ボランティアであるケースに着目して議論する。見ず知らずの人から支援を受けることが、いつ、そして、なぜ、道徳的なジレンマとなるのか。見ず知らずの人から支援を受け、その恩に報いることが実質的に不可能な状況のなか、どのようにして被災者は自らの尊厳を保つのか。そして、この力学は、支援提供の有効性にどのような影響を与えるだろうか。

東北地方での状況は、災害救助の提供者が政府の組織から非政府組織（NGO）や非営利組織（NPO）に転換するという世界的な流れに呼応している。[2] この変化が、政府による支援からの自立を促進することで地域住民をエンパワーするという、より大きな傾向の一部だと捉える人もいれば、政府が非政府的な提供者に対して、市民への支援を外部委託するネオリベラリズムの現象に過ぎないと捉える人もいる（Stirrat 1996）。[3] あわせて、支援自体の位置づけが、開発援助にしろ災害救助にしろ、サービスあるいは政府が負うべき市民の権利から、より曖昧なものへ変化していることがわかる。NGOやNPOの名称にも反映されているように、支援は通常「慈善」や市場取引とも一線を画している。

国際支援の主力な供給主体としてNGOが出現したことを受けて、文化人類学者のロデリック・スティラットとヘイコ・ヘンケルは、こうした支援の多くは贈り物、つまりマルセル・モースが最初に概説したような交換および互酬の対象として捉えられ、また扱われるものであると主張した（Stirrat and Henkel 1997）。これに対してトモヒサ・ハットリは、海外支援は返済が不要な「純粋な贈り物」として、多くの言説において表象されていると論じている（Hattori 2011）。しかし、実際のコミュニティにおいては、贈り物の論理はほぼ確実に返礼をほのめかすものであるとモースを受けて指摘する。それゆえ、贈与行為が社会関係を構成する一要素であるという限りにおいては、純粋な贈り物など存在せず、それを導入しようという試みは、むしろ社会関係に破壊的な作用を及ぼすだろうという。さらに、ハットリはサーリンズ（Sahlins 1972）を受けて、贈り物は「否定的な互酬」をもたらすと主張している。つまり、贈り物が生みだしまた強化する不平等が、時間が経つと国家間の社会的なヒエラルキーとして固定化するというのだ。また、ハットリはブルデュー（Bourdieu 1977）を引き合いに出し、非互酬的な贈り物を受け取ることは、贈り手となる国による、受け手となる国さらには発展途上国全体に対するある種の「象徴的支配」に帰結するとしている。

なお、以上の分析はマクロレベルのものであることに留意しておく必要がある。世界銀行、国際通貨基金、独立行政法人国際協力機構などの組織に、他の多くの機能と並んで、国家的利益のために尽くし、象徴的支配を確立する機能があることを否定する人はほとんどいないだろう。だが、ミクロレベルではどうだろうか。東北地方の被災地域で、家を一軒ずつまわって泥を掘っている寄せ集め集団も、この力学に本当は関係しているのだろうか。そこでは支援はまるで贈り物であるかのように提供されているのだろうか。つまり、互酬関係というより大きな回路の一部として表象され、実践されているのだろうか。そうであるならば、支援は受け手を傷つけることになるのだろうか。贈り手が癒しを提供しようとしている一方で、逆に不安を生みだすのだろうか。

救援の力学の最も本質的なレベルにおいて、震災を生き延びた人々は、彼らの居間を疲れ切った様子で横切っては家を片づけたり援助物資を届けたりする泥まみれの支援者たちとの出会いを、交換や互酬の関係と捉えることで対処している。地域ごとの贈与の慣行に応じて、交換と互酬が表象され実践される方法は異なるものの、復興支援においてこのようなパターンはよく見られる。東北地方では、震災を生き延びた多くの人々が、提供された物資、サービス、支援を、同種の返礼を必要とする「贈り物」と見なしていた。

宮城県で被害が最も大きかった地域の一つである石巻市の職員が述べた。「ここの人たちは、ものを与えられることに慣れてないんですよ。ここでは、そういうことはしないんです。貰ったら、かならず返す。」彼はこう続けた。「彼らがすごく礼儀正しいんだとか言っているのではありません。むしろ、逆で、友好的ですらないと思いますよ。だけど（貰ったら返すこと）、それがここのやり方なんです。[4]」返礼を必要とする贈り物として支援を位置づけることは、一方では逆説的だと見なされるかもしれない。少なくとも支援を提供する個人やＮＰＯは、決してそのように捉えていないうえに、受け手の側は返せるようなものをほとんど持っていない。だが、今回のような極限の条件の下でも、生き延びた人々の多くにとって、交換という枠組みに取って代わるものを適用するほうが、ずっと決まりが悪いのである。返礼を要する贈り物に支援を分類することによって、受け取ったまま返礼をしないという、道徳的に疑わしく社会的にも問題のある一方的な力学が、倫理にかなっていてかつ社会的に評価される参加の可能性を少なくとも提示する互酬の力学へと変容する。

そしてここに矛盾が生じる。本章で見ていくように、互酬の論理と実践は、特にＮＰＯ／ＮＧＯを介して組織化されるボランティア活動の多くの背後にある「無償の贈与行為」の倫理とは、非常に異なる方法で作用する。通常、ボランティアは、返礼をまったく期待せずに、いわば「ひも付きではなく無条件で」助けを提供する。むしろ、返礼を期待するだけでも、ボランティア活動の道徳的な純粋さを汚すと見なされる。しかしながら、受け手にとっては、返礼の考慮なしに受け取ることは、社会的かつ道徳的な互酬の回路からの逸脱を意味する。したがって、ここには、二つの道徳地理学が存在する。つまり、支援の提供と受け入れの背後にある倫理を捉える二つの異なる枠組み、正しいことを行う二つの異なる方法、自己尊重と相互尊重を創りだすための二つの異なる方法である。この差異が、しばしば誤解を招き、そして時には、敵対、そして最も必要としている人々へ支援が届かないという事態さえ引き起こす。

私は、ボランティアと東北地方の被災者たちの出会いにおいて見られるような、こうした異なる道徳地理学の間の歩み寄りを詳細に分析したいと考えている。

以下の私の報告はミクロレベルのケーススタディであるが、東北地方の東部で支援団体と津波の被災者の間に見られた何千もの出会いとおそらく似通っているだろう。もちろん、被害の程度や政府からの支援の多寡、世帯やコミュニティのなかで誰が生き残ったか、などの要素による違いはある。これらの条件はすべて時と場所によって異なる。(5) 本章の中核となるケーススタディは、石巻市内の住宅地での体験だ。私たちは、二〇一一年の四月にそこを訪れた。多くの家屋が津波によって押し流され、残された家は、一階のすべてが浸水して泥で覆われ、悪臭と建物の損傷のため、生活できる状態にはなかった。それにもかかわらず、住民のなかには家の二階で水も電気もない生活をまだ送っている人々がいた。その他のほとんどの住民は避難所で寝泊まりしていたが、昼間は家に戻り、自宅を修復するという途方もなく大変な作業に、多くの場合は一人で取り組んでいた。

では、支援を提供していた側は、どのような人たちで、各々どのような動機をもち、どのような期待を胸に抱いていたのだろうか。私が参加したボランティアグループは、多くの面で、東北地方で支援作業の大半を担ったグループの典型例だったといえる。特定の宗教や政党に帰属しないＮＰＯに名目上所属はしていたものの、私たちは訓練されていたわけでもなければ資格ももたず、数日だけ行動をともにし、すぐに解散した。(6) 腕章を与えられてはいたが、誰もそれを着用しなかった。九名全員が東京近郊から来ていて、私ともう一人を除いて皆日本人だった。年齢には幅があったが、全員、家から家へと泥と道具を抱えて移動するには十分な体力があった。以下の報告のなかで訪れる家に最初に入っていったのは私だが、グループの正式なリーダーだったというわけではない。

ある家を訪れて

「何の助けもいらないよ。大体うまくいっているんだから。(7)」表情もなく、私と目も合わせず、おそらく六〇歳くらいであろう、しかしもっと年配に見えるその老人は、前かがみの姿勢で疲れた様子を見せ、扉が消えたドア枠の内側に立っていた。扉の代わりに、一枚のベニヤ板がドア枠に立て掛けてあった。何も考えずに、私は振り返って彼の前庭に目をやった。そこには、びしょ濡れの家具、歪んだパイプ、いくつかの鍋、箪笥、壊れた地球儀、片方だけの靴、そして車の後部（アクセル、車輪、そして車体の一部）が散らばっていた。それ以外にも一〇〇くらいのものが撒き散らされていた。まるで、津波が押し寄せた際に、彼の家と近所の家の中のものすべてが荒れ狂う水の中でかきまわされ、ここに一気に吐き出されたようだった。ほとんどのものは細かく分解されていた。曲がった鉄材、割れた木材、ねじれた布地。紐、ホース、防水シートなど、曲がりやすいものはすべて泥と混ぜこぜになっていた。「千葉」と書かれた表札もあった。それは、津波によってどこか別の場所から運ばれ、ここに捨てられたものである可能性は大いにあるが、私はこの老人を仮に千葉さんと呼ぼう。

私が庭を眺めていることに気づいていたにしても、彼はその素振りを見せなかった。私は提案してみた。「重いものをいくつか動かすだけでもやりますよ。人手はありますし。それに……」車を動かす作業だけでも、最低でも六人の頑丈な人間が必要なのは間違いなかった。彼が話を聞いているかどうかわからなかったので、私は続けた。「それに、こういうことをするために、私たちはここまで来たんです……。」

「どこから来たの？」これは、私たちと会話をする気がある場合には、多くの人が聞いてくる最初の質問だった——私たちが誰で、なぜそこにいるのか、彼らはぜひとも知りたいのである。日本では、この質問の答えとして、所属グループ、居住地、会社、さらには部署や役職を述べる。しかし、このとき、千葉さんに必要なものはないと否定されたことで私は不意打ちを受けており、考えがまとまらなかった。私はぼそぼそと、メンバーのほとんどは日本人で東京から来ているが、私自身はアメリカから来ていて……と説明しかけたが、いくらも話さないうちに彼は興味を失ったようだった。そして、荒れた庭のほうに向かってわずかに腕を振り、家の中に戻っていった。私は、もしかしたら彼が私たちに指示を出すためにまた出てくるのではないかと思った。それは、NPOグループの決まりだった。地域住民に招き入れてもらい、依頼されてはじめて、支援作業に取りかかれるのだ。私は、玄関口で数分間待ってみた。グループの他メンバー数名が、何をしているのか、といった様子で私のほうを眺めていた。とうとう私は、あの身振りは私たちが彼の庭で作業をしていいという意味だったということに決めた（同時に、それは老人の最初の発言の繰り返し、つまり「立ち去れ」の別表現だったかもしれないということもわかっていた）。私たちはまず車から取りかかった。

前庭はわずか八〇平方メートルほどだったが、それでも大きめのがれきを取り除くだけで午前中いっぱいかかった。注意を要するガラス片がたくさん落ちていたが、私たちの皮の手袋は、すぐに泥でぐしょぐしょになって使えなくなってしまった。私たちは、少し頑張りすぎたのかもしれない。前庭だけが、少なくとも敷地の他の箇所と比べれば、綺麗になりすぎてしまった。裏庭は前庭の二倍の広さだったが、手をつけることさえできずじまいだった。昼休みをとったときに、あるメンバーが、私たちの作業場所の隅に二リットルのペットボトル入りの水が数本置いてあるのを発見した。誰がそこに置いていったのか、私たちのなかで見た者はいなかった。和解のしるしだ、と私は思った。私たちが求められたり歓迎されたりはしていないとしても、少なくとも敷地内にいること自体は問題がないというサインだと思った。作業を再開してから、メンバーの一人が、彼が窓のそばに立っているのを見たと言った。電気がないため、窓の中は暗かった。「こっちを見ているのかな?　気持ち悪いね。」

作業リズムを崩さないように、作業中はほとんど話せない。しかし、休憩中の会話から、日本人メンバーのうち、より都会育ちの数名が老人の態度に苛立っていることがわかった。自分たちが迷惑がられ、感謝されていないと感じるメンバーもいた。「あのおじいさんは本当は助けなんて欲しくないんじゃないかな。」そう一人が切り出した。そして「実際、助けはいらないって言っていたよ。そう言っているのが聞こえたんだ」と付け加えた。別のメンバーは、「バカげてる。助けは見るからに必要じゃないか。このあり様を見てみなよ。あの人はただ傲慢なだけだよ」と発言した。明らかに肉体労働に慣れていない様子で一日中苦労していた別の大学生は、「田舎の人」は皆、普段から互いに助け合っているのだから、助けたり助けられたりすることに慣れているはずだと思う、と述べた。「でも、あの人はあまり慣れていないみたいだよね。」

グループのなかに、東北出身の中年の女性がいた。彼女が住む地域は山脈の反対側にあるため、津波の被害を免れた。彼女は彼らに説明した。「東北の男性っていうのは、そういうものなのよ。口数が少ないし、愛想も良くない。」そして、彼女は笑いながらこう付け加えた。「実はここら（石巻市周辺）の男性は、東北地方のなかでも、一番愛想が悪いんじゃないかって思うくらいよ。」近所付き合いを保つのは女性の役目だと説明し、「見てごらんなさい。この辺りには、女性があまりいないでしょう。少なくとも、このお宅には女性の方はいらっしゃらないようね」と言った。彼女は正しかった。訪ねていった家の多くで、住人がいたとしても、年配の男性が単身でいるケースが多かった。女性は非常に少なかった。(8)「だから、ここの男性たちは、人とどう話せばいいかわからない。たとえご近所同士であっても、そうなのよ。東京から来たボランティアの集まりなんてなおさらね。」彼女は、とくに不満気な態度を見せていた若者数名を遠まわしに諭《さと》した。「彼らがどういう経験をしていて、何を必要としているのか、そしてそれだけじゃなくて、彼らにとって私たちがどういう存在か、理解してあげないといけないと思うのよ。私たちはしょせんよそ者の集まりで、よそ者から助けを受け取るのは難しいことだと思うから。」私たちは全員、しばらく黙ってこの言葉について思いを巡らせた。「皆がここに来て作業をしていることは素晴らしいことだと思う。でもね、場合によっては、助けること、他人のために働くことより、ただ受け取ること、人に助けてもらうことのほうがもっと大変かもしれない。……それに、この場所を見ていると私たちが本当におじいさんの助けになっているのかどうか、私にはわからない。」彼女はそのまま口をつぐんだ。

結局、私たちは、作業が終わるまで千葉さんを見なかった。私たちは午後四時に、ぐったりしてびしょ濡れの状態で、そして後回しにしていた最も大変な作業のため、下水道から掘り出した有害な黒い泥にまみれた状態で立ち去ろうとしていた。まだやるべき作業はいくらでもあったが、また別の日に、別のグループにやってもらうしかなかった。

道具の忘れ物がないか最終確認をしていたところ、私は千葉さんが荒れ果てた家の玄関の内側に立っているのに気づいた。暗がりの中から彼は静かに尋ねてきた。「明日も来るのか?」私はまたもや動揺し、長い一日の自己満足はかき消された。私は、弱々しく、わからない、他にも作業が必要な場所がたくさんあって、それに、東京に戻らないといけないメンバーも多いから、と言った。何か別のことが言えないか考えようとしていたら、彼はわかったというふうに頷《うなず》き、壊れた扉から中へと姿を消した。私は玄関前に取り残されてバカみたいに立ちすくんでいた。

まもなくして、彼は小さな白いビニールの買い物袋を提げて戻ってきた。「家にあったものをいくつか……」と、袋の中を見やりながら言った。「使えるかどうかわからんが……」差し出された袋を、私は頷いて受け取った。彼は、「どうも」と、どちらかというと平坦な、丁寧とはいえない調子で発し、それとなく辞儀をほのめかすようにちょっと頭を下げた。私が「ありがとうございます」とつぶやいたときには、彼はすでに家の中に引っこんでいた。

袋の中には、汚れたカップとショットグラスがたくさん入っていた。いかにも安物といった感じのティーカップと、もっとごつごつした、特別なものかどうか私には判断のつかない、柄のない湯呑みもあった。欠けているものもあったが、いずれも壊れてはいなかった。ショットグラスには、すべて違う地域の名前が書かれていた。おそらく、彼自身が行った旅行のお土産だろう。断水しているため、水ですすぐ代わりに、しっかりと布拭きされているようだった。数えてみたところ、ちょうどメンバー全員分あった。活動の拠点へ歩いて帰りながら、私はメンバー一人一人にカップと湯呑み、ショットグラスを手渡した。

泥まみれのボランティアたちの反応はさまざまだった。私以外の唯一の外国人、アメリカの教会グループに所属しているアメリカ人女性は、明らかに腑に落ちない様子だった。「だって、彼はこんなことしなくていいはずよ。私たちはなにか代金を受け取るためにここに来ているわけじゃないんだから。」彼女は、私が千葉さんに返すことを期待したのか、ティーカップを私の手に戻した。日本人の若い女性は、「お金をくれなかっただけ良かったかもしれない。お金を渡されたら気まずいじゃない。いくら渡せばいいかなんて彼には判断できないでしょ？　それにきっとお金なんて持っていないと思うし」と言った。東京人の若者は、つまらない作業が終わったことで気を取り直した様子だったが、ショットグラスを一つ受け取り、困惑と皮肉のこもった口調で、「ほんと、なんて親切なんだ。一日泥を掘って、ショットグラス一個か」と言い放った。東北出身の中年の女性は、自分がもらったショットグラスはすてきだと思う、と言い、それをもう一拭《ぬぐ》いしてからポケットの中にしまいこんだ。

贈与とその返礼

それよりほんの数週間前、千葉さんはとてつもない不幸に見舞われていた。後から近所の人に聞いてわかったのだが、彼の妻は亡くなり、彼の職場も倒壊していたのだ。倒れかけた自宅で、彼はおそらくただ時間をつぶしていたのだろう。やってきた私たちが作業することを許した後で、彼がお返しの贈り物を探し回らなければならないと感じていたことは明らかだった。彼が親切に対して親切を返したという見方もできるかもしれないが、しかし彼はあまり親切ではなく、たいして礼儀正しいわけでもなかったし、愛想は間違いなく良くなかった。彼は言葉や表情で感謝の気持ちを表さなかった。お返しは私たち、つまり彼の知らない、来てくれと頼んだ覚えもない、そして二度と会うこともないと彼も察していた人間の寄り集まりに対してのものだった。私たちはただ通り過ぎていく部外者だった。彼がお返しをしようと決めたのは、この関係に未来がないことに気づいたときだった。そのことで呼び覚まされた一連の行動規範に駆り立てられ、彼は台所の泥をかき分けて、何か特別な、私たちにふさわしい品物を見つけようとしたのだった。

東京から来たボランティアの若者が言ったように千葉さんのプライドが高すぎる、ということが問題だったのではないと思う。これが「誰の世話にもならない」という態度の一例だとは、私は思わない。むしろ、季節のリズムによって生産活動や労働の割り当てが構造化されている地方経済にあっては(日本でも他の地域でも)、実際のところ、借りをつくること、しばらくしてその借りを返すことは、多くの農村や漁村において経済・社会活動の必要不可欠な現実である。東北地方の経済の低迷により、多くの人が農漁閑期は他の仕事に従事しており、そのためにさらに大きな労働・義務のネットワークを形成している。これらのネットワークは維持されねばならない。贈り物は、しばしば家族と家族、あるいは会社と会社の間を行き来し、頻度は低くなるが個人の間でやりとりされることもある。定期的かつ体系的な交換の回路が存在し、それはお中元・お歳暮の時期に品物を交換する際の参考にとデパートが出す一覧表にも見られるし、何世代も前に決められた親戚付き合いの型に組みこまれているものもある(Befu 1968)。その他にも、日常生活の予測不能性と偶然性から生じる、より融通の利くやりとりもある。つまり、必要なときに手助けをする、あるいは何か必要なものがあるときに共同で使うという行為である。余ったナスやトマトで完熟してはやく食べなくてはならないものをおすそ分けする、近所の子どもの自転車が自分の家の前庭で壊れたら直してやるといった具合だ（Rupp 2003: 68）。地元の自治体職員は私にこう教えてくれた。「ここでは誰とでもいつでも何かやりとりしていますよ。近所の人から仕事の同僚や取引先までね。それがここの生活の一部なんです。」

マルセル・モース（Mauss 1990）が私たちに気づかせてくれるように、贈り物は交換の表徴であるばかりでなく、より大きな互酬の回路に属している。互酬の能力があるということが、個々の親切な行為を（または卑劣な行為を、と付け加えるべきだろうか）、社会関係を反映すると同時に構成するような、より大きな交換の回路における結節点へと変容させる。メアリー・ダグラスが言うように、「結束を強めない贈り物はひとつの矛盾である」（Douglas 1990: x）。私たちが贈り物を捉えるにあたって、品物としてよりもむしろ、やりとりの回路を通じて、自己と他者およびコミュニティと道徳規範を構成する標識として考える必要がある。贈り物は、倫理的・道徳的申し立てをするための基盤であり、同時にある人のコミュニティにおける居場所を維持することでもある。したがって、贈り物はコミュニティ全体にとって、それ自体を団結した生産的なものにまとめあげることを意味するし、また立派な行動についての共同体の基準をコミュニティ内部で提供することで、個々人が道徳的・倫理的な尺度に沿って生きる可能性をも生みだす。贈り物は、ある意味で、私たちが良い人間として、そしてそもそも社会的人間として生きることを可能にしてくれる。贈り物の環に参加しないということは不注意で鈍感、かつ利己的であるばかりでなく、こうしたつながりの様式に気づいておらず、その道徳的含意に無頓着だということを示唆する。贈るという行為には、ずいぶん多くのことが懸かっているものだ。

マーシャル・サーリンズは互酬の類型論（Sahlins 1972）において、物・財貨・サービスが交換される際に、厳密な価値を把握することなく、何らかのかたちで返礼が期待される場合を、「一般化された互酬」[1]と分類している。こうした関係はかつて拡張親族や村社会のなかで当たり前のことだったが、今日の「近代」社会においては、主に各家庭の内部、特に世代間において機能すると広く考えられている。こうした関係と対比させて、サーリンズが挙げる「均衡のとれた、あるいは対照的な互酬」においては、品物を贈るという行為が、より形式的に定められた期間内に、等価の、たいていは同種の品物によって返される。こうしたやりとりは体系化されているわけではないし、やりとりされる品物が商品化されていないことも多いけれども、しかしそれでも、価値の等しさは、（感情的な愛着から引き出される価値などではなく）市場価値にも似た客観的な尺度と見なされる。日本の地方では、両方の交換形態が見られるが、一般化された交換が家族をはるかに超えて数多くの継続的な関係に及んでおり、そこではしばしば相異なる様々な交換が義務とされ、それゆえに何年も、時には何世代も続くつながりとなる。[9]贈り物は、循環される財貨やサービスとして広く理解され、家族を横断して村々の内部で、絆を保つのに使われているのだ。

私たちとの関係に未来がないことを正確に見越していたので、千葉さんは私たちとのやりとりの均衡をはかろうと試みていたのだった（私たちがまた戻ってくるかどうかと、彼が確かに聞いたことを思い出してほしい）。私たちとのあいだで一般化された交換を発展させる見込みはなかったので、彼は均衡のとれた交換の関係における自らの役割を果たそうと慌てたのだった。私たちの関係に続きはなかったから、やりとりに遅れがあってはならなかった。勘定は一度にすまさねばならなかったのだ。明らかに、千葉さんは慣れない領域にいた。贈り物のやりとり——女性が引き受けることが多い——の複雑さに不慣れだった可能性はあるが、彼は適切に返礼することのできない立場に立たされてもいた。このことは、災害で最も打撃を受けた地域における救援の力学の核心部について私たちに考えさせてくれる。すなわち、援助を受ける側が、受け取った支援と引き換えに差し出せるような物的価値のあるものを実質的に何も持っていないとしたら、その人はどうやって自らの尊厳を守るために必要な物質交換を維持するのだろうか。市場価値からいえば、いくつかのひび割れたカップは九人の働き手が八時間にわたって行った重労働に見合うものではまったくない。これは私たちのグループの仲間の一人も指摘した点である。しかし、別の次元で見れば、これら特定の品物は交換にかなりふさわしくもある。彼が選んだのはカップだった。一緒に飲み物を飲むときに使われるカップは親交の象徴であり、分かち合いを媒介する——彼がそれまでに私たちに飲み水を出してくれていたことを思い出してほしい[10]。彼がきっかり九つのカップを選んだという事実は、彼が私たちの人数を注意して数え、私たち全員にわたせるよう一組みとなっていて、なおかつ私たちが別れるときには簡単に分けて持っていけるような品物を提供しようとしたことを示している。

贈り物は単に「気持ち」を表したものだと彼は言うこともできたはずだ。日本では「これはつまらないものです」という言い方で、自分の贈り物の価値について、「気持ちだけ」を反映した単なるしるしとして謙遜することが少なくない。でも彼はそうは言わなかった。むしろ、彼は「これは使えるかもしれないから」と言って、交換の道徳規範を実用性の衣、この場合にはひび割れたカップと古いショットグラスという極めて薄い衣で覆ったのだった。この都会の人間たちが本当に使おうとするような実用性がそこにあると想像していたのだろうか。もしそうなら、このカップは私たちにとってどんな実用性があるのだろう？　難しい状況のもとでは、返礼の試みは、その意図はわかるにしても、不完全なものにならざるを得ないのだ。

異なる互酬の地理学

マリリン・ストラザーン（Strathern 1990）やジャック・デリダ（Derrida 1994）といった贈与交換の理論家たちは、贈り物と商品を明確に区別するが、この区別は日本ではそれほど強く維持されない。キャサリン・ラップはハルミ・ベフ（Befu 1968）やルース・ベネディクト（Benedict 1946; 1989）に同意して、日本では物が両方の回路に簡単に参加できると認めている。市場価値または使用価値がある物でも、社会的さらには道徳的互酬の媒体となる可能性から除外されないのだ（Rupp 2003）。現金でさえ、日本では適切かつ敬遠されない手段となり得る。同僚の一人は、仲間の作業員が、東北地方で感謝した家の主から一万円を差し出されたことがあると言っていた（彼がそれを受け取ったのかどうか私は知らない）。これは珍しいことではなく、私の作業チームの誰一人としてこうした現金が市場取引における支払いとして差し出されたものと見なしてはいなかった。しかしながら、もっと規模の大きいＮＰＯの多くが、ボランティアたちに現金を受け取ることを禁じる方針をとっており、時にはどんなものであれ何かを受け取ること自体が禁じられている場合もある。国際ＮＰＯは特に厳しいようで、地元のあるコミュニティのまとめ役はこう説明してくれた。「私はここの住民たちに、教会のボランティアに決してお金を差し出さないようにと言わなければなりませんでした。そんなことをすると、相手が気分を害してしまうようなのです。」対照的に、より規模の小さい日本のNPOは、現金を受け取ることに関して、被害者の資産を枯渇させるようなことにならない限りは（これは道徳的というよりもむしろ実利的な気遣いである。むろん両者が区別できる限りにおいてではあるが）、害悪を認めることはめったにない。

事はすでに議論したイメージ、つまり「純粋な贈り物」としての人道的支援のイメージに懸っている。国際的な機関は、見返りを何であれ期待することが、贈与の純粋さを損なう元凶であると見る傾向がある。支援が「私心に動かされてしまう」というのだ。したがって、支援を適切に行うためには、贈り物を無私無欲で贈らねばならない。しかし、東北地方の被災者の多くにとって、問題はまさしく逆ということになる。「純粋な贈り物」を受け取ることで、社会的・道徳的に妥協を強いられ、承服し難い状況に追いこまれることになる。石巻市のある年配の未亡人は、地元のボランティア・センターが彼女の家にグループを連れてくる提案をしたとき、この気持ちを非常にはっきりと表現した。「大勢の知らない人たちが私の家で何時間も働いてくれているときに、私はどうすればいいんでしょう？　本当に、どうすればいいというのでしょう？　どうやったらお返しできるんです？」この未亡人を最も苦しめていたことは、その前に来たグループが突然、別れの言葉も言わずに次の家での清掃作業へと移っていってしまったことだった。「あの人たちは忙しすぎたのだと思います。自分たちがどれだけ大変な仕事をしたかということに満足しすぎていたのかもしれない。」

見返りを受け取ることなく与える行為は、返済できない借りによって受け手に足枷をはめることになる。とりわけ絶望的に困っている状況では、それは受け手が自己の尊厳を要求する可能性を否定することになる。このことは無力感や疎外感につながる。そして最終的に、「純粋な贈り物」は、贈り手と受け手の間のいかなる関係をも否定することになる。なぜなら互酬とは、関係性そのものに属するからだ。ダグラスが指摘したように、「返礼を拒むことで、贈与の行為をいかなる相互関係からも除外することになる」(Douglas 1990: xi)。事実、受け手は道徳的・社会的領域を構成する相互関係の外に置かれることになる。ボランティア活動とは災害を生き延びた人々が自立と自足を取り戻すのを助けることだとしばしば言われることを考えると、これは皮肉なことだ。一方で、私たちは彼らに施しとしての支援を受け取るよう頼む。他方で、私たちは彼らが自立すること、すなわち通常は施しを受け取らないことによって証明される状態を期待しているのである。

拒絶による対処

互酬か不名誉か、選択肢はこの二つしかないと言ってもほとんど過言ではない。不名誉を避けるためには、適切なやり方で相手に報いることが必要である。それができないとき、支援を受けることは大きな懸念の源となる。次に紹介するケースのように、明らかに困窮している人々が支援を拒むことがあるのはそのためだ。六月、南三陸町で私たちが作業をしていた家々のうちの一軒のそばで、私はユウコに出会った。彼女はまだ大学生で、母親の状態を見るために東京から戻ってきていたのだが、母親とは決して折り合いが良くなかった。私は最初に母親の家に行って作業してもいいかどうかユウコに尋ねたが、母親はどうするかまだ決めていないとの答えだった。ユウコの母親は津波がその地域を襲ったときに別の場所にいたが、父親は命を落とした。母親は避難所におり、ユウコは彼女を東京の小さな自分のアパートへ連れて帰ろうと考えていた。(11) 母親は避難所を出るのをためらっていたが、それはひとつには近所の人々がまだそこにいたからだった。(12) この地域の家々は住むことのできない状態だったので、ほとんどの住民は避難所で暮らしており、できるときに戻っては自宅を片づけていた。しかし車がない場合、しょっちゅう行ったり来たりすることはできなかった。自宅から遠く離れていることで不安が募った。しかし、千葉さんのように自宅にとどまって政府やNPOの助けが来るのを待つことも難しかった。これは彼女の母親にとってもその地域の他の人々にとっても、我慢のならない状況なのだと、ユウコは説明してくれた。「どちらにしても、ひどいことなんですよ」と。のどから手が出るほど必要な支援を断ることは、自滅的であると同時に、文化的に無礼でもあった。しかし、支援を受け入れること、しかも「知らない人たち、それも二度と会うことのない、お茶を出してあげることもできない相手から……。そのことでここの人たちは嫌な思いをしたり、弱い気持ち、恥をかいたような気持ちになったりするんです。東京の人たちはこういうことをおそらくそれほど気にしないでしょうから、田舎に特有のこと、もしくは東北に特有のことかもしれないんですけど……。母は私にはどうせわからないだろうと言います。母の言うとおりかもしれません。」

私は東京でもう一度ユウコに会い、高齢者の世話に重点的に取り組んでいるNPOを紹介した（しかし彼女の母親は彼らと話をしようとさえしなかった）。私が次に南三陸町を訪れたとき、ユウコは私を母親に紹介した。彼女の母親は床にブルーシートを広げ、かろうじて乾いているテーブルに小さなコーヒーセットを出して待っていた。まるで私からの質問であるかのような聞き方で、ユウコは母親になぜNPOで働く人たちを家に入れないのかと聞いた。「地域の責任者とは話をしているのよ。でも（NPOで）作業する人たちとは話せない。少なくとも知らない人たちとはね」と母親は説明した。ユウコが応じた。「知らないに決まってるでしょ。東京から来たボランティアの人たちなんだから！」世代と地理上の距離がこの母娘を隔てており、お互いの立場をなかなかわかり合えないのだった。

何週間か過ぎたが、ユウコの母は家に戻らず、戻ったとしても暗い家の中に座って、支援に来る人々を無視していた。彼女が私には話しかけること、そして私がNPOで働いていることを指摘してみた。「そうですよ。でもそれは別なんです。あなたが誰かは知っていますからね。あなたは上智大学の先生で、しかも娘を助けてくれた人ですから。」（実際は、私が彼女の娘を助けられたことなど一度もなかったのだが。）彼女はいくらか申し訳なさそうに微笑んで、こう言った。「だから、あなたとは話さないわけにいきません。」

とりわけ高齢者のあいだでは、尊厳を保ちつつ対処することのできない状況を避けるというユウコの母親のような対応は例外的なものではなかった。私はまた別の地域の責任者が家々を訪ねて回るのについていったが、彼はたいてい高齢の住民がNPOの作業員やその他の人たちが立ち寄っても戸口に出てこないことを咎めていた。住民が開けてくれないあるドアの外で、その責任者は叱責をしばしやめて私に話しかけた。「この人たちは明日（なんでドアを開けなかったのかと聞くと）、必要なものが何もなかったからと答えるんですよ。何も言うことがなかったから、と。」彼は不吉な口調でこう付け加えた。「これじゃあ、あそこで死んで、誰も気づかないってことになってしまいますよ。」事実、被災地域では、相当数の孤独死が報告されている。それはたいてい、高齢者が家族やコミュニティのネットワークから引き離され、時に死にいたるほど黙って苦しんだ結果なのだ。いくばくかのうわべの尊厳を維持し、いくばくかの道徳的足場を保ちつつ生きていくために、たとえそのことが必要な支援を拒むことを意味しようとも、どれほど長いあいだ耐え続けてしまう人たちがいるか、ということがここに示されている。

尊厳を維持しながら支援を受けるための枠組み

互酬か不名誉か、選択肢は二つしかないと私が述べたのは、支援を贈与と捉えた場合の対応に関してであった。しかし、支援のやりとりの捉え方次第で、均衡のとれた直接的な交換という枠組みを越えることができる。千葉さんのように象徴的な返礼の品物を贈る行為とも、あるいはユウコの母親のような支援を拒絶する態度とも異なり、支援を贈り物ではなく、資格あるいは権利として分類し直すことで、直接お返しをしなければならない困難を回避する人々もいる。あるいは、互酬という語法は維持しつつも、支援を受けることが可能となるように、支援をより大きな交換の回路に埋め込むことによって定義する人々もいる。こうした戦略の例をここにいくつか挙げよう。

市民権の枠組み

支援を市民の権利と見ることは、支援の提供者が国家またはその代理人である場合にのみ可能である。極端な例が、全国的にテレビ放映された以下の場面である。二〇一一年四月二一日、当時の菅直人首相が福島県田村市で避難所として使われていた体育館を訪れた。何人かの年配の避難民がテレビカメラの前で菅首相を厳しく非難した。「俺たちは家に帰る。ここにはいられない……この場所の有り様を見ろ。」別の一人が言った。「こんなこと言って申し訳ないけど、政府は私たちを助けるためにもっと努力すべきだ。」菅首相はこう応じた。「皆さんのこのような状況に対して申し訳ないと思います。」また別の若い男性がスクリーンに入ってきた。「だけど申し訳ないなんて言ってもなんにもならないよ。俺たちは家に戻りたいんだ。」カメラには映っていない背後から、こんな怒鳴り声が聞こえた。「我慢できないんだよ、こんな状態は！」これは非常に強烈な反発だった。菅首相に思いやりやコミュニケーション技術が欠如していたことが事態を悪化させていたかもしれないが、避難民たちの怒りの本当の標的は菅首相その人でなく政府だった[13]。首相の個人的な謝罪を彼らは拒絶した。その日は他にもこういった声が聞こえた。「政府や政治家がこれを何とかする必要がある。彼らが私たちを助けるのは当然だ。」また、「それは彼らの仕事だ。住む場所を持つのは私たちの権利だ。」この被災者たちは津波だけでなく原子力発電所の人災事故の被害者でもあったので、ここでの衝突はこれまで論じてきたような個人的なものとは異なっているとはいえ、東北の人々の性質と考えられている援助の要請を慎む態度が、まったく見られないということでかえって際立っている。

こうした捉え方の枠組みが支援を受け入れる方法として機能するために必要な三つのことがらに留意したい。一点目は、自然災害としての津波によって引き起こされた被害は、誰の落ち度でもないとされることである。したがって、この場合に政府の援助を受けることは、たとえば公的援助（生活保護）を受ける場合とは異なると考えられている。二点目は、国の代表としての菅首相が都合の良い怒りの標的となるためには個人としての菅首相が脇に置かれなければならなかったように、国家との関係が曖昧な他の人々の地位も明確にならなければならない。ＮＰＯは日本では比較的新しい存在であり、自発的な非国家的主体であるという位置づけは東北の田舎では常に理解されているわけではない。被害者のなかにはＮＰＯを日本政府の一部門であると思っている人々もおり、だとすれば、ＮＰＯから支援を受けても、政府から支援を受ける程度の曖昧さしかないということになる。もしボランティアのグループがあまりに形式張らない様子だと、この捉え方を通すのが難しくなってくる。あるボランティアのコーディネーターは、ＮＰＯが腕章を着用するよう頼まれるのはこの理由が大きく、「正式な感じに見えるようにするため」だと説明してくれた。

三点目として、市民の権利は、交換ではなく地位（国の一員であること）に由来するものであるから、これは互酬の例とはいえないということである。権利として受ける資格のある支援を受けたからといって道徳的に脅かされることは何もない、と最近では考えられている。こうした権利をもつ市民のイメージは、戦前の日本の忠実かつ従順で自己否定的な臣民とは非常に異なるもので、反原発運動のレトリックにおいて重要な位置を占めている。こうしたイメージを用いたレトリックは、東北地方自体で耳にする頻度はより少ないものの、自分の子どもを放射能のないところで育てる権利があると主張する原発反対運動家の母親らによってしばしば用いられる（Slater 2011; 本書所収の森岡論文も参照のこと）。

国際関係における互酬

救援活動において外国人ボランティアがかつてないほど目に付くことを説明するために、また別の戦略が用いられる。南三陸町の若い男性はこう説明した。「あなた〔筆者〕みたいな外国から来た人たちが助けてくれるなら、すばらしいことですよ。日本の自衛隊はアメリカに救援が必要だったときに助けに行ったでしょう。だから〔今度あなたが来たのは〕いいことですよ。私たちの国同士が友だちだから、お互い助け合うことができるわけです。」このように、個人でなく国家レベルでの、距離のある関係のなかで救援活動を文脈化する際、交換と互酬関係は尊重されるが、ボランティアに参加している個々人は各国の代表としての意味づけを与え直されている。ここでは支援が安定的な互酬の関係の一部として、時間が経っていても成立すると考えられており、一般化された交換の例といえる。どこであれそのボランティアの出身国と考えられる国と日本の政府との関係性に言及することにより、道徳的地形が保たれる。これは日本の自衛隊が災害救援部隊として世界で活躍していることへのプライドに根差している。ある年配の男性が言ったように、「日本はあらゆる国を助けている、そうでしょう?」この捉え方は、東北地方で第三世界から来たボランティアたちが活動しているという目新しい報道を説明するうえで都合がよい。石巻市から来たある女性のボランティアは、「あの人たちが私たち日本人を助けているなんて変な感じがします。普段は私たちが彼らを助ける側なのに」と言った。あるいは、日本はこれらの国々を過去に助けてきたので、彼らがお返しをするのは「ごく当然のことだ」と言う人々もいる。この言説戦略をとるためには「均衡のとれた」交換の要件を変更することが必要になる。日本がいつでも与える側にいるのではなく、日本は全体的に裕福であることの見返りとして、今回はもう少しだけ文字通りギブ・アンド・テイクしますよ、ということが暗に言われているわけだ。

日本が二〇一一年一〇月にトルコで起きた地震の被害者に支援を送った際には、意見が分かれた。東北で私が会ったほとんどの人たちがトルコに同情を示したが、南三陸町のある漁師はこう言った。「他の国に支援を送るなんて、いったい何をやってるんだ？　私たちはここで、今、日本で支援を必要としているんだ。自分の国の面倒をまず見るべきだよ。」ここでは、互酬的関係（日本と他国の間の）と市民の権利という二つの捉え方が競合している。

国民の集団的苦難という枠組み

「（ＮＰＯは）歓迎ですよ。東京や京都といった場所から来るグループはね。大学生はよく働いて、東北を助けてくれますしね。」石巻市の三〇歳ぐらいの若い男性のこのコメントでは、二つの競合する方向から捉え直しが行われている。一点目は、日本人であるというだけで派生するとされる一通りの義務を包含する道徳的コミュニティとしての国民が再確認されていることで、いわば一種の文化的ナショナリズムである。とすれば、他の日本人から支援を受けることは問題ではなくなる。「このあたり（東北地方）の人たちはみんな、当然、自分の家で掘り起こし作業をするのに忙しいですから、国内のいろんなところから来た人が手伝ってくれるのは当然のことです」とある男性が言った。「結局、私たちみんな日本人なんですから」と彼の妻が説明した。また別の年配の男性はこう述べた。「それが『がんばろう日本』とか『がんばろう東北』とかいうことの意味なんじゃないかね。[14]」

一方で、こうした日本人からの支援は、同じ町や市といった近いところからよりも、東京や京都といった比較的離れた地域から来るときにより受け入れやすいものとなる。震災から数か月経った七月、石巻市で漁業を営む家の中年の女性二人が、近隣からボランティアが来てい**ない**のは救いだと述べていた。「もしそうなら、私は嫌だったと思う。少し知っているような誰かに家の片づけを手伝ってもらうのはね。」さらに、彼女は付け加えた。「後でその人たちに会ったときとか、その人たちが私の知っている誰かの知り合いだったときなんて、どうしたらいいんだか。」もう一人の女性が同調した。「そう。家族か、そうでなければまったく知らない人たちか、どちらかが一番いいんだよ。」自宅に支援がまったく受けられず、いくぶん不満を抱いていた別の女性がいたずらっぽく言った。「本当かなあ？　そうだね。家族ならお金を払う必要はないし、まったくの他人なら（いなくなってしまうので）お金を払えないものね。」この発言でその場にいた他の人たちは明らかにきまり悪そうな様子になったが（もしかしたら私がその場にいたためになおさらそうだったかもしれない）、誰もが彼女の意味するところがわかっていたし、誰も反論しなかった。男性たちは悲しんでいるような、しかし諦めたような様子で、賛成のしるしにかすかにうなずいた。事実、時間が経つにしたがい、これらの女性たち、そして他の多くの東北の人々が、そもそも返済できる分をはるかに超えて援助を受け取った。その事実は彼らにとって本意ではなく、快いものでもなかったが、かといって否定することもできないのだった。

分割可能な義務

互酬的な交換に含められるべき人そして物は、確立された居所や親族関係の外で起こる新しい状況においてとりわけ融通無碍である。原発災害の場合には、津波の文脈下とは違ったかたちで互酬が概念化された。二〇一一年九月、かつて福島第一原子力発電所の近くで車両を修理したり、地域の原発下請け会社に機会の部品を供給したりする仕事をしていた男性はこのように述べた。「私たちがエネルギーの負担を背負ってきたから、東京はあんなにも明るく、世界中から見えるほど輝くことができた。私たちが原発を引き受けたんです。私たちがリスクを負ったんですよ。……誰もこのリスクについてちゃんと語りませんでしたけどね。『がんばろう東北』？ そんなの無意味ですよ。」彼は説明した。「事故が起こって、彼らの電気が足りなくなった今になって、彼らが私たちを支援するとかなんとか、そういう言い方全部、聞くとひどく変な感じがしますよ。」南三陸町で漁師をしている別の男性は同じような心情を原発問題には触れずにこう表現した。「東北にいる私たちは忘れられているんです。都会には裕福な人たちが集まっているけど、私たちは貧しい。東北の人は皆貧しいんです。今は前よりもっと生活が苦しくなっています。」彼は続けた。「本当の違いはたぶん、今は国全体がテレビカメラやなんかのおかげでその様子を見られるってことでしょうかね。……だからもしかすると今度は何かしてくれるかもしれないですね。」ここでもやはり、互酬が論拠となっている――我々は与えてきた、我々は苦しんできた、だから我々は支援を受ける資格がある、と。しかしここでの互酬はより暗い色彩を帯びている。一方の側が互酬の期待に応え損ねたことに起因する亀裂や断絶が、挑戦的な言い方で指摘されているのだ。

こうした怒りや恨みの言葉は、東北地方でそれほど頻繁に聞かれるわけではない。少なくとも、東京での反原発デモで頻繁に取り沙汰されるのに比べれば、頻度は下がる。東京のデモ参加者はしばしばこの政治化の不足を嘆く。最も傷つけられている人々が最も騒いでいない、と。ここでは負債と贈与の論理が一要素となっているかもしれない――互酬の回路は何十年も前に、東京の繁栄を助けるために、東北が安全を犠牲にして原子力発電所を受け入れたときに始まったのか、それとも二〇一一年三月に、震災とそれに続く支援とともに始まったのか。後者の見方の例が、自分の家が立ち入り禁止区域にあるために、今は貧弱な仮設住宅で暮らし、放射線レベルが依然として高いせいで再び自分の育てた農作物を販売できるかどうかわからないある農家の男性である。「もちろん、皆怒っていますよ。〔発電所の〕危険性については嘘を聞かされていたわけですし、復興過程のほとんどすべての段階で、政府は私たちに完全な情報を教えようとしませんでした。」それではなぜ、ここ東北地方ではほとんど抗議活動や暴動が見られないのか、と私は聞いた。東京でやっているようなデモ行進がなぜないのだろうか？　彼は辛そうな表情で私を見た。「そもそも、地震とか津波について誰も責められる人はいません――結局のところ、自然のしわざなんです。」したがって、義務の勘定に含められないということである。[15]「私の家族は、他の家族と同じように、食糧、衣類、他のいろいろな物、なかには私の必要でない物もありましたが、とにかく色々な物資を受け取っています。ＮＰＯや一般の人たちから、そして政府からね。」彼は続けた。「ありがたいと思いますよ。誰かが私にくれたんですから。こうした物資は私たちには必要だったんです。とにかく生き続けるためにね。そうでなければ、受け取りたくなかった。でも私には、私の家族には、必要だったんです。」安酒をもう一杯飲んだ後で、彼は言った。「もし私たちが皆、抗議するとして、何を言うんです？　私に何ができますか？　こういう物を全部もらったあとで……私は生きているだけで幸運なんです。自分が何か言うべきかどうか、わからない。〔否定的なことや非難めいたことは〕何も言いたくない。大声で言いたいことはとにかく何もないんです。」

互酬の論理は、必ずしも特定の結論を私たちに押しつけてくるわけではない。いかなる文化形態もそうであるように、それはさまざまな文脈において、異なる動機のもとで、異なる効果を生じつつ展開される。それは様々な気持ちに正当な根拠を与え、もしかすると普通なら聞こえてこないような怒りの声を口に出せるようにすることで、その声を政治的な行動に組みこむことさえ可能にするかもしれない。しかし右に挙げた例が示すように、互酬の論理は何も言わずに怒りを呑みこむよう私たちに強いることもある。

これらの道徳的選択の枠組みは、自分たちの古いコミュニティや習わしが津波に洗い流されてしまった後に、一人一人が新しい道徳の地形を旅していくなかで現れている。それぞれの枠組みがどのような道徳的申し立てや行動方針を伴うのだろうか。これらの互酬の回路はそれぞれどのように支援を定義するのだろうか。贈り物として？　それとも権利として？　どのような主体（個人、ＮＰＯ、国家）がそこにかかわり、誰が誰に対して何を負っているのだろう？　これらは抽象的な問いではない。東北地方における支援の分配に内在する直近の力学にとって中核を成す問いであり、文化人類学者だけでなく支援提供者にも関係する。危機に直面して人々は自分たちの文化的価値観を脱ぎ捨てはしない。むしろ、他のすべてのものが破壊されたとき、昔ながらの文化的価値観は重要な支えになる。

この章で私たちは、被災者とボランティアたちとの新たな出会いを表象し説明するための様々な試みを見てきた。震災を生き延びた人々が、慣れ親しんだ文化的価値観を発動し、手に入る枠組みに合わせてそれらの価値観を妥協や即興で順応させながら、劇的に変化した自分たちの生活状況をどのように構造化するのかを見てきた。しかし、妥協や臨機応変な態度にも限界がある。東北地方において、世界の多くの地域でそうであるのとごく同じように、自己の尊厳は根源的に必要なものであるがゆえに、人々が時に、何とか生き延びるということよりも優先させてそれを選びとるとしても、さして不思議ではないのだ。

注

（1）筆者は原稿に関して相談に乗り、編集・翻訳をしてくれた森本麻衣子の素晴らしい仕事ぶりに感謝したい。もちろん、本稿の間違いや欠点はすべて私自身のものである。

（2）東日本大震災と一九九五年の阪神大震災を比較した際の、ＮＰＯ支援活動の大幅な増加については、Avenell（2012）を参照。

（3）興味深いことに、文化人類学の文献において、このようなボランティア活動へのシフトに関する研究はほとんどない。「災害の人類学」のうち、引用回数が最も多い二つのテキストにおいても、いまや広く普及しているこの議論について何も触れていないも同然である（Oliver-Smith 1993; Anthony and Susanna Hoffman 2002）。災害支援における新自由主義的な流れを批判する文献でさえ、この議論には言及していない（Gunewardena and Schuller 2008）。

（4）Rohlen（1979）はこの力学に関する例を挙げている。企業研修の一環として、新入社員を地方に送り込み、彼らにシャベルとほうきを持たせ、家を一軒ずつまわりながら住民に対して無料で一日分の作業をすると申し入れさせた。彼らは一〇回に九回は断られた。この具体例は、地方に住む日本人が交換の回路を逸脱した作業を受け入れるのをためらうということを私たちに再認識させる。

（5）災害直後、すぐに最も必要となるのは、雨風をしのぐ避難所である。だが、援助物資が数日間送られてこない場合には、食糧が最も差し迫った懸案事項となり得る。

（6）私たちのグループは、他の多くのグループと同様に、ボランティアの人数が足りなかったため支援活動ツアーを数回しか実施できず、最終的には東京での寄付金収集活動にほぼ専念することになった。

（7）本章の筆者は日本語を話すが、東北弁の発言を正確には再現できないことから、より標準語に近いかたちで引用している。

(8) 後になって私は、この小さな岬においては、男性よりも女性の死者が多かったことを知った。津波発生時に、女性のほうが安全な場所に上る体力、波に耐える体力を欠いていることが多かったためである。加えて、夫婦で生き残った場合には、妻が避難所に残り、固い床の上の狭いスペースで留守番をするケースが多かった。

(9) 日本語の慣用句を用いると、このような関係は「ウェット」な関係と表現され、感情面での親密さと時間とともに生じる義理によって特徴づけられる。この特徴ゆえに、誰に何を負っているのかを常にはっきりと把握するのは非常に難しくなるが、それでもなお拘束力をもつ関係である。これに対して、「ドライ」な関係は、より距離があって、多くの場合は、市場取引や契約の論理のもとで作用するという特徴をもつ。

(10) この点を私に指摘してくれたトム・ギルに感謝している。

(11) 津波で浸水したいくつかの地域は、非居住地域として再区分される見通しであり、それに伴いその地域の家々は解体される予定だった。また、他の地域は、復興後に工業地域となる一帯に、日常生活に支障が出るほど近くなる見通しであり、再建するに値しないと考えられていた。復興計画に関する議論がなかなか前に進まないなか、多くの住民は一年またはそれ以上、宙ぶらりんの状態に置かれていた。

(12) 〔コミュニティ内の住民が異なる仮設住宅に割り当てられたために、コミュニティが引き裂かれる結果となった例が多かったなかで〕彼女たちのコミュニティは、ほとんどの住民が同じ場所に仮設住宅を割り当てられた点でまだ幸運なほうだった。

(13) 否定的な感情は、地方自治体よりも政府に対するほうが強かった。地方自治体は、地元出身の職員が多いため、彼らは同じ苦労を共有しているとみなされた。興味深いことに、少なくとも災害直後の数週間か数ヶ月間は、東京電力株式会社でさえも政府よりは同情の念を抱かれることが多かった。

(14) 「がんばろう日本！　がんばろう東北！」これらは、震災後にかなり頻繁に使われたスローガンである。

（15） 言うまでもなく、三月一一日の大震災について誰かに罪を着せる人もたくさんいる。原子力発電所を、住宅地にも海にも非常に近い地震多発地帯に設置した政府を責める人もいる。また、経済的な利益のために原子力発電所の立地を許容した地方自治体を責める人もいる。これに対して、護岸やその他の防波対策によって津波を止められなかったことが人的ミスとして指摘されることは非常に少ない。実際には、原発事故も津波も、自然的・人間的な要素を持ち合わせているにもかかわらず、おそらく、原発事故を「人災」、津波を「天災」と単純化して捉える傾向があるからであろう。

訳注

〔1〕 サーリンズの著書の邦訳版『石器時代の経済学』（山内昶訳）では、reciprocity の訳語として、「互酬」ではなく「相互性」が使われているが、本稿では「互酬」に統一した。

参考文献

Avenell, Simon. 2012. 'From Kobe to Tōhoku: The Potential and the Peril of a Volunteer Infrastructure.' In Jeff Kingston, *Natural Disaster and Nuclear Crisis in Japan: Response and Recovery after Japan's 3/11*. London, Routledge.

Befu, Harumi. 1968. "Gift-Giving in a Modernizing Japan," *Monumenta Nipponica* 23(3): 445-456

Benedict, Ruth. 1989 (1946). *The Chrysanthemum and the Sword: Patterns of Japanese Culture*. Boston: Houghton Mifflin.（ルース・ベネディクト『菊と刀――日本文化の型』長谷川松治訳、講談社学術文庫、二〇〇五年）

Bourdieu, Pierre. 1977. *Outline of a Theory of Practice*. Cambridge: Cambridge University Press.

Derrida, Jacques. 1994. *Given Time: I. Counterfeit Money*. Chicago: University Of Chicago Press.（ジャック・デリダ「時を――与える」『他者の言語――デリダの日本講演』高橋允昭訳、法制大学出版、一九八九（二〇一一）年）

Dore, Ronald. 1999. *City Life in Japan*. London and New York: Routledge.（ロナルド・ドーア『都市の日本人』青井和夫・塚本哲人訳、岩波書店、一九六二年）

Douglas, Mary. 1990. 'Introduction' in Mauss 1990: x–xxiii.

Gunewardena, Nandini and Mark Schuller, ed. 2008. *Capitalizing on Catastrophe: Neoliberal Strategies in Disaster Reconstruction*. Lanham, MD: AltaMira Press.

Hattori, Tomohisa. 2001. 'Reconceptualizing Foreign Aid.' *Review of International Political Economy* 8 (4): 633–660

Korf, Benedikt. 2007. 'Antinomies of Generosity: Moral Geographies and Post-tsunami Aid in Southeast Asia,' *Geoforum* 38: 366–378

Mauss, Marcel. 1990 (1925). *The Gift: The Form and Research for Exchange in Archaic Societies*. London: Routledge.（マルセル・モース『贈与論』吉田禎吾・江川純一訳、筑摩書房、二〇〇九年）

Oliver-Smith, Anthony and Susanna Hoffman. 1993. *The Angry Earth: Disaster in Anthropological Perspective*. New York: Routledge.（アンソニー・オリヴァー＝スミス、スザンナ・ホフマン『災害の人類学――カタストロフィと文化』若林佳史訳、明石書店、二〇〇六年）

Oliver-Smith, Anthony and Susanna Hoffman. 2002. *Catastrophe and Culture: The Anthropology of Disaster*. Santa Fe, NM: School for Advanced Research Press.

Rohlen, Thomas. 1979. *For Harmony and Strength: Japanese White-Collar Organization in Anthropological*

Perspective. Berkeley: University of California Press.

Rupp, Katherine. 2003. *Gift-Giving in Japan: Cash, Connections, Cosmologies*. Stanford: Stanford University Press.

Sahlins, Marshall. 1972. *Stone Age Economics*. Chicago: Aldine.（マーシャル・サーリンズ『石器時代の経済学』山内昶訳、法政大学出版局、二〇一二年）

Slater, David. 2011. 'Fukushima Women against Nuclear Power: Finding a Voice from Tohoku.' *Japan Focus*. 〈http://japanfocus.org/events/view/117〉

Strathern, Marilyn. 1990. *The Gender of the Gift: Problems with Women and Problems with Society in Melanesia*. Berkeley: University of California Press.

Stirrat, Roderick L. 1996. 'The New Orthodoxy and Old Truths: Participation, Empowerment and Other Buzz Words.' In Sunil Bastian and Nicola Bastian (eds.) *Assessing Participation: A Debate from South Asia*, pp. 48–69. Delhi: Konark.

Stirrat, Roderick L. and Heiko Henkel. 1997. 'The Development Gift: The Problem of Reciprocity in the NGO World.' *Annals of the American Academy of Political and Social Science* 554: 66–80

3・11と日本の若者たち
――学生ボランティアの新しい仕組みと体験談

トゥーッカ・トイボネン
（森岡梨香訳）

Youth for 3.11 のミッション

二〇一一年三月一一日に発生した東日本大震災では、ボランティア不足が深刻であるにもかかわらず、学生がボランティアに行けていない現状を目の当たりにしました。

Youth for 3.11 は将来日本社会を担う学生が、社会問題解決において重要な存在であると考えています。

そこで私たちは、学生にとって参加しやすいボランティアの機会を提供し、一日も早い復興と、学生が社会問題の解決に参画できる社会の実現を目指します。

本書において十分指摘されるように、3・11の余波は人類学的、社会学的意義の深い多くの質問を投げかけてきた。ミクロレベルでは、多様なボランティアが援助の授受にかかわる難しい道徳的側面と直面し（スレイターの章参照）、メゾレベルでは、多くの国内および国際援助団体が救援の申し出を、地方自治体職員や他の主要プレイヤーに断わられるというフラストレーションを経験している（マクジルトンの章参照）。本章では、確立された援助機関や「大人」のボランティアから、十代後半、二十代前半の日本の若者へと焦点を移すことによって、もう一つの重要な問題を提示する。それは、明らかに高い需要にもかかわらず、都市部の若者が震災に襲われた東北でボランティアに従事することがなぜ困難なのか、特に、余暇の時間が多く、「社会貢献」に高い関心をもつことで有名な日本人大学生による直接のボランティア参加を阻止するものは何なのか（古市 二〇一一参照）[1]、というものである。

この後の考察は、日本の三重災害の直後、突然ソーシャルメディアを介して現れ、小さな始まりからこの類の組織としては日本最大となるまでに育った学生主導の組織「Youth for 3.11」の若者たちを追うことによって、これらの質問に答えようとするものである。二〇一二年九月二三日現在、このグループには合計一九二一人の学生ボランティアが参加し、延べ一万一四六二人（人数×日数）相当のボランティア労働を東北地方を中心に提供したと報告している（リピーターを含む数字）[2]。主要な活動は、がれきや泥の清掃、子供の遊び場建設、避難者のための調理、食事提供、流された写真収集と生存者への引き渡し、仮設住宅入居者のためのイベント開催や慰安などを含んだ。その他全国から応募した合計九〇一八人のメンバーの多くは、自宅に近い地元でボランティア活動に参加した。例えば、読売テレビのプログラムで報道された関西と陸前高田市のメンバー学生の活動は、仮設住宅に入居している子どもたちのために、京都在住の職人と手作りの浴衣を染めることだった（「関西から東北へ——子供たちに手作りの浴衣」『関西情報ネットｔｅｎ！』二〇一二年九月二〇日放送）。

この章ではまた、どのようにYouth for 3.11が誕生しボランティアツアーが続行されたのか、そして学生たちがなぜボランティアを選び、現地での経験をどのように説明しているのか概要を示しながら、3・11以降の若者のボランティアの派遣を制約している多くの障壁にも注目する。私は、Youth for 3.11との最近の交流によって、興味をもつ学生ボランティアの数が徐々に減少しつつあること、そして（すでに制限されていた）寄付提供者からの資金縮小がグループへさらなる難題を提示しつつあることを除いて（二〇一二年八月二八日Youth for 3.11新代表島田悠司と他二名のスタッフとのインタビュー）、二〇一一年七月に最初の参与観察をベースにしたフィールドワークを行った時点から、これらの点で変化は少ないことを確認した。(3) Youth for 3.11の若者たちの目から見れば、大学、労働市場そして親が、最も重要な機関や人物である。グループのリーダーたちは二〇一一年半ば頃には、「ボランティア」というある特定のイメージが、すなわちこのカテゴリーの支配的な社会的構築が、復興作業に貢献したいと思う多くの学生へのもう一つの重大な抑止力として機能していることに次第に気づきはじめていた。結びでは、Youth for 3.11の戦術、モデル、そして大志が、新たな「社会起業的」(4)スタイルの市民活動の台頭を反映するのか、それとも、一九四五年以来、日本における独立ボランティア活動について優れた考察を提示したサイモン・アヴェネル（Avenell 2010）によって示された「自発性の促進」という、日本に広く浸透する政府成形の方策に概して該当するのかを検討する。

二つの但し書きが必要である。本書のほとんどの章では、被災地におけるミクロレベルでの相互作用に焦点があてられているが、私の焦点はYouth for 3.11の組織論理であり、都市部の若者、東北でのボランティアの機会、そして主流日本とをつなぐ接点としてのグループとそのリーダーたちの役割を考察する。仲介者が青年ボランティア予備軍を実際のボランティアに変えていくプロセスは、例えば援助提供者と享受者間、または「内部」と「外部」のボランティアグループ間の相互関係などと同様に意義のある研究領域である。

二つめの注意点は、Youth for 3.11や同様のグループの活動が広範囲における新しい研究問題を数多く提示する一方、私はこの章での焦点を意識的に、彼らの視点から見た都市部の若者のボランティア派遣を困難にする障害に制限している。したがって、一般的な観点から若者のボランティア参加を抑制するすべての要因を検討する意図ではない。加えて、ボランティア経験自体の性質を明らかにする努力をしながらも、Youth for 3.11への参加がどのように、大学生参加者のキャリアの選択肢などに長期的影響を及ぼしているかなどの体系的調査は、この特定の論文の研究範囲を超える。

ボランティアツアーへの参加

二〇一一年七月一日土曜日午前八時、私は約二〇人の、一人を除いてすべて日本人のボランティアグループとともに、東京中心部の飯田橋から貸切バスに乗りこんだ。我々のバスは、三月一一日に南三陸町を襲った巨大津波により家を失い、避難所に住んでいた人々へのサポートを提供するため宮城県登米《とめ》市に向かっていた。七時間のバス旅行、共同宿泊施設の手配、ボランティア活動場所の設定などは、東京災害ボランティアネットワーク（略して「東災ボ」）によって手配されていた。この組織は、それ自体が東京社会福祉協議会の傘下にある東京ボランティア市民活動センター（ＴＶＡＣ）の下で活動していた。したがって、いくつかの点で「古い」流れのボランティアと政府誘導型の市民活動を代表していた（例えば、Pekkanen 2006、Avenell 2010 参照）。この事実をふまえると、私たちのボランティアプログラムの参加者の多くが五十歳代と六十歳代であったことは、驚くべきことではなかった。参加者は元フルタイムボランティア（ホームレス支援者を含む）、元学校教師、環境活動家、仏教団体の代表者、そして三十代のＴＶＡＣの職員（ただ一人の女性）だった。

エアコンの効きの悪いバスの後部座席で汗まみれになっていた私の隣には、私がシゲ、トモ、ユウタと呼ぶ三人の若い世代のメンバーが座っていた。彼らはそれぞれ、二五歳、二三歳、一八歳だった。私たちは、Youth for 3.11 によって東京、中野で開かれたオリエンテーションで出発の二日前に出会っていた。皆、この学生主導の組織を介してボランティアプログラムに参加していたので、実際出発してみると学生は少数派であることを発見し多少驚いていた。いずれにしても、シゲ、トモ、ユウタは、この時点で約五〇〇人であった Youth for 3.11 の多くの若者のように、比較的高ランクの大学の学生であり、ひたすらにエネルギーであふれていた。オリエンテーションでの長めの議論と学生ファシリテーターからの指導で、「スマイル」をもってボランティア労働をすること、定例の会議で正直に感情や不満の「吐き出し」を行うこと、そして津波の被災者と話をする時はできるだけ深い思いやりをもって接することなどを、私たちの小さなチームのポリシーとして決めていた。一つめのルールは、被災者とスムーズに接点をもつことを意図していた。二つめは、心理的ストレスから身を守るため、そして、過去にいくつかのトラブルを引き起こした軽率な発言や質問（例「家族は元気ですか」）で避難者の気持ちを傷つけることを避けるためだった。学生の数は、以前送られたグループや他の場所に派遣されたグループに比べてやや少なかったものの（七月上旬はほとんどの大学ではまだ学期中であり、大学は大規模な学生ボランティアを奨励することを避けていた。後述）、私はYouth for 3.11を通じて申し込んで良かったと感じた。将来、広範な社会変化に貢献しうる社会的起業運動を構築し、すでに被災地では重要なインパクトをもたらしていた、まだほとんど記録されていない学生活動の世界に私は入ろうとしていた。

Youth for 3.11の誕生、展望、そして戦略

この組織の創設にまつわる話は、後日、神話的となるいろいろな要素を含んでいた。運命の三月一一日の午後、強力な地震が東京を襲った時、創設者となる四人は、エリート学生を貧しい学校へ送りこんでいた特定非営利活動法人Learning for Allでボランティアとして働いていた。地下鉄や電車は止まり、渡里《わたり》健太郎（スタンフォード大学）と船登《ふなと》惟希《よしあき》（東京大学）に率いられた新生チームは、彼らがその日使用していた渋谷の事務所に残ることを決めた。メディアの初期の報道を見て災害の大きさを察知した彼らは、津波被害を受けた地域の窮状を助けるために何ができるかを考える会合を始めていた。

この将来のリーダーたちはすでにこの段階で、一九九五年一月一七日の阪神・淡路大震災後（六四三〇人の死者を出した。Schwartz 2003参照）、神戸の街に約一三〇万人のボランティアが初期には流入したにもかかわらず、わずか三ヶ月で急激にその人数が低下したことを知っていた。破壊的津波の到来後の東北で、彼らは同様の下降を回避する方法を考えだすことを試みた。

この初期に自然発生した会議で、彼らはホワイトボードを使って、効果的な援助が目で見てわかるよ

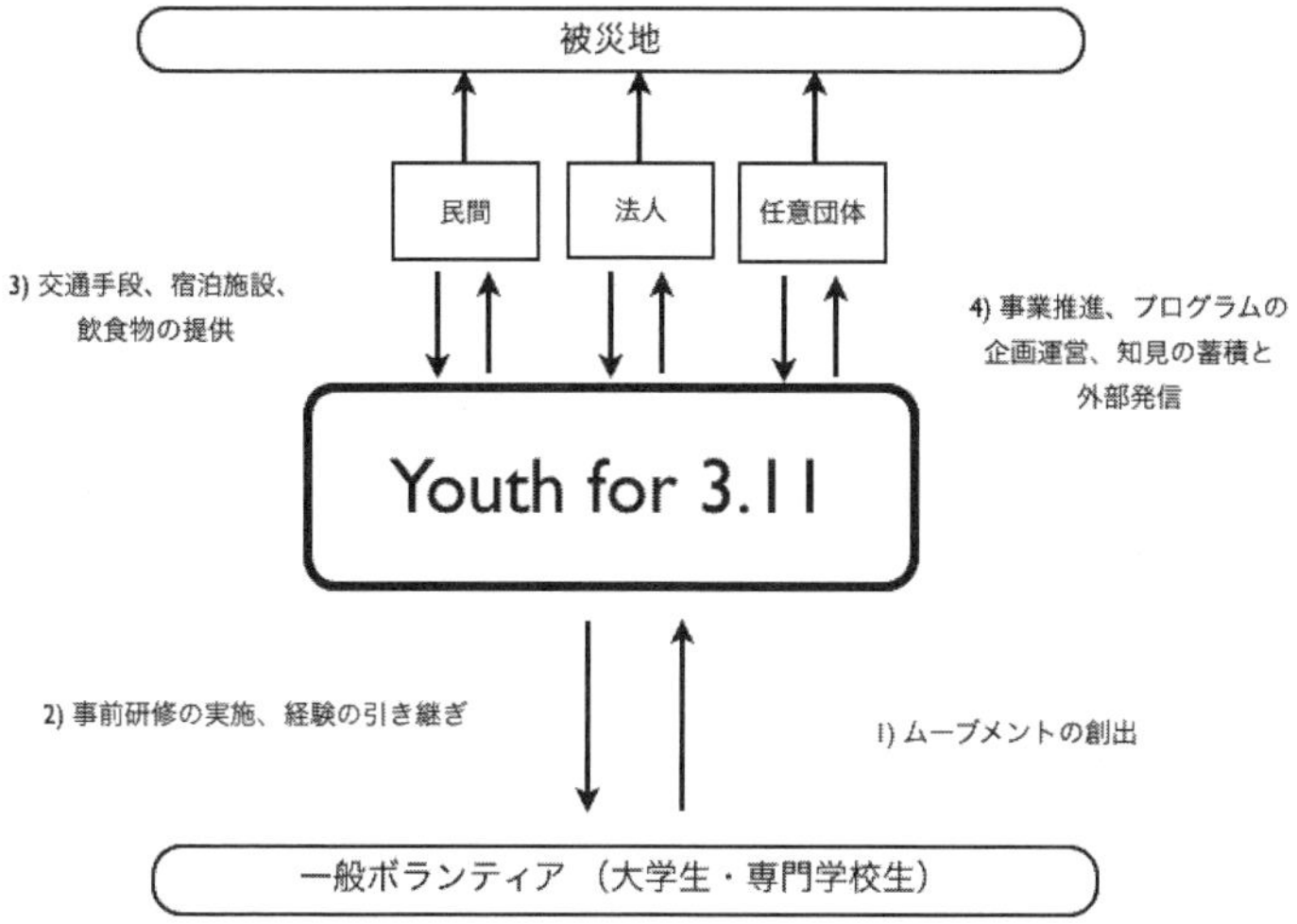

図1　「ボランティアフロー」内での Youth for 3.11 の役割（Youth for 3.11 HP より）

う「ボランティアフロー」と呼ばれる様々な機関（主に非営利団体やＮＰＯなど）を介した被災地へのボランティアの流れのプロセスを書き出した（図1参照）。資源と経験に乏しい新しいグループが、どうすればこの流れのプロセスに入りこめるかを考えるなか、四人は学生ボランティア募集と派遣に特化することを思いついた。大学生、大学院生であった彼らにとって、学生は格好のターゲットであった。現地でのロジスティックや物資については、必要な「ハードウェア」を所有する、より確立されたＮＰＯや政府団体の協力に頼るしかないと決めた。

学生募集も既成機関からの協力獲得も容易ではないことがのちに判明するのだが、ソーシャルメディアの活用が、大学や他の組織と正式な関係をもたないなかで、目標に向かって最初の進歩をとげるきっかけとなる。ツイッターを通し、三月一一日から一週間で五〇〇人もの学生がサポーター

（必ずしも参加者ではなかったが）として登録したのだ。それ自体が驚くべきことだが、リーダーたちは既存のエリート的立場、起業経験やIT能力にも助けられていた。リーダーの一人船登惟希などは、当時、東京大学の修士課程で、自ら高校理科の参考書を出版したばかりであった（二〇一二年四月、彼は、東京で高く評価されているソフトウェア会社DeNAへ入社した）。

しかし、Youth for 3.11の若者が重要な資源をもつボランティア機関（制度化されたボランティアセンターなど）との接触を試みたとき、典型的に返ってくる反応は「単なる学生」に何ができるかわからない、というものだった。日本では、大学生という社会的カテゴリーは、責任ある行動をとることができない、経験の浅い未独立の若者を意味する（大学のランクに応じて若干の違いがあり、エリート大学の学生は他より有能に見られる）。日本の組織世界で支援と協力に値する最も重要な資格――認められた過去の実績の欠如は資金繰りがさらに困難であることを意味した。

しかし最終的には、同じ学生を介し将来の学生ボランティアに手を差し伸べることへの利点を認識し、Youth for 3.11と力を合わせることに合意する機関がいくつか現れ始めた。最初に乗ってきたのが東京災害ボランティアネットワーク、日本国際民間協力会（NICCO）、NPO法人オンザロードと日本冒険遊び場づくり協会だった（他いくつかの協力者が同年後半にも現れた）。なぜ、これらの特定の組織がYouth for 3.11との協力を選んだのかを説明することは容易ではないが、後者のリーダーたちは、既存組織が若い学生ボランティアを動員する能力にほとんど完全に欠けており、学生動員に特化した組織と協力することが有益であると考えたとインタビューで強調した。最初の資金五〇〇万円が、個人の寄付と、活動経験や東北事務所がない組織をも助成対象とした少数の基金（事務局ディレクター高橋慶衣と広報担当内山武弘とのインタビュー、二〇一一年一一月一四日）日本財団と赤い羽根基金によって与えられた。また、その後、多くの日系アメリカ人を含む米国寄付者からの財政支援を獲得した。

Youth for 3.11 のボランティア派遣プログラムは、最終的に六人のチームで、二〇一一年四月二日の運営を始めた。最初の月、グループは瓦礫撤去や、破壊された建物で覆われた土地の清掃をするために、合計六五名の学生を被災地に派遣した。五月には計一三五名の学生が参加し、ボランティアプログラムが増加された八月と九月にはそれぞれ二一〇名と二三二名のピークに達した。一一月初旬の時点で、合計一一一五名の学生が Youth for 3.11 を通してボランティアに参加し、先述のように二〇一二年九月には一九二一名とさらに増加していた。しかし、Youth for 3.11 の活動の戦略は、単なる学生派遣や援助提供にとどまらなかった。主要メンバーは、英語の用語「ムーブメント」を用いて自分たちのビジョンを、やや謎めいた形で表現していた[5]。彼らは、今日日本の主流派のあいだでは暴力や過激派という否定的な意味合いを含む一九六〇年代や七〇年代の学生運動を思わせる政治運動を示唆する、従来の政治的な意味でこの言葉を使ったわけではなかった。彼らがむしろ強調したのは、最初の三ヶ月のボランティア・ラッシュをこえて継続する学生の参加を持続させ、ボランティアへの従事により一般的社会問題の解決

被災地で見つかった写真の清掃・整理。Youth for 3.11 提供。

への学生参加を促進する意図があった（冒頭のミッション声明を参照）。彼らは、多くのリピーター、長期ボランティア、全国の大学卒業生の主導による幅広いＰＲ活動、そして、いくつかの並行するボランティア団体成立を望んでいた。グループ自体は、特定の大学を基地にしていたわけではなかったが、二〇一一年七月には筑波大学と慶應義塾大学で提携グループを生みだしていた。Youth for 3.11 の活動を真似、仲間に経験を話すようにうながすことにより「インパクト」（リーダーたちによって導入されたもうひとつの英語流行語）を強化するこの戦略は、Youth for 3.11 の社会起業的感性が反映されている。

これまでの記述が主に Youth for 3.11 内部の会話を反映しているとすれば、彼らのさまざまな声明は一貫して、組織が「ハードルの低いボランティアの機会を学生に提供」することを、その第一の目標の一つとして強調している。この目標を達成するための主な戦略は、東京や関西から東北現地への無料送迎、宿泊施設、食事を含む「ボランティアパッケージ」提供による、直接費用のほぼ完全削除だった。Youth for 3.11 はまた、他のタイプのボランティアが欠き、被災地が深刻に必要とするポジティブなエネルギーと精神的柔軟さを若者がもっていることを示唆しながら、被災地に「若い力」を供給できることを強調し、協力者や東北の地元自治体の興味を引いた。

ボランティア活動とリフレクション会（反省会）

どのような活動を Youth for 3.11 のボランティアは実際に行うのか。二〇一一年の春以来、ボランティア活動の主流は、単純だが体力的に負担のかかる清掃作業（二〇一一年四月～五月）から、避難所での避難者サポートのための調理（二〇一一年六月～七月）、住宅再建支援や仮設住宅での地元の人々へのサポート（二〇一一年八月～九月）へと、その時々に必要と感じられる活動に変わっていった。二〇一二年には、仮設住宅の住民との交流、小さなお祭りや他の明るいイベントの組織、就学児童への個別指導の提供などが主な活動となっている。

私が二〇一一年七月に個人的に参加した主な活動は、登米市付近へ避難していた南三陸町からの避難者のために料理をすることで、避難者との直接的な接触の機会をある程度与えてくれた。これら接触を通して、人々がこの時点でほぼ四ヶ月滞在していた避難所——高さ一メートルほどの段ボールの仕切りで約二ダースほどの「部屋」が作られた大規模な体育館——での、今では広く知られる多くの避難者のフラストレーションを知った。にもかかわらず、私が出会ったほとんどの人は比較的穏やかで、友となった他の避難者とともに生活する社会的側面を楽しむように見えた。私の交流アプローチは、静かに避難者に耳を傾けたり、フィンランド（私の母国）についての質問に答えたり、地元の方言について質問したりすることだった。ある小さな避難所では、私は避難者とボランティア仲間に坂本九の「上を向いて歩こう」（大震災後、再度流行した）や「故郷《ふるさと》」を歌えるようにギターを弾くように頼まれた。「故郷」は予想したとおり、何人かの避難者を泣かせる原因となった。私のグループの他の三人のメンバー、シゲ、トモ、ユウタは、その週、さまざまな経験をし、時には学校（南三陸町の避難所として使われていた）で大人や子供と交流したり、物資配給の手伝いをしたり、失われた写真を（生存者が回収できるよう）展示したりして役に立っていたが、やるべき仕事が十分になかったと感じていた。我々はグループ全体で、時には年輩の参加者とは別々に、夜、会合をした。これらの会議では鋭い世代の違いが浮き彫

遊び場作り。Youth for 3.11 提供。

りにされた。東京災害ボランティアネットワークによって募集された、経験豊かなボランティアリーダーと年齢が上のボランティアたちは、その日の活動の比較的表面的な短い「日報」を報告する傾向にあった。しかし、Youth for 3.11 のチームメンバーたちは、結論のない、はるかに掘り下げた集団反省会を行うことを望んだ。また、彼らは、訪問した学校での作業の不足など、明らかな問題への解決策を見つけることに熱心で、そのような問題を年長のボランティアや他の主催者と真正面に対処したがった。しかしボランティアの週の後半には、仕事のやり方や設定を改善するためのせっかちな試みは、必ずしも歓迎されないこと、そしてある種の繊細さがボランティア活動の成功の鍵であることを、年長のボランティアリーダーとの討論の後に受け入れるようになった。

以外なことに、東北から遠く離れた都市部でのある特定の教育的学習活動が、Youth for 3.11 のプログラムのもう一つの中心部分を形成していた。フィールドワークの間、私はボランティア活動の前、最中および後に、長い時間を使って意味深い議論を行う青年たちの献身に心を打たれた。これらの議論は一般に「リフレクション会」と呼ばれ、日本で反省会として知られる、より慣習的な「評価会議」とは違う意味をもち区別される。反省会とは違い、これらの討論は会議室で焦点を絞ったかたちで行われ、建設的、肯定的なトーンを用いることを努めている。Youth for 3.11でボランティアをした学生は、次のような質問に答えることを促されていた。

1、ボランティア活動中、心に残ったエピソードを話してください。
2、ボランティア活動を通して感じたことはなんでしたか。
3、まだボランティアをしていない他の学生に伝えたいメッセージはありますか。
4、これからの震災復興に関わりたい方法はなんですか。

これらの質問は明らかに、学生の思考を引き続き次の活動につなげるよう導くものだった。リフレクション会はおそらく、現地での比較的地味な日々の成果から最大の意味と感情的恩恵を引き出すという意味で、Youth for 3.11の参加者にとって、実際のボランティア体験自体と同じぐらい重要であるようにみえた(6)。

参加者の動機とボランティアの体験

なぜ参加したか？　まあ、大阪付近では津波や地震の被害はすでに忘れられ始めていたので、とても不安を感じていたんです。それに、何か大事な体験を直接すれば、友だちに個人的に伝えることができるし、たぶん彼らにも参加するよう促せるとも思ったんです。政治家は被災地で真剣に問題に取り組んでいないと強く感じていたので、自分で行動をとりたいと思った。両親は参加に反対はしなかった。気をつけてと言っただけ。(Youth for 3.11で二〇一一年七月にボランティア活動をした関西学院大学四年生、フランス語専攻の二一歳の男性)

いろいろなボランティア団体があって、一度に二〇〇人ぐらいのボランティアを派遣するピースボートのような組織もあるけど、それとは対照的に、Youth for 3.11は、二〇人かそこらの小規模なプログラムだった。今の東北の非現実的な状況のなかで、多くのボランティアが落ちこんでしまうと聞いたんです。少人数のグループなら簡単に人間関係を作ることが可能かもしれないと思った。自分のグループは、終わるころには家族のようになっていました。(Youth for 3.11で二〇一一年七月にボランティア活動をした立命館大学四年生、観光学とマーケティング学専攻の二一歳の男性)

かなりの制約に直面したにもかかわらず(次節参照)、なぜ、二〇一二年九月の時点で二〇〇〇人に近い学生が、Youth for 3.11を通してボランティア活動をすることを決めたか。個人的な動機としては、私が話したすべての学生は、メディアが伝える震災を超え、災害の現実に関わりたいという強い意欲を表していた。先に掲げた関西からの学生とのインタビューは両者とも、安全で適切に保護された環境下で、他の若者と一緒に「(社会的、歴史的に)重要な直接の経験」をしたいという衝動を反映していた。津波の被災者を支援したいという願望は、「自分と同じような他の日本人を助ける」という、民族を土台とした、または民族的に正当化された共感として頻繁に表現されていた。いずれにせよ、多くの参加者が「真剣に被災地の問題に取り組もうとしない」メディア、政界の意思決定者、そして政府官僚に対して深く懐疑的であったことを強調する必要がある。

二つ目に引用した学生は、最近、NHKに記者として卒業後の仕事を確保していた。彼は、ほとんど個人的義務として、現場の「最前線」に出てその異例の状況を目撃し、そうすることによって災害をより深く理解しようとしていた。それは、ほとんどのジャーナリストがやり損ねたことだと彼は感じていた。私のグループのトモは（参加する前）、被災地で十分な時間も費やさず、いくつかの個人例を誇張することにで現地のニーズを歪める傾向にあったメディアを通してだけでは、被災地での真のニーズを知ることはできないと感じていた。彼にとってボランティア活動は、復興過程で何が一番助けになるのかを理解するために必要なステップだった。その意味で、ボランティア参加は一回限りの貢献ではなく、おそらく多面的な支援活動となるであろう長いプロセスの最初のステップであった。

一つめの引用で語った男子学生は、フランス語専攻の四年生であった五月下旬にYouth for 3.11に加わったが、大惨事が襲ったときはフランスにいた。彼はそこで積極的に他の日本人や現地学生とともに募金収集活動に貢献していたが、それでも「遠くから支援する」ことについて「歯がゆい」と感じていた。日本の大学に戻ったときに、彼はより直接的な形での関わりを求めた。Youth for 3.11のウェブサイトを発見し、大半の人が何もしないで手をこまねいているだけに見えたなかで、東北危機のために勇敢に直接行動をとっている学生のグループがあることを知り、「こんなにがんばってる学生もいるんだ」と思い感動した。いざ被災地に出て瓦礫を片づけはじめてみると、周りのほとんどのボランティア（Youth for 3.11を通じてではない人たち）が外国人か年配者のいずれかであることを知り、ふたたび驚いた。失望した彼は、このお粗末な事態を是正するため、神戸の自分の大学で日本人学生を募集することを決めたのだ。

彼は二〇一一年八月には、他の組織を介さずに所属大学から東北にボランティアを派遣しはじめ、ある程度の成功を収めた。この学生は、「一般的に期待されていることをするのを嫌い、自分の道を選びたい」と、日本の大学三年生が一般的にするとみなされている就職活動をしないと意識的に決めていた。このような、年々機能不全さを増す就職の慣習に対する批判的な態度は（Toivonen 2013 参照）、私が話を聞いた学生ボランティアのあいだではまったくまれなことではなかった。私が参加した八月下旬に帰還学生の会議でも、社会起業に熱心な二人の女子学生は、卒業後すぐにこの分野に進出することを望んでいた。

震災復興に直接従事し、できれば他を奮起させようという強い動機にもかかわらず、ほとんどの参加者は、本当に効果的な活動ができるのか、そして自分たちがただなにか「良いこと」をしたいという軽い気持ちで参加したのは単に偽善なのかを自分自身に問い、ボランティア参加に対して深い疑いをもっていた。彼らは典型的に、自分自身のような無力な若者が効果のない干渉をするより、「専門家」に救援活動を任せておくほうが良いのではないかと自問していた。多くはまた、二〇〇〇年代初頭以来日本で一貫して使われてきた「自己依存」や「自立」の重要性を強調する新自由主義的言説の影響をおそらく反映して、「ボランティアをするために他人に頼ること」についても深刻な後ろめたさを感じていた。Youth for 3.11 のプログラムを通じてほとんどの学生が最終的に克服するのは実にこれらの困惑であるのだが、これまで見たように、多くは、自分がボランティアとなる資格がないのではないかと懸念していた。

過去に海外在住経験のある参加者に多く出会ったことに加えて、私はまた、海外留学から休暇中にボランティア活動に参加するため帰国した数人の学生にも遭遇した。Youth for 3.11 のチームメンバーの一人は外国旅行の豊富な経験をもっており、もう一人は英国か北米の大学で言語学の修士号を得ることを考えていた（彼は東北でのボランティア活動中に命のはかなさを目の当たりにした後、自分の夢、音楽を追求するべきだと思うようになった）。Youth for 3.11 のスタッフは、多くのメンバーの国際的経験がボランティアを決心させる重要な要素だと考えていた。

しかし、これよりも重要な（そして簡単に検証可能な）ことは、おもに国内の比較的エリート大学に所属する学生が、ボランティアをする決断をしたという事実である。二〇一一年一一月の時点で、Youth for 3.11 への参加者の多い一〇の大学は（同年四月以降）、上から順に早稲田、立命館、慶応、中央、ＩＣＵ（国際基督教大学）、東京、一橋、青山学院、筑波そして同志社だった（Youth for 3.11 のスタッフから入手した統計に基づく）。他の二四五校の大学（日本と海外）から参加した六八八名に対し、これらの大学から来たボランティア参加者は四一一名を占めていた。Youth for 3.11 のスタッフと話したり行動を観察したりするなかで、ほとんどの参加者が「意識が高い」学生の層に属していると考えられていることがよく聞かれた。そして、最も競争の厳しい教育機関に属し、各種ソーシャルメディア上でアクティブであることを意味する傾向が認められた。

ボランティア体験そのものについてはどうか。Youth for 3.11 について私が話した学生たちが最もありがたく思っていた点は、指定された現地に到着後、ただちに具体的なボランティア活動を始められることだった。他の多くの団体は、実際の作業を行う前の準備のために数日かかっていた（ただし、少なくとも復興支援団体SETや東京大学の東大・東北復興エイド［UT Aid］などYouth for 3.11よりも小規模ないくつかのグループは、スピーディーな参加を可能にしていた）。私が出会った学生は、その他の三つ事柄に感動していた。まず一つは、彼らが援助を施した人々からの、微妙だが感情に訴える反応である。ある学生の言葉によると、現地の人々は遠く離れた場所から多くの学生が来たことが、自分たちが「忘れられていなかった」ことを意味し、励まされまたうれしそうに見えた。これらの、しばしば感情的で意欲をわかせる強力なエピソードは、毎日の夕方の会合と最終反省会で共有され強調された。Youth for 3.11のウェブサイトで一般に公開されている学生ボランティアによる短い個人レポートでは、つぎの深澤星子（二〇一二年七月二七日から三〇日まで南三陸町で活動したICUの四年生）の言葉に代表されることの同じテーマが一貫して反映されている。

仮設住宅で暮らす多くの方に出会い、その表情が明るいことに、復興への兆しを見ることができました。私たちの訪問を喜んでくれた、「いつもありがとう」と言ってもらえた、たったそれだけで、自分も少しは役に立っていると感じることができました。また、野菜や花を栽培している方も多く、被災した方の気持ちが前向きになってきたことを感じました。

私が会ったボランティア学生の大半を感動させた第二の側面は、グループの結束だった。ボランティア期間の終了時には「家族のよう」になり、少なくとも集団生活を楽しむようになったと学生たちは感じていた。学生たち、特にサークル活動に積極的に関与していない者にとって、社会的に意味の深い状況下で、仲間と一緒に一週間過ごすことは異例で珍しい経験だった。学生は一般に両親と同居するか、または、寮ではなくワンルームのアパートに住んでいることが多かったのでなおさらだった。さらに、被災地で一緒に働くという劇的な経験が、親密な友人関係の形成を促進し、自分の所見、感情、不安を率直に共有し「吐き出す」ことを奨励したこともおそらく効果的だった。一部の学生は東北滞在中に困難やストレスを経験したが、グループのサポートがこれらの問題を軽減しているようだった。

ボランティアたちとの夕食。Youth for 3.11 提供。

三番目、かつおそらく最も重要な側面は、ボランティア活動を通じたエンパワーメントに関連している。七月二三日に私が見学したリフレクション会で一人の学生がこう叫んだ。「自分で復興支援ができることがわかった！」他の幾人かはまた、地元の人たちと「つながる」こと、または、個々の単独の成果より効果のあるグループとして働くことによって「皆でやれば大きな力になると感じ」、被災地支援の最前線へ出ていくことに意義があったと感じていた。このエンパワーメントの感覚はまた、ボランティア体験を経験した者だけに理解できる何かがあったことを強調するコメントにも反映されていた。「被災地にとにかく行くこと」だけでも、それ自体非常に意義のあることだった。さらに、テレビを見るだけでは感じることのできない、津波に壊滅された町の「非日常」的光景の「リアル」な現実を経験することによって、参加した若者たちは根本的な精神的垣根を越えたような感覚を得ていた。エンパワーメントを含むこれらの各テーマは、Youth for 3.11のウェブサイトに保存された参加者の簡潔だが興味深いエッセイに一貫して見られる（典型的に、個々の貢献の限界を慎重に認める非常に控えめな言葉で表現されている(7)）。

学生たちがYouth for 3.11を通じてのボランティア活動は「人生を変える経験」だったと率直に話す一方、東北での時間はまた、少なくともその時点で、この地域の人々との強い連帯感を生みだすきっかけともなっていた。その結果、多くの学生が、二〇一一年三月一一日の三重災害が「もう他人事じゃない」と感じるようになっていた。私が東京でその後を追った一八人の学生の大半は、リピーターになるか独自の取り組みを始めることにより、ボランティアの努力に貢献を続けていくことを心に決めていた。彼らは今のこの時期が、学生が行動を起こすに二度とない特別な機会であると感じていた。この新しい経験に触発され、卒業後正式に就職が決まっても貢献を続けることを目指す者もいた。

学生ボランティアへの主な障壁(8)

既述の要因にもかかわらず、危機に見舞われた日本で学生ボランティアを勧誘することの困難を指摘することは重要である。Youth for 3.11の活動は、三月一一日以来、学生ボランティアの存在がなぜ相対的に少ないのかを説明する一群の障壁を明らかにした。ここで私は、主にYouth for 3.11のリーダーたちとのインタビューに基づいて、大学の役割、日本の新卒一括採用制度の影響、そしてその他六つの要因について議論する。

大学機関は、少なくとも三つの点で、東北での学生ボランティアを妨げてきたと思われる。第一は、三重災害後、大学が現地でのボランティア活動への参加を奨励するのではなく、思いとどまらせるような直接、間接的態度をとったこと。第二は、組織的なボランティア活動を対象に履修単位を与えることを拒否したこと。そして第三は、重荷となる新卒一括採用制度を支持し続けることで、大学三年時のボランティア参加を大きく妨げたことだった。

第一の点に関しては、多くの大学が、危険が懸念される被災地域でのボランティア活動を控えるよう、学生たちにはっきり伝えていた。キャンパス内での募金活動のような、地元でのボランティア活動を好む傾向も広くあった。良いことではある一方、そのような活動は大学にとっては、津波被災地でのボランティアを奨励するよりもリスクと負担が断然に低い便利な逃げ道を作った（特に放射線の危険が依然高いため）。もう一つの重要なジェスチャーは、大学が授業のスケジュールを調整するのを拒み、ボランティア中の欠席を認めなかったことだ。個々の教授にはボランティアを支持する態度をとっていた者もいたが、大学機関レベルでは違い、東京大学などではボランティア活動は大学の学術的目的にそぐわないことを指摘する必要性さえ感じていた（Japan Times 2011参照）。本当の理由が、純粋に学問的な要因にあるとは言いがたい。なぜなら、出席率を改善するよう文部科学省からの圧力が高まってはいるものの、日本の大学課程が、いくつかの例外を除いて、比較的怠慢であることはよく知られているからである。

二〇一一年五月の時点で、すなわちボランティア支援の必要性がもっとも高かった時点で、日本にある約七〇〇の大学のなかで、たった六校だけがボランティア活動参加を履修単位として認めていた。これは、大学が学生ボランティアを制限した第二の主要な方法だった（Japan Times 2011 参照）。少なくとも文系、社会科学系の通常カリキュラム上、実践的で経験に基づいた教科が多数ある「一般教養科目」を考えると、日本の大学がボランティア参加で履修単位を与えることは不可能ではなかったはずだ。

京都にある龍谷大学の場合などは、その典型である。[9] 三月一四日の公式発表で大学は、「被災者への支援よりも問題を引き起こす」可能性が高いと、あからさまに、当分の間東北でのボランティア活動は控えるようにと学生に伝えた。しかしその後数ヶ月間で、学生やスタッフは学生一人あたり約一〇〇〇円の寄付金、総額一七〇〇万円を集めていた。四月上旬の時点で同大学のウェブサイトは、被災地に行くことは「危険」であると強調する一方、二〇一一年五月にはボランティアバスツアーを始め、八月までに計三回、独自のツアーを実施した。意味深いのは、ツアー参加の主要条件が授業にまったく影響が及ばないということだった。バスの定員が二八名であったことも考えると、少数の学生しか参加できなかったとは容易に想像される。要するに、大学は「安全」である募金活動を促し、緊急時期がずっと過ぎた時期に、ほんの一部の学生を対象に最低限のボランティアツアーを行ったことになる。

龍谷大学は仏教系の大学であり、そのヒューマニズム、平和と共存の公約に基づいてより活発な対応が期待されたかもしれないが、これらの信条は、危機の間のボランティア活動の努力については、肯定的な影響をほとんどもたなかったように見える。東京と横浜にキャンパスをもつ明治学院大学は、世に知られる長老派教会の私立大学であるが、そのモットー「他のために行う」もほぼ同一の矛盾と格闘していた（二〇一一年一一月一三日、トム・ギルの私信）。同様に、ほとんどの他の大学の執行部は実践的ボランティアに対し態度を決めかねたようであり、そして重要なことは、Youth for 3.11 のような「外部」グループとの存立可能な協力を一貫して拒否したことである（たとえこれらの組織のメンバーが、その大学に所属し学んでいる場合でもである）。

日本独特の新卒一括採用システム――「生涯」雇用システムのほとんどの側面が変わったにもかかわらず存続する遺物――が学生ボランティア活動の大学に関連する主な障壁の三つめとして作用している。この高度に構造化されたシステムは、ほぼすべての学生が大学生活の三年目を活発な就職活動に労力を費やすことを制度化している（平均的学生は「就職活動」に約一一ヶ月を費やす。苅谷、本田 二〇一〇参照）。卒業後、大半の学生が統一されたスケジュールに従って四月一日に安定した職に就くことを狙いとしている。組織（会社ランキングを心配をする）と個人（新卒者として雇用を逃すと、安定した職から除外されてしまうのではないかという合理的懸念をもつ）の両者にとって高い賭けである。ちなみに日本ではボランティア経験はまだ、履歴書の質を上げるものではなく（日本の小さな非営利団体や社会的企業に職を求める場合を除く）、この事実は実質的に学生ボランティアの可能性の二〇％から三〇％を削除している。これらを考慮すると、私が Youth for 3.11 を通して知り合った三五名ほどの学生ボランティアが、就職にはまだ早いか、外国の大学で学んでいたか、すでに職を確保していたか、または、やや過激な（または落胆した）少数派が新卒一括採用制度を完全に拒否していたかのいずれかであったことは驚きではない。

Youth for 3.11 のようなグループは大学にとって、多様な機関との協力が可能であること示す良い機会であると考えることもできる。官僚的問題に悩まされるボランティアセンターや大学よりも、学生の自発性と行動力をより効果的に促進することにより、Youth for 3.11 は人材資源の鍵である大学生をうまく活用してきた。問題があるにもかかわらず、日本の新卒一括採用システムには一つの利点がある。それは、内定を得た四年生に多くの自由時間を残すということである。参加をより魅力的なものにし、この時間をもっとフルタイムのボランティア活動に充てることもできる。

ボランティアに関する制限的考え――「だれがボランティアになれるか」

Youth for 3.11 のリーダーたちの考察によると、日本ではボランティア活動は「普通の人」がすることではないと、多くの若者によってみなされている。また、大学生や他の若者は、被災地の支援に貢献するには自分は未熟すぎると考える傾向がある。職につく年齢の男性は仕事に縛られていることもあり、戦後日本の市民活動に従事するグループの中心は主婦や定年退職者であった。重要なのはボランティア活動が、ほとんどの若者に欠如すると考えられている高いレベルのコミットメントを必要するとみられていることだ。そのため多くは、参加できるほど自分が「十分に良い」か、「十分に真剣」なのか深刻に問う。Youth for 3.11 は、「誰でもボランティアできる」そして「やってみるべき」を一貫して主張することによって、これらの限定的思考に対抗した。最近では、ボランティアが「カッコ悪い」という若者のあいだでのイメージに対抗する取り組みを強化し、Youth for 3.11 で一週間ボランティアすることは「旅行より楽しく、留学より勉強になり、インターンより参加型で、サークル活動より友だちを作れて、そして、パートで働くよりもやりがいがある」ことを主張していた（二〇一二年九月二一日、大阪梅田、都市活力研究所アーバン・イノベーションでのYouth for 3.11関西代表田島将大のプレゼンテーション）。

主流メディアと国家――「本当に若いボランティアがもっと必要か」

日本の主流メディアは、東北の津波被災地でより多くのボランティアが必要とされているかどうかの質問に対し矛盾したメッセージを伝えていた。自己主導の個人ボランティアは支障を生じる可能性があるため自制がうながされていた（被災者の立場から、そして特に実績あるボランティア機関の観点からすると妥当であったかもしれない）。特定の青年ボランティアについては、ある程度の肯定的報道がされていたものの、学生ボランティアは当然皆に奨励されていたわけではなかった。日本のメディアは従来から若者に対して、「パラサイトシングル」や「引きこもり」、「ニート」などの見下したレッテルを生みだし、青年を主に「問題」として扱ってきたこともあって（Goodman, Imoto and Toivonen 2012参照）、一般的に若い大人を自発的ボランティアやリーダーとして考慮することにはむしろ消極的だったと思われる。Youth for 3.11は、このような否定的で固定観念化された偏見に対抗するため、若者の組織は既存機関よりもはるかに迅速であり、より肯定的なエネルギーをもっているだけでなく、多様な救援のニーズにより効果的に対応できる柔軟性（「頭が柔らかい」）をもっていると指摘した。

親――「両親が参加を許可しない場合は？」

日本では、公式の法定成人年齢（二〇歳）を超えても、両親は子供に多大な影響を及ぼす。授業料と生活費を親に依存しているほとんどの中流階級の若者は、主要な人生の選択に関して、公然と両親の意見に抵抗することがとても難しいと感じている。福島第一原子力発電所によってもたらされる放射線リスクの可能性は、多くの被災地が東京と同じくらい原子炉から離れているにもかかわらず、子供を東北に送ることを親たちに警戒させた。Youth for 3.11 の参加者は、仲間がボランティア活動をあきらめる際、最もよくあげる理由は実に親の反対であるという。一方ボランティアを行う者のあいだでは、家族がボランティア参加に支援的か中立のどちらかにある傾向がある。

友人や同輩——「友だちは何と言うだろうか」

ボランティアを決断する友への仲間の反応はいろいろなようだ。ほとんどがボランティア活動を立派なことだとみなす一方、個人レベルではかなり想像を絶することのように感じている。しかし、ボランティアに参加した友人が大学に戻ったのち経験を話すと、仲間の意見はしばしば変わる。これと一致して、友人を参加にむけて奮起させる「口コミ」が、二〇一一年の晩春には Youth for 3.11 の主要な募集方法となっていた（ツイッターやフェイスブックも重要でありつづけた）。

コスト——「金銭的余裕があるか」

東北で一週間ボランティアをするための費用は、首都圏からは三万円を超え、さらに遠くに住む者にはもっと高い費用がかかり、実際、ボランティア参加の障壁となりうる。これを改善するため、Youth for 3.11 は、ボランティア参加を無料またはできるだけ安くする努力をしている。それでも、特にお金に苦労する学生にとって（今日の日本には多くいる）、一週間分のアルバイト代をなくすことは依然として困難であり、参加の機会が中産階級に偏ることになる。

互酬性の負担――見知らぬ人からの援助は、享受者を気詰まりにするか

本書のスレイターの章でより詳細に検討されるように、支援を提供するということは単純なことではなく、援助の受け手に返礼の義務感を生みだす傾向がある。これは、互恵主義が一般的な社会全体の体質ではなく、支援が特定の関係や地域に集中するとき特にそうであると予測できる。したがって、ボランティア参加を考える者は、援助活動に従事することを若干問題と考えるかもしれない。そのような文化的・制度的に根差したためらいを、Youth for 3.11 は津波の被害者が被災地での学生の存在に実際感謝していることを強調することによって軽減してきた。また、いったん被災地に入ると、彼らは非常な思慮深さを示していた。例えば避難所で食べ物を提供する際、堅苦しさを控え、静かに混乱のないかたちで、避難者がボランティアとの対話を好まない限り強制しないようにした。Youth for 3.11 が提供する援助は、学生を派遣する前にボランティア活動の手配を協力組織に依頼していたため、被災者や地方自治体によって即座に拒否されたことはほとんどなかった。

市民参画への社会起業的アプローチ

本章では、二〇一一年四月以来、東北で災害を受けた地域に継続的に学生ボランティアを派遣してい

る非営利組織Youth for 3.11の活動を描いた。その種の組織としては最大のグループに成長する一方(ボランティア数で評価。その他の重要な学生主導ボランティアグループとしてSETやUT Aidを含む)、かなりの障壁に直面していた。大学の支援に向ける熱意の不足、親の抵抗、そしてボランティアが「カッコ悪い」というイメージを含め、なぜ若者が東北で最も目につくボランティアグループではないのかを広く説明する要因があった。もちろん、現在の大学生の人口が減少層に属し、人口統計上、日本各地で年長者の数に圧倒されているという事実は、学生の存在感の欠如の理由の一つでもある(また、先に述べた、戦後からある「古い」政府主導のボランティア機関には、若者のメンバーが極端に少ないことも注目に値する)。しかし、東日本大震災後一七ヶ月間、最も深刻な必要性があった時期でさえも、二九〇万人に近い学生人口をもつ国で(MEXT 2012)、主要組織でさえ全国で「たった」二〇〇〇人の学生しか送りこめず、学生主導の青年ボランティアを促進することが困難だったという事実は、重要かつ多くの意味で残念である。Youth for 3.11の相対的な成功にもかかわらず、彼らが派遣することができた学生の数は、日本のすべての学生の〇・〇七％未満だった。

ボランティア活動への永続的な障害や、それに直面したYouth for 3.11の戦略はさておき、この革新的なポスト3・11の組織が、もう一つの広義な理由により興味深く思われる。それは、そのやり方が、これまで日本で確立されてきたボランティアグループのそれとは違い、新たな社会的起業スタイルの台頭を反映しているようにみえるからだ。まず第一に、伝統的な政治的用語の使用を控えてはいるが、Youth for 3.11のミッション声明は(ホームページ上のものも含めて)、東北の被災地を超え、社会問題の解決に若者が定期的かつ実質的に参加できる社会作りに向けて全力を注いでいることを明確にしている。

地元の高校生たちと。Youth for 3.11 提供。

すでに、以前からある、関連したNPO Teach for Japan（元 Learning for All）が同様の傾向を有していることを指摘したが、実に、最近の日本の若者主導の社会的起業が、社会変革を実践活動の究極の目標とする活動方針を選ぶことは例外ではなく主流である。別の例をあげると、私が以前長期フィールドワークを行ったK2インターナショナルのような若者の就職支援サービスの多くは、単に職のない「ニート」を雇用に戻すだけでなく、社会的に不利な立場にある若者が住みやすい社会を作ることを目指している（Toivonen 2013）。同様に、日本でおそらく最も有名なソーシャルベンチャー、NPO法人フローレンスの主な目的は、病気の子供たちのための保育サービスの不足を「解決」することである一方、すべての人々が育児、仕事そして自己実現に完全に携わることができる社会を実現することがそのビジョンである（フローレンス 二〇一二）。3・11の三重災害が、限定されたサービスを特定の層に提供するだけでなく（その多くは現在、東北で行われている）、大きな変革を誘発するための計画の「スケールアップ」を目指す新規事業の一種の触媒と入口になったことは間違いない。これらの進歩的な非営利団体のほぼすべての事業と関連する論議は、二〇〇〇年代初頭以降ますます新自由主義的になりつつあった日本に西洋から「輸入」されたものであり、彼らの壮大な展望の実現に向けた実質的進展に必要な資源をこれらの組織が入手できるかどうかは明白からほど遠い。しかし確実でなのは、少なくとも方向性の点で、アヴェネル（Avenell 2010）や他のよく知られた日本の市民活動研究に記述される、政府誘導の従順な市民社会組織の類から大きな違いを表しているということである。

Youth for 3.11は二〇一二年七月に、その大胆なビジョンと広範な参加促進のおかげで、エクセレントNPO法人を目指す市民会議によって「市民賞」を受けた。これは、さまざまなソーシャルビジネス・コンテストや「社会起業塾」などが知られるようになってきた時期に、若い社会起業家の「変革」願望が、日本のより広い市民社会セクターで共鳴を始めたことを示唆する。その刺激的なビジョンとともに、Youth for 3.11を「社会起業的」にするもう一つの特徴は、ボランティアを主要ターゲットグループ（すなわち日本全国の大学生）にとって参加しやすく、簡単で、そして魅力的にしようとするその多面的な戦略だ。学生の関心の欠如や財源不足について単に文句を言うのではなく、ボランティア活動を「クール」なやりがいのある活動に変え、興味ある学生がさまざまなかたちでボランティア活動に関われるよう幅広い選択肢を提供した。この「使いやすさ」と同様、高飛車な批判の代わりに説得に重点を置くことも、Youth for 3.11がフローレンスやK2インターナショナル、そしてマザーハウスやTABLE FOR TWO Internationalといった発展しつつある日本の社会起業家のあいだで広く共有されている点だ。戦略的に重要でかつ積極的なパートナーと協力することを選びながら、既存の権力構造とヒエラルキーを迂回したという点でもYouth for 3.11は一人ではない（例えば、ツイッター経由で迅速に動員したり、「単なる学生」が東北を支援することはできないという批判的な声を無視したりするなど）。ボランティア活動と社会起業的創造力や政治的行動などとの概念的境界を興味深くぼかすYouth for 3.11が、3・11の破壊と悲劇を、東北内外の社会と経済一新のための肯定的な力に変える新しいタイプの日本の市民社会の台頭を象徴しているかどうかは今後を見守るしかない。

注

(1) 二〇一二年、日本では約二九〇万人の学生が四年制の大学に通っていた(文部科学省 二〇一二。統計に関わるさらなる議論については次を参照)。信頼できる統計がないため、私は、この学生人口の一％以下にあたる二万九〇〇〇人未満の学生が、二〇一一年三月中旬から二〇一二年九月の間に、津波に破壊された地域で直接ボランティア活動に参加したと推定する(これは、リピーターを除き、平均月一六〇〇人、週四〇〇人未満に相当する)。岩手県、宮城県そして福島県のボランティアセンターの公式推計は、二〇一二年九月の時点で、三県全体で一一〇万人の登録されたボランティアを受けたことを示しているが、残念ながら、これらの推定値からは特定の年齢グループを区別できない(全社協 二〇一二)。

(2) 二〇一二年の夏以降、学生は九州、四国、関西の洪水被害者への支援を提供するためにも派遣された。

(3) 参与観察をした時点で私は三一歳だった。そのプロセスは日本の学生や大学院生と同じで、Youth for 3.11のプログラムにインターネットで登録し、七月上旬の東京でのオリエンテーション後、宮城県登米市でのプロジェクトに参加した。一週間後、長い「リフレクション会」(反省会)へも出席した。二〇一二年七月に東京で開催されたYouth for 3.11による四日間のイベント——気仙沼のボランティアプロジェクトから戻ったばかりのグループによる二時間の感情的な議論を含む——を観察した機会からも貴重なデータを得た。この組織の指導者との四回の会合（二〇一一年一一月と一二月、二〇一二年六月と八月）と、二〇一二年五月以降からのこの組織の関西代表との継続的な対話がこの論文を準備する下地となった。

（4）広義に「社会起業」とは、市場の動向だけではなく、明確に表現された使命によって駆動され社会的問題に対処する、市場志向型の革新的な活動を指す（cf. Nicholls and Cho 2006）。

（5）Youth for 3.11 によるこの用語の使用は、リーダーの四人が以前参加していた Learning for All（現在は Teach for Japan と称する。〈http://teachforjapan.org.wordpress/our-mission2/impact/〉参照）のそれに非常に似ている。後者の組織は、学生の教師を貧しい学校に送りこむことによって、「さまざまな教育的課題解決のためのソーシャルムーブメント」を築きあげたいと願っている。

（6）このようなグループ討論のスタイルは、米国や国際ＮＧＯの影響を受けていると思われ、日本のボランティア集団、特に中年世代のあいだでは比較的まれである。それは、ほとんどの企業における会議よりも、劇的により平等主義的である。

（7）この章で私は、参与観察とインタビューによって得られたれたデータを使うことを選択したが、これらの学生による貴重なエッセイの微妙なニュアンスの文章分析や、ボランティア経験の微妙さや矛盾にさらに光をあてる分析を容易に想像することができる。

（8）このセクションは、Toivonen（2011）に示される既存の分析を出版社の許可を得て用いている。

（9）龍谷大学のボランティア活動に関する自己の記録は、大学ホームページを参照。〈http://www.ryukoku.ac.jp〉、〈http://www.ryukoku.ac.jp/npo/news/detail.php?id=2474〉二〇一二年一一月八日アクセス。

参考文献

苅谷剛彦、本田由紀　二〇一〇『大卒就職の社会学――データから見る変化』東京大学出版会。

古市憲寿　二〇一一　『絶望の国の幸せな若者たち』講談社。
全社協　被災地支援・災害ボランティア情報　二〇一二　ホームページ、全国社会福祉協議会・全国ボランティア・市民活動振興センター、二〇一一年一〇月一一日最終アクセス。〈http://www.saigaivc.com/〉
総務省統計局　二〇一二　「(1) 学校数・学生数・教職員数」、学校基本調査〉平成２４年度（速報）〉高等教育機関〉学校調査〉総括、『e-Stat 政府統計の総合窓口』。〈http://www.e-stat.go.jp/SG1/estat/List.do?bid=000001040919&cycode=0〉二〇一二年一〇月一一日アクセス。
フローレンス　二〇一二　「フローレンスビジョン」認定ＮＰＯ法人フローレンスＨＰ、二〇一二年一〇月一一日アクセス。〈http://www.florence.or.jp/about/vision/〉
Youth for 3.11　二〇一二　ホームページ。〈http://www.youthfor311.com/〉二〇一二年九月二七日アクセス。

Avenell, Simon. 2011. 'Facilitating Spontaneity: The State and Independent Volunteering in Contemporary Japan,' *Social Science Japan Journal* 13 (1): 69-93.
Goodman, Roger, Yuki Imoto and Tuukka Toivonen, eds. 2012. *A Sociology of Japanese Youth: From Returnees to NEETs*. Abingdon: Routledge.
Japan Times. 2011. Only Six Colleges Giving Credits to Students for Volunteer Activities." *Japan Times*, June 8.
Nicholls, Alex and Cho, Albert Hyunbae. 2006. 'Social entrepreneurship: the structuration of a field.' *Social Entrepreneurship: New Models of Sustainable Social Change*. Oxford: Oxford University Press.
Pekkanen, Robert. 2006. *Japan's Dual Civil Society: Members Without Advocates*. Stanford: Stanford University Press.
Schwartz, Frank. 2003. 'Introduction: Recognizing Civil society in Japan. In: Frank J. Schwartz and Susan J.

Pharr,' *The State of Civil Society in Japan*. Cambridge: Cambridge University Press.

Toivonen, Tuuka. 2011. 'Japanese Youth after the Triple Disaster: How Entrepreneurial Students are Overcoming Barriers to Volunteering and Changing Japan,' *Harvard Asian Quarterly* 8 (4): 53–62.

——. 2013. *Japan's Emerging Youth Policy: Getting Young Adults Back to Work*. Abingdon: Routledge.

Ⅱ　見えない被害と向き合う

彼ら対我ら

——福島原発危機にかんする日本と国際メディアの報道

デイヴィッド・マクニール
（森岡梨香訳）

日本が三月一一日の大災害からなんとか立ち上がろうとしていた二〇一一年四月七日、私は日本外国特派員協会（ＦＣＣＪ）で、東京地方選挙に立候補していた東国原《ひがしこくばる》英夫による記者会見の司会を務めた。政界へ入る前は有名なお笑いタレントだった東国原氏は、いつにない深刻な表情で震災による大きな被害から立ち直るために日本が何をすべきかを語った。そのなかで彼は、大きな問題のひとつは外国人記者よる福島原子力危機の報道だと訴えた。「私たち外国人記者の震災の報道はまずかったと思われますか」と聞く私に、彼は微笑みのない表情をはじめて私に真正面に向けて言った。「ええ、そう思います」と。

六〇年刊外国特派員の基点として崇められてきた協会でのその痛烈な批判は、三月一一日以降の米国人や欧州人記者に対する非難の典型だった。外務省は、広島、長崎、福島の三つの核爆発の雲を挿絵に描いたオハイオ州トレドの地方新聞『ブレイド』(1)を取りあげ、「行き過ぎた」報道への批判を先導していた。『ニューズウィーク日本版』はけたたましく騒ぎ立てる外国人記者を叩いたいくつかの刊行物のひとつだった。「これまで、日本には外国メディアに対するある種の尊敬の念があった。ジャーナリズムの理想とあがめ、その権威に頼ることさえあった。（……）東日本大震災で、その神話は崩れ去った」と、編集長の横田孝は声を荒げた。「この未曾有の大災害において、残念ながら多くの欧米メディアは本来果たすべき使命を全うできなかった。ニュースを報道する側がニュースにのみ込まれてしまい、冷静さを失ってしまったのだ。」（Yokota and Yamada 2011）

横田は福島第一原発の最初の爆発後の外国人記者による報道をひどい扇情主義と糾弾し、事故を「日本のチェルノブイリ」にすり替えたと『ニューズウィーク日本版』誌上で非難した。日本政府が福島の国際原子力事象評価尺度を一九八六年のウクライナ事故と事実同等のレベル七に正式に引き上げる一週間前のことである。[2]『ウォールストリートジャーナル』も福島にかんする報道のこの「隔たり」に気づき、日本の記者はもっぱら「事態が解決する」かのように報道した一方、外国人記者は「反対側—事態が手に負えなくなっている」点に焦点に置いたと指摘した（Sanchanta 2011）。放射線危機が突発して一週間、日本のブロガーは「恥の壁」[3]を立ち上げ、日本へ足を運んだことは一度もなかったにもかかわらず東京を「ゴーストの都市」と呼んだイギリスのタブロイド紙『サン』の記事（Wheeler 2011）を含む数十の外国誌によるジャーナリズムへの「犯罪」を挙げた。

このような大げさな報道がすべてが外国のものというわけではなかった。最も批判を受けた例のひとつは日本の報道だった。雑誌『アエラ』の有名な三月一九日の特集記事は、マスクをつけた原発作業員の写真とともに「放射能がくる」というタイトルが表紙になり、その記事に対する批判は少なくとも一人のコラムニストに謝罪と辞職を強いる結果となった（タイトルは実際正しかったにもかかわらず）。さらに、緊急事態が落ち着くやいなや、日本の週刊誌は早々に核産業とその関係者に対する批判を外国のメディアよりずっと大胆に放った。『週刊新潮』は東京電力の管理職を「戦犯」と呼び、『週刊現代』は最も過失のあるエリート原子物理学者を「とんちんかん」、「御用学者」と呼んで名指しで批判した。その他多くの雑誌は批判の目を放射能問題に向け、政府の不正行為と偽りを明るみにした。『アエラ』もまた地方政府が原発を再稼動させるため世論を操っていたことを暴露した。

福島の災害は日本のジャーナリズムの大きな断層のひとつを明るみにした。それは主流の新聞やテレビ（大手マスコミと呼ぶ）と大衆市場向け週刊誌とそのフリーランス記者との違いである。日本のこの二種類のメディアの両方は巨大な視聴者や読者を持っているが、日刊紙とテレビ局は毎日の情報源として政府や大企業の記者会見に頼っている。一方、週刊誌は公式外の場所でスクープを探す傾向にあり、そのため、権力に左右されることが比較的少ない。

福島の題材は新しかったが、そこから派生した記者クラブ組織の影響力にかんする論争は数十年におよぶものだった。ローリー・アン・フリーマン（Freeman 1996, 2000）や他の論者（Hall 1997; DeLange 1998）が指摘するとおり、日本の大手新聞社やテレビ局は国家の政治、官僚、そして企業のエリートから直接メディアへ、そして大衆へと情報を流している。今回の災害では、政府、東電、そして原子力安全・保安院が情報源だ。このシステムを批判する者は、日本の最も影響力のある報道記者が共生関係に封じこめられ、独自の調査や分析と批評を妨げる結果になると懸念する。今回は確かにその懸念が現実となったようにみえる。外国人記者には当然そのような妨げはなかったが、と同時に重要な情報源へ直接アクセスすることもできなかったのだ。

この公式システム外の多くの報道は、まったく別の問題である。ギャンブルと渡辺（Gamble and Watanabe 2004）がその調査で厳しく指摘したように、日本の週刊誌は戦後急成長した都市中産階級が、大手マスコミから流される情報が支配者層に近い筋からの選択されたものであることに反発したことから発展したメディアである。主要な違いのひとつは、雑誌記者は大手マスコミと異なり、記者クラブへのアクセスを許可されていないことだ。あとで詳しく説明するが、この区別による影響は、福島にかんする報道で顕著に現れることになる。

外国メディアのひとつの問題は、日本にかんする知識が豊富な人材の欠如だった。災害後、日本の知識をもたない多くのジャーナリストが派遣された。その結果起こった不正確な、またはバランスを欠いた報道は、日本人そして在日外国人からも批判を受けた。テンプル大学ジャパンキャンパスのアジア研究部ディレクター、ジェフ・キングストンは、彼が「パラシュート・ジャーナリズム」とよぶ「多くの悪質な誇張や虚偽の陳述」を指摘した批評家の一人だった（二〇一一年三月二九日聞き取り）。何年もの間、長引く日本経済の衰退が、急速に成長する中国の陰で海外の編集者を遠ざけ、日本は世界のメディアのレーダーから抜け落ちていた。日本外国特派員協会のハックは、日本のニュース価値を復活させるためには大災害が必要だとブラック・ジョークを時々飛ばしていたが、災害が実際に起こったとき、それを報道できる記者は十分にいなかった。

同時に、多くの外国人ジャーナリストが日本人記者を賞賛していたことも指摘する価値がある。ワシントンポスト特派員のチコ・ハーランは広く読まれた彼の意見記事の中で、公共放送局ＮＨＫの抑制された、ほぼ「形容詞なし」の報道に焦点をあてた。「アンカーは大惨事を大惨事と感じさせるような特定の言葉を使用しない」と書き、「『大規模』は禁じられている」と語った（Harlan 2011）。マーティン・ウィリアムス、日本外国人記者クラブ元会長は、日本のメディアはパニックを避ける「義務」があることをつけ加え、より地味な国内の報道を好意的に指摘した。「日本を恐怖物語のように報道している一部のメディアは、自国での同じような災害を同様に報道することはないとだろう。」(4)

日本の報道に対する、群を抜いて辛らつな批判は、日本のコメンテーターからであった。作家でフリージャーナリストである上杉隆は、政府と破壊された原発の管理者である東京電力と共謀し、日本のメディアが嘘と情報隠蔽に終止したと非難した人物の一人であった。彼は原子炉一号機から三号機で発生したメルトダウンの報道規制と、後者に致命的なプルトニウムが大量に含まれていたという事実を隠していたことをあげ、「東京電力は最大の広告主のひとつであり、メディアや記者クラブにとっては顧客だ。報道は（……）特定の事実を伝えていない」と、批判した。そして、上杉はこのような発言が、四月にTBSラジオから締め出されるに十分な理由になったと主張した（Uesugi 2011）。福島県に農場を所有していた元TBSワシントン支局長秋山豊寛も同様の評価をくだし、「マスメディアは、政府や電力会社の代弁者として報道しているように見受けられる」と批判した（Wakiyama 2011）。

政府と東京電力そして大手マスコミが一緒になって、日本の公衆から情報を隠蔽するため密室に集まり策略を練っていたと示唆するのは、明らかに誤解を招く恐れがある。当時の総理大臣菅直人が、何度も東京電力と言い争いになっていたことは広く知られているし、実際、三月一二日の総理の福島発電所への視察が、ガス放出のためのベントを遅れさせ水素爆発を招いたと、東京電力に誹謗の対象とされかけた。そして危機が始まって数週間後に開始された生放送記者会見では、ジャーナリストはしばしば東京電力を鋭く批判していた。

にもかかわらず、日本の報道機関の構造的な歪みを示す強力な証拠がある。日経広告研究所によると日本の電力供給産業は、年間八八〇億円を費やす日本最大の広告主である。(5) 東京電力の二四四億円だけでも、トヨタのような大規模グローバル企業が年間に費やす額のおよそ半分だ。多くの中立と思われるジャーナリストでさえ複雑に業界に縛られている。例えば、読売新聞の論説委員で科学ジャーナリストの中村政雄は、電力中央研究所の顧問だった。日経や毎日などの新聞記者の多くは退職後、原子力を支持する機関や刊行物に職を得ている（小泉 二〇一二）。福島危機以前には、東京電力の気前良さは最もリベラルな批評家でさせ沈黙させる力をもっていただろう。二〇一一年八月二二日付『週刊現代』によると、東京電力はおよそ二億三〇〇〇万円を『朝日新聞』上の広告に費やしていた。そして東京電力のPR誌『ＳＯＬＡ』は、朝日新聞の元編集委員よって編集されている。業界の財政力と記者クラブシステムの組み合わせは、間違いなく何十年におよび調査的報道（Investigative Journalism）を妨げ、浜岡や福島のような危険な原子力発電所への懸念や批判がメディアのレーダーにかからないよう働いていた（Hirose 2011 参照）。これはＮＨＫや他の報道機関が完全に原子力問題を無視していたというのではなく、バランスのとれた議論に相反した傾向に傾いていたということだ。

欧州の二つの新聞（英国の『インディペンデント』と『アイリッシュタイムズ』）の地方通信員として、私はしばしばこの議論の真っ只中にいた。福島を四回訪れ、百以上の新聞記事を書き、危機が始まってから数ヶ月の間に数十を超えるラジオインタビューを受けるなかで、他の特派員と同様に、過度に従順な報道と大げさな報道の二つの落とし穴を避けようとしながらも、聴衆に原子力の危機を明確に把握してもらうことに苦闘した。福島や放射性降下物のレポートをするたびに、「バランスのとれた」報告を求める怒りのコメントや手紙が、しばしば相反する見解から届いた。例えば、私が『インディペンデント』に書いた東京での放射能への恐怖についての三月一六日付の記事への反応は、下記を含む三四のコメントが寄せられた。記事は、天皇が東京を脱出して京都へ逃げたという広く流れた噂と、ガソリンの入手場所をもっと心配していると語ったタクシードライバーの話を伝えていた。

コメント1：「この記事は人騒がせで不安をあおる記事だ。東京で何が起こっているかを正確に描くことよりも、英国の読者の原子力への反発を強化するためのものだろう。」

コメント2：「私は東京に住んでいます。渋谷は、まったく記事が言うとおり……。危険は大地震だけではなく、間違いなく東京の市民に影響を与える規模の大惨事である福島原発での完全な核メルトダウンの非常に現実的な可能性である。」

コメント3：「嘘つきのろくでなし。天皇は東京から出ていないし、何千人もが東京から逃げ出しているわけでもない。もちろん、お前たち『ジャーナリスト』はでっち上げたウソを、『だれそれがきいた』と言うようなずるい言葉で覆うんだ。」

コメント4：「特ダネジャーナリストは皆、扇情主義のガラクタをまた売り歩くことで、素晴らしい金儲けの機会を見つけた。どれほど情報源が『独立』しているといっても、必ずいつも自分の魂胆を持って、他人の不幸で金儲けをするやつがいる。」

コメント5：「『他人の不幸で金を儲けている』のは、地震地帯にあることを知りながら津波が襲う範囲内に原子力発電所を建設した政治家や、発電所の所有者たちのことを言っているにちがいない。原子力産業はいったい何人の手先を買収し、電気が流れ金が入り続けるよう嘘と偽りでニュースを覆っているのだろう。」

激しく対立した意見にもかかわらず、これらのコメントはくすぶった怒りと責任追及の衝動を共有している。3・11への典型的な反応だ。

噂を広める商人だという非難は、ある程度は、情報へのアクセスが限られていることの結果だった。上杉が指摘するように、日本の記者とは異なり外国人記者は、政府のトップ、当時の総理大臣菅直人、官房長官で政府スポークスマンの枝野幸男、総理大臣補佐官で原発事故関連対応と広報担当の細野豪志《ごうし》らとの会見を拒否された。これらの人物は、結局『インディペンデント』があえて書いた状況よりもずっと悪い事態のなかで、何が起こっているかを説明するに最適な立場にある人間だった。『ジャパンタイムズ』によると、菅はのちに、最初の一〇日間の「最悪のシナリオ」は東京の全人口を避難させることだったと認めた。『ニューヨークタイムズ』の田淵広子記者でさえ締め出された人物の一人だった。

「我々はずっと、特に誤報のため批判をうけた時、菅氏とのインタビューを依頼していた。『ＯＫ、じゃトップと会わせて。そして、何が起こっているのか教えて』と頼んだが、やっと細野氏に会うことができたのは二ヶ月後だった。」外国人記者は日本のテレビで枝野氏を毎日見ることはできたが、質問をすることは許されなかった（二〇一一年一〇月九日聞き取り）。

しかし福島自体には、少なくとも四月下旬に政府が二〇キロ避難区域への進入を違法とするまで、アクセスはほぼ無制限だった。三月一二日の朝、原発事故については何も知らず、地震が襲って二四時間も経たない間に、私は二人の同僚と被災地へ向かった。

福島第一原発にあるビジターセンターの看板。地震の衝撃でひびが入っている。

我々は日本の記者が自衛隊や緊急救援同様、閉鎖されていた高速道路を走行することを許可されていることを知って、東北全体へ無料でアクセスできる通行証明を警察と交渉し得た。翌月には、私は一人の警察官に停止されることもなく、いわき市、飯舘《いいたて》村、相馬市、南相馬市、そして福島第一原子力発電所の真ん前のゲートからレポートした。四月の初めには、福島第一原発から二キロのほぼ廃墟となった双葉町《ふたばまち》を、まだそこに残っていた地元の人々と話しながらまわった。マスクをしたパトカーの警官は「自分の身の安全のために」に出ていくよう勧めたが、それ以外は何も言わなかった。これは過去二五年間で世界最悪の核災害によって汚染された区域内の生活を理解するための、唯一の方法だった。地元の人たちは、自分たちには一ワットさえ提供しなかった発電所(6)によって作りだされたこの運命に対し、困惑と怒りを表しながら、とても心に訴える話をした。インドのボパールの化学工場事故〔1〕やチェルノブイリ原発事故の被害者のように、政府と企業に不当に操つられ、嘘をつかれ、そして最後には放置されたと感じていた。それでも、ある人々は何世代もの間、時によれば一九世紀以来、自分たちの家であった家屋や農場を放棄することを拒み、そこにとどまる決心をしていた。

私の膨大な災害レポートからの短い例で示したかったのは、記者の報告が国家や国際的要因というよりも構造的要因によって形作られていたこと、そして「外国」「日本」と単純に非難する分析や解説は、問題の核心から外れているということだ。公式情報源から締め出され、そして日本の大手マスコミとの雇用関係から派生する規律や制約に影響されない、日本のフリーランサーや非日本人ジャーナリストはまったく異なる方法で報道することを余儀なくされたのである。この点について、福島県で核災害を見た報告を思いおこし、南相馬の運命と原発周囲約二〇キロの立ち入り禁止区域における避難という二つの重要な点に焦点を当てながら、これから詳細に説明したい。

南相馬を伝える

南相馬は、お役所的決断によって統合された小さな町の集まりのように見えるが、市という行政上のステータスを持っていた。その中心は、自然に囲まれる奥地を南に切り込む二〇キロ立ち入り禁止区域の北約二五キロに位置している。三月一一日以前は、七万一〇〇〇人以上の人口を市内にかかえていたが、月末には一万人に減少していた。市長桜井勝延によると、地震と津波で約九二〇人が死亡または行方不明となり、残りは放射線の脅威から逃れた。市長は三月一四日、水素爆発が福島第一原発の三号機建屋を引き裂いた数時間後、市役所の四階の窓から外を見ていたことを覚えている。「皆が荷物をまとめ逃げるため、車が下の通りをふさいでいた。私はこれが町の終わりだと思った」(二〇一一年一〇月九日聞き取り)。

2011年3月11日の地震の2日後の南三陸。Photographer：Robert Gilhooly

その二日前、三月一二日の最初の水素爆発後、日本の大手マスコミの記者がいっせいに音もなく撤退し始めた。日本の大日新聞、朝日新聞、読売新聞を含んだすべての主要日刊紙や放送局だけでなく、仙台ベースの河北新報も避難した。仙台市や福島市など、放射性降下物から安全であると考えられていた場所(その時点では未確認だった)に退去していたのだ。誰一人として市長に退去の知らせをする者はいなかった。彼らは四〇日後、外国人とフリーランス記者が着実に取材に押し寄せるようになるまで(AFP通信社が三月一八日に最初に到着した)戻ってこなかった。「後になって日本の記者が、自社から去るように言われ、政府と会社が放射能が安全なレベルに落ちたというまで避難していたと話した」（二〇一一年四月四日と一〇月九日聞き取り）。市長は、この記者退去の決断は町の状況を悪化させることにつながったと感じていた。「私たちは見捨てられたんです。それで何が起こっていたか国や世界に伝える方法がなかった。」

三月一二日以降、食料と燃料の定期配達が減少し始め、徐々に取り残された南相馬の市民は自分たちで何とか生き延びるしかなかった。発電所の状態にかんする情報は、主にNHKテレビから収集されていたが、六つの原子炉で何が起こっているのかを説明するにあたって、公然と核を支持する専門家に頼っていた。最も著名でひどく偏っていたのは関村直人、東京大学大学院工学系研究科の副学部長で、経済産業省における総合資源エネルギー調査会のコンサルタントだった。関村は以前に福島原発の構造健全性について検証レポートを書き（彼の仕事は地震応力と恒久化の影響を評価することだった）、原子炉一号機運用の一〇年間延長を承認していた（McNeill 2011b）。意見の違う声は排除され、特に原子力安全委員会の会長、班目《まだらめ》春樹などを含んだ、核を支持する科学者のコメントが多く流されていた。

放映された関村のコメントのほとんどは、業界との親密な関係を反映しており、彼がのちに認めるように東京電力内部の言葉を繰り返すものだった。「発電所周辺の住民は落ち着くように」と、最初の水素爆発直前の三月一二日に彼は言った。「ほとんどの燃料は、作動を停止し冷却された原子炉に入ったままです。」実際には、東京電力が二ヶ月後に認めるように、一号機内部のウラン燃料はこの段階ですでに完全に溶融していた。「大規模な放射性災害の可能性は低い」と関村は言った。しかし、そのわずか後、水素爆発が一号機を収容するコンクリート建屋を破壊し、周囲の田園と海を放射線汚染にさらし、最終的に少なくとも八万人の避難を余儀なくした。「町の人々はテレビで見たり聞いたりしたことを信じてはいなかった」と、桜井市長は六ヶ月後に語った。「自分で判断したんです。」

震災時NHKの放送局長だった黄木紀之《おうき》は、一〇月、三月、四月の放送を検証するなかで、原子力危機についてこう述べた。「当時、本当の全体像がわかっていた人は、東京電力にも政府にもいなかったんじゃないでしょうか。私たちも、自分が目にしていることや政府の発表をきちんと評価できない中で、どこまで視聴者に危険性を伝えたらいいのか、なかなか判断できない状況が続きました。」

黄木はNHKは任務の枠を越えて働いたと語った。「いちばん踏み込んだ表現をしたのは、発災翌日です。夕方に水素爆発が起きたわけですが、その時はまだ『爆発音がした』という警察からの情報だけで、東電も保安院も政府も何も言わない。でも、目の前には骨組みだけになってしまった建屋が映し出されている。それ以前の映像と比較して、変化は明らかです。その時、NHKの記者は『念のために屋外にいる人は屋内に入ってください。できる限り雨にはあたらないようにしてください』などと発言したのです。実のところは、何の裏付けもない。けれども、これは最悪の事態を想定して伝えなければならないと思ったわけです。」こうして彼は原子力発電所の爆発を見て、政府に言われるまでもなく、人々に身を守るようにと忠告した記者の自発的選択を伝えた。黄木がそれを伝える衝動を感じたこと自体が、このような自発性を表すことが珍しい日本の大手マスコミの体質を少なからず物語る。

しかし彼は、あいまいではあるが重要な自己批判の言葉を付け加えていた。「報道システムが、専ら政府筋だけに依存するのは本当によいのかを問われている。」反核論者がNHKの解説から除外されていたことに対しより鋭い批判をする者もいる。「地震が襲った後にNHKが核を支持する教授だけを呼び出したのは明らかだ。」東京大学工学部原子力工学科出身の放射線専門家、安斎育郎《あんざいいくろう》元教授は語った。

「私みたいな反原発の学者は全然呼ばれていなかった。」最終的には、彼や京都大学の研究者小出裕章《こいでひろあき》など、長年原発に反対してきた批評家が国民の間で多く支持を得ることになり、メディアから長期にわたってないがしろにされてきた報いを得る結果となる。

危機が勃発した一週間後、実際にはメルトダウンが起きているのではと推測した学者の注目すべきテレビ出演が一度だけあった。慶應義塾大学物理学教室の藤田祐幸《ゆうこう》元助教授は、三月一一日の夕方のフジテレビに出演し、原子炉が「メルトダウンの状態」であることを「非常に懸念」していると語った。しかし、彼がその後解説を依頼されることは二度となかった。原発事故の報道を調査し本（伊藤 二〇一二）を出版した伊藤守は、「局の上層部が、藤田氏が原発事故の危険性について話しすぎたと判断したからだと思う」と語った（Arita 2011 参照）。

三月一二日の爆発の直後、桜井市長と市役所職員たちは枝野官房長官の記者会見を見守っていた。「第一原子炉建屋は損傷したが、格納容器は破損していない。」官房長官は記者団に語った。「事実、外部のモニターを見ると（放射線は）減少しており、原子炉の冷却は進んでいる」（Hirose 2011: 42）。事故がチェルノブイリ級に達するのではないかという推測は「論外」だと彼は話した。作家で原子力評論家の広瀬隆は、のちに次のように述べている。「ほとんどのメディアはこれを信じていたし、大学教授は楽観主義を奨励していた。枝野が言ったような、格納容器の安全性を放射線量を監視することによって判断するというのは、道理にかなっていない。彼の発言のすべては、東京電力に与えられた講演を繰り返していただけだ」（Hirose 2011：42）。メディア評論家武田徹がのちに書いたように、危機の間政府と大手マスコミの圧倒的な戦略は、一貫して危険の可能性に注意を引くことを避け、国民を安心させることのように見えた（武田　二〇〇一：七）。

桜井市長は、原子力災害の動揺の渦中に置き去りにされていた。多くの高齢者や寝たきりの老人も含めた現地に残る有権者は、飢餓に直面していた。テレビ・レポーターが時折、福島市や東京から電話をかけてきたが、多くの事態がメディアの注目を引くなか、状況がいかに絶望的なものかを彼らに印象づける方法はないかのように見えた。福島第一の原子炉の状態を知らせる東京電力からの直接的な言葉でさえ、二二日間なかった。チャールズ・マクジルトンは本書によせた論考のなかで、彼のNGO組織セカンドハーベスト・ジャパンが、福島市への食糧援助を桜井市長のスタッフによって断られた出来事を記述している。日本の組織の外国の「慈善」に対する反射的反応か、もしくは単純に官僚的混乱を示す事件だったかと解釈できる（本書三六～三八ページ）。いずれにしても、市長は三月二四日遅くにオフィスに構えたカメラの前に座り、一一分間のビデオを録画し英語の字幕をつけてユーチューブにアップロードした。「政府から、そして東京電力からの情報もかなり不足している状況です。」疲れ果てた表情の桜井は言った。「コンビニそしてスーパーなどの生活物資を買う店がすべて閉まっております。市民にとっては兵量攻め的な状況におかれております。（……）是非とも、皆さんのご支援をお願いしたいと思います。」ビデオは、東北災害中おそらく最も印象的な、主流メディアを迂回しようとする試みであった。市長の訴えは、次の週には二〇万以上のヒットを登録し、多くの支援を得る結果となる。また、粗末な災害対応を繰り返す無能な官僚への草の根の挑戦の象徴として桜井を描写する、日本人や外国人のフリーランス記者を呼びこむきっかけともなった。

私が四月四日に到着した時、桜井市長はまだ日本のメディアとの経験に憤っていた。「危険性があったことは理解しますが、残った者もいたのです。私の見解では、ジャーナリストも残るべきだった。だが彼らは完全に私たちを無視して、自分自身を守るために逃げたんです。ジャーナリズムの使命にそむいている」（二〇一一年四月四日聞き取り）。この南相馬のエピソードで彼が気づいたことは、日本のジャーナリストが退却する軍隊のようにいっせいに行動したということだった。匿名で語った大手新聞の記者は、彼と彼の同僚が去るように言われとき選択の余地はなかったと話した。「いくつかの議論はあったが、最終的に我々は福島市から報告したほうが安全であることに合意した。」意識した集団的な意思決定ではなく、ほとんど知らぬ間に徐々に広がった動きだったのだ。彼らは、戻ってきたとき桜井市長に叱りつけられたという。「外国のメディアやフリーランサー記者は、群れをなして何が起こったかを報道するためにやってきたのに、君たちはどうだ、と言われた。」

南相馬で起こった出来事は、外国と日本のメディアのやり方の違い、特に、日本人記者の均質性と統制を表した。増山智、ＮＨＫ科学文化部部長は南相馬市から撤退する決定を説明した。「それは個人責任対企業責任のケースです。日本の会社の記者は自分でリスクをとることはなく、指示を待ちます。そして会社は適切な準備や防護服なしで、社員を送りこむことはありません。厄介だが、そういうものなのです」（二〇一一年一一月二四日聞き取り）。後日、多くの批評家が、なぜ大手マスコミの記者は誰一人として読者のために別の行動をとらなかったのかを問うた。「私は主要な全国紙四紙を購読していますが、原発事故に関連する記事を読むと、どの新聞を読んでいるのか分からない」と内田樹《たつる》、神戸女学院大学教授は朝日新聞英語ウェブ版に語った。「ユニークな視点を引き出すような試みが存在しないだけでなく、他の新聞と何か違う報道をすることにたいする恐怖感、そして同じような記事を流す安心感も伝わってくる。そこに第二次世界大戦中に起こったことの繰り返しを見る読者の怒りにつながっている。」

二〇キロ避難区域内を伝える

三月下旬には、リビアでの紛争が世界の新聞の第一面から日本を追い出していたが、まだ非常に熱心に求められていた情報がひとつ残っていた。原発周辺二〇キロ圏内の生活の様子だった。政府は三月一一日に出した避難勧告を、週後半には七万人から八万人に対する強制避難に格上げし着実に避難区域を強化する一方、二〇キロ～三〇キロ圏内の一三万六千人には屋内にとどまるよう伝えていた。政府の指示は、恣意的かつ非科学的であると福島の住民やメディアの一部に広く批判された。最終的には、飯舘《いいたて》村のような、二〇キロ圏外にあるいくつかの汚染度の高い村も避難を命じられた（本書トム・ギルの章参照）。これらの村人のほとんどは自宅から逃げ、残されたペットや家畜は最終的には死んでしまった。動物の死体が残され腐敗していた。何世代もの間受けつがれた家から離れることを拒否した、おもに高齢者がやはり少数残っていた。驚くことではないが、彼らの生活、そして二五年前のチェルノブイリ大惨事に不穏にこだまする状況に大きな世界的関心が集まった。

三月下旬に数名の外国人記者が、放射線にもかかわらず勇敢に区域内へ向かい、そのなかの一人、『ニューズウィーク』のジョシュア・ハンマーは、「『デイ・アフター』[2]と『トワイライトゾーン』[3]の出遭い――核時代における存在の終末論的ビジョン」と書いた（Hammer 2011）。私の新聞社『インディ

福島第一原発から数キロのところを取り残されたペットたちが彷徨う。Photographer：Robert Gilhooly

ペンデント』のダニエル・ハウデンは、発電所の門まで車を飛ばし、途中さびれた家や野放しとなったペット、そして落ち着かない様子の原発労働者に遭遇してきた（Howden 2011）。彼はその時、区域内で取材に応じる人を見つけることはできなかったが、数日後、私も彼に同行し幾人かの在留者に話を聞くことができた（McNeill 2011d）。まだ立ち入り禁止になっていなかったにもかかわらず、区域内で日本人記者に一人として遇うことはなかった。かなり後になって、政府の許可を受けて避難区域から報道をする者が出始めた。二〇一一年七月一三日付『朝日新聞』によると、同社は、四月二五日に初めて警察庁長官に同行して記者を送った。彼らは後になって、なぜ承認された政府の立ち入りまで、区域に入ることを避け続けたかを説明した。日本テレビのニュース部門副編集長、佐藤圭一は「ジャーナリストは従業員であり、会社は彼らを危険から守る必要がある」とし、「私のような記者ならば区域に入ってニュースを得たいもの、そのことについて内部の議論もあったが、大手マスコミ企業には個人の自由はほとんどないといっていい。上司から危険だと言われ、それでも自分で行くことはルールを破ることになり、それは会社を辞めるという意味しかない」と話した（二〇一一年一〇月二八日聞き取り）。

ここで、日本と海外のメディアのいくつかの重要な構造的相違について触れる。日本の外では、予算縮小と一握りの必要不可欠なグローバルストーリー以外のニュースの重要性の低下を反映して、外国人特派員は非正規契約や非常勤の地方通信員（stringer）として新聞社に雇われるようになってきている。三月に私が一緒に働いた外国人記者のうち、正社員の特派員はほんの一握しかいなかった。ハンマーやハウデンのような、難しい任務でも技量と勇気を発揮できるという定評のある記者は、ふだんの職場（中東やアフリカ）から送りこまれ、その費用を正当化せよという無言のプレッシャー下にある。彼らは、何が起こっているのか必ずしも分からない状況下で、解釈と分析の能力を発揮し判断することを期待されている。加えて、彼らの記事は署名入りで、スクープを得た場合には一定の個人的栄誉がもたらされる。このような背景が、記者の原子力にかんする知識の欠如や日本への不慣れ、そして東国原知事を怒らせた扇情的な報道を説明する手がかりとなる。

それとは対照的に、日本の大手マスコミの記者は一般的に、厳しい命令系統と終身雇用制をもつ組織に組みこまれた職員だ。ヨッヘン・レゲウィーが指摘するように、これらの企業が重要視するのは、公式の情報源に基づき記述する事実ベースのスタイルである。調査報道は限られており、各記者の個人的評判は、欧米のそれに比べあまり重要でないと考えられている。日本の新聞で報道されたほとんどの記事は、記者の署名がない。事実、日本では最良の調査報道は、往々にして渡井健陽《わたいたけはる》や鎌田慧《かまたさとし》などのような奔放不羈《ほんぽうふき》なフリーランサーによって行われている（Arita 2011）。渡井は三人の同僚と、今回の災害について最良のドキュメンタリーのひとつ『３１１』を共同監督し、震災前からすでに原子力発電の鋭い批評家だった鎌田は（鎌田　二〇〇一）、ノーベル賞作家大江健三郎と並んで活躍している。

二〇一一年後半、カメラと光学機器メーカー、オリンパスの損失隠ぺいにかかわるスキャンダルが、日本のメディアの構造をさらに露呈した。このスキャンダルは、定期購読のみの『FACTA』という小さな雑誌によって暴露されたもので、その編集長阿部重夫は、この業界の腐敗にかんする記事を飛ばすよう指示された際、日本経済新聞に辞表を出した。「日本の新聞には本当のスクープなどない」と、阿部は私に語った（McNeill 2012）。

この事件から、日本では非常に異なった力が働いていることを認識するのは難しくない。外国のそれとは違い、日本の大手マスコミの記者には、上司に逆らい、原発付近からの報道に対する政府の危険警告を無視してまで報道するメリットがほとんどない。そのうえ、日本のマスメディア企業のカルテルのようなあり方は、記者がライバルに出し抜かれる心配をしなくてよいことを意味する（Freeman 1996, 2000参照）。フリージャーナリストの上杉隆にとって、大手マスコミの群れシステムと、その組織的外部規制と自主的内部抑制は、報道の自由を不能にする日本独特の現象だ。震災数日後の私との会話で彼は、記者会見にフリーランサーや外国報道機関を含めることを希望した政治家が、記者クラブによって別々の部屋での二つの記者会見を強制されたことを明かした（McNeill 2010参照）。

この種の情報カルテルは、福島第一発電所で起こっていることをどのように記述するかという、微妙な問題の解決に使われた。日本の大手新聞やネットワークのほとんどは、「メルトダウン」という言葉を使用しないこと、そして、どれほど譲っても「部分的溶融」という記述にとどめる、という合意を、多くの議論の後とはいえ、早い段階にしていた。それは、第一発電所三号機のプルトニウム燃料についての情報が、日本のニュースにはほとんど出なかったことに顕著にあらわれていた。

特に危険な状況下では、テレビネットワークや新聞社の経営陣は「報道協定」を締結し、集合的契約で記者が危険に身をさらせないようにする。二〇一一年九月一六日の私との会話で、先駆的な放送局ビデオニュース・ネットワークの創設者である神保哲生《じんぼうてつお》は、「五つか六つの大企業が、何もしないことをライバルと合意したら、スクープをとられたり、挑戦を受けたりする心配がなくなる」と言った。一九九一年の九州雲仙普賢岳《うんぜんふげんだけ》の噴火と二〇〇三年のイラク戦争で日本人記者が犠牲になったことが、このような合意継続の決定打となり、ビルマやタイやアフガニスタンなどの最近の紛争で、日本人記者がほとんど見られなかった理由のひとつだと、神保は説明した。これらのすべての紛争をレポートしたタイムズのアジア支局長リチャード・ロイド・パリーは、「日本人ジャーナリストは世界で最もリスクを厭う記者の一人だ」と、彼の観察をまとめた(7)。

二〇一一年四月二日、原発周辺からの情報不足に不満を感じ、神保は桜井のように、二〇キロ区域にカメラと線量計を持ちこみ、レポートをユーチューブにアップロードした。動画はほぼ百万ヒットを記録した(8)。彼は、双葉町やその他の放棄された町から映像を送った、最初の日本人記者だった。後になって政府公認の区域内調査の合間に撮られた映像が、通常のテレビニュースに映るようになるが、これらの神保の映像が日本のテレビで放映されることはなかった。「大手メディアの限界ラインがどこにあるのかすぐに分かるので、フリーランスのジャーナリストが、大手マスコミに勝つのはそれほど難しいことではない」と彼は語った。「ジャーナリストとして自分の足で行き、何が起こっているのか調べる必要があった。本当のジャーナリストなら、誰でもしたいことだと思う。」のちに彼は、撮った映像の一部を日本の大手テレビネットワーク、ＮＨＫ、日本テレビ、そしてＴＢＳに売却した。

日本の公共放送局NHKは、日本中に五四局のネットワークを持ち、数千人のジャーナリスト、一四機のヘリコプター、六〇以上のモバイル放送設備を保持している。その放送は五十万世帯に届き、世界で最も信頼されるニュース源のひとつとされている。震災後ずっと、ホテルやレストラン、そして緊急避難所の隅の画面にいつもちらつくNHKが、どれほど人々の情報の鍵であったかが印象的だった。「ABCと、NBCとCBSニュースを全部一緒に合わせたら、日本のメディアでのNHKに相当するものになる」と、カリフォルニア大学日本政治・政策学の教授エリス・クラウスは、三月、『ワシントン・ポスト』で語った（Harlan 2011）。NHKは、そのネットワークと災害情報への独占的アクセスを利用し、政府と企業の情報源からの情報を中継することは効率よくこなした。しかし、神保によると、その情報を分析することについては、あまり十分にはできていなかった。「二ヶ月もの間、NHKは起こっている事柄についてテレビで映像を流しつづけていた。やったことといえば、専門家、東京電力、そして、その他の『原子力村』の人間を引用することだけだった。ということは、彼らが見せたものはすべて間違っていたことになる。」

災害から数ヶ月後、NHKは震災にかんする多数の優れたドキュメンタリーを放送した。NHKとそのライバルの民間放送は、被災者の苦難をたどるために懸命に働いた。時折、過大に感傷的なものも見られたが、そのほとんどが綿密な仕事によるものだった。ゆっくりと考慮され作られたドキュメンタリーの分野では、日本のメディアはよくやったと思う。しかし、それは放射線への恐怖がおさまった後であり、福島第一の再度の爆発による喫緊の危険がなくなった後だった。緊急時の白熱の真っ只中では、大手マスコミは元来の保守主義とリスク回避姿勢をあらわに示し、神保がいうような批判を招いた。

結び

3・11後の数週間に、東国原、ニューズウィーク日本版、そして日本政府がしたような外国メディアを名指しにした批判は、無用の二極化をつくりだし、災害のより残念な副作用のひとつであるソフトナショナリズムを永続させる結果となった。私は本稿で、「我々は残ってすべきことをした。彼らは逃げ出した。頼りにならない」といったような単純な考えを疑問視し、すべてのジャーナリストがどのように、報道に影響を与える構造的制約の対象であったかを示すことを試みた。それは、自己満足的、盲従的、そして、プロセス偏向であると、日本のメディア全体を責めることに意味がないように、質の悪い特定の報道を批判するために「外国」報道陣だけに注目し名指しにすることは道理にかなっていない。見てきたように、外国のコメンテーターは扇情的「パラシュート」ジャーナリストへ深く批判的であり、一方、フリーランスの日本人ジャーナリストは大手マスコミの震災報道の多くの面に失望させられていた。

「メルトダウン」「プルトニウム」などのタブー用語の効果的な報道規制や、福島原発から漏れてしまった限られた情報を操るため広く使われた政府認定の専門家など、メディア操作の顕著な例もいくつか挙げた。しかし、日本のメディアのもっと著しい特徴のひとつは、驚くべき自主規制だ。二〇キロ区域内や南相馬市で見られたような、大手マスコミ各社の記者がそろって同じような行動をとるのを見るのは、外部者にとっては不可解なことだ。たとえ政府の規則を無視したり破ったりすることを意味していても、多くの外国人記者にとっては、自然な競争とみなされる行為が欠如しているからだ。

福島は、今では一九八六年のチェルノブイリ事故とよく比較されるが、少なくとも一つの重要な点で異なっていた。それは、表面上は自由なメディアをもつ国で起こったということだ。ソ連に支配されたウクライナの、古く崩壊しかけたスターリン主義のシステム下で働く記者は、チェルノブイリについて調査したり書いたりすることを禁止された。科学者たちは自宅軟禁下に置かれたり刑務所に入れられたりした。そのような制限は福島ではなく、研究のためのユニークな例にもなる。[9] 我々は二〇一一年三月一一日以後の出来事が何を意味するのか、そして私たちのメディアがどのように任務を果たしたか、まだ理解しようとしている段階にある。本章では、表面を触っただけである。震災の重要な影響のひとつは、大手メディアのジャーナリストが、これまで冷たくあしらってきた反核運動と、地球上で最も不安定な地震国のひとつにこれほど多くの原子炉を建設することの危険性を過少報告してきた事実を認めることを余儀なくされているということだ。九月一九日、東京で行われた過去最大の反原発デモを取材するため、幾人かの記者がしぶしぶ現場に現れ、フリージャーナリストであり活動家である鎌田慧の彼らに対する厳しい怒りの批判を聞いた。「これらのジャーナリストはあまりにも制度化されすぎている」と、鎌田は彼らの方向を向いて言った。「上司からの圧力を受け、公然と怒りや恐怖を表現することができなくなっている。我々は皆、そのつけを払されている。」

注

（1）'Japan Criticizes Foreign Media's Fukushima Coverage.' The *Asahi*, April 9, 2011' ブレード紙は、約一六万八〇〇〇人の読者を持ち、二〇一一年の米国紙ランクで七七位だった。〈http://www.infoplease.com/ipea/A0004420.html〉二〇一二年一一月二七日アクセス。

（2）国際原子力事象評価尺度は国際原子力機関（ＩＡＥＡ）が一九九〇年に導入。地震測定と同様の対数スケール。

（3）「ジャーナリストの恥の壁」については、ホームページ〈http://www.jpquake.info/home〉を参照。McNeill（2011a）、そして『アイリッシュタイムズ』二〇一一年三月一九日付記事〈http://www.irishtimes.com/newspaper/world/2011/0319/1224292611835.html〉も参照。二〇一二年一一月二七日アクセス。

（4）二〇一一年四月三日付の私信。福島にかんする海外レポートの概要はJohnston（2011）を参照。

（5）著者との電話対談。

（6）福島県の電気は東京電力ではなく、東北電力によって供給されている。

（7）個人会見　二〇一一年一月六日。危険地域へ参入する日本人ジャーナリストは、二〇一二年八月二〇日にシリア内戦を取材中死亡したジャパンプレスの山本美香記者のように、フリーランサーまたは小規模の独立した報道機関に務めていることが多い。

（8）'Inside Report from Fukushima Nuclear Reactor Evacuation Zone.'〈http://www.youtube.com/watch?v=yp9iJ3pPuL8〉二〇一二年一一月二七日アクセス。

（9）しかし興味深いことに、いくつかの日本の雑誌は、ソ連政府はチェルノブイリへの最初の反応では犯罪的過失を起こしたが、後の放射線汚染ゾーンから子どもを避難させる努力においては、日本政府より熱心に取り組んだと言う。例として二〇一一年五月二六日の『女性セブン』を参照。〈http://www.news-postseven.com/archives/20110518_20367.html〉二〇一二年一一月二七日アクセス。

訳注

〔1〕一九八四年に起こった殺虫剤工場有毒ガス流出事故。事故直後に七〇〇〇人以上が、その後一万五〇〇〇人以上が亡くなり、現在までの被害者は数十万人以上にのぼるといわれている。

〔2〕核兵器戦争を描いた一九八三年の米国テレビ映画。

〔3〕米国で一九五九年から一九六四年まで放映されたSFテレビドラマシリーズ。

参考文献（ウェヴ上の資料はとくに断りのないかぎり、すべて二〇一二年一一月二七日アクセス確認）

伊藤守　二〇一二『テレビは原発事故をどう伝えたのか』平凡社。

黄木紀之　二〇一一「（座談会）メディアは東日本大震災をどう伝えたか?」黄木紀之（NHK）谷原和憲（日本テレビ）清水正樹（フジテレビ）『GALAC』一七三号（二〇一一年一〇月）NPO法人放送批評懇談会。

鎌田慧　二〇〇一『原発列島を行く』集英社。

小泉哲郎　二〇一一「大新聞の論説委員らがまとめた『原発推進PR作戦』の一読三嘆」メディア総合研究所・放送レポート編集委員会編『大震災・原発事故とメディア』大月書店。

週刊現代　二〇一一「スクープレポート——最大のタブー、東電マネーと朝日新聞」『週刊現代』二〇一一年八月二二日付。

武田徹　二〇一一『原発報道とメディア』講談社現代新書。

読売新聞　二〇一一「『放射能が来る』の表紙に批判、アエラが謝罪」『読売新聞』二〇一一年三月二一日付。〈http://www.yomiuri.co.jp/national/news/20110320-OYT1T00786.htm〉

Asahi Shimbun. 2011 'Barriers to Coverage: High hurdles Blocked Reporting of Fukushima Nuclear Accident.' 13 July 2011. 〈http://ajw.asahi.com/article/0311disaster/analysis/AJ201107134358〉.

Arita, Eriko. 2011. 'Rebel Spirit Writ Large.' *The Japan Times*, 2 October 2011. 〈http://www.japantimes.co.jp/text/fl20111002x1.html〉

——. 2012. 'Keeping an Eye on TV News Coverage of the Nuke Crisis.' *The Japan Times*, 8 July 2012.

DeLange, William. 1998. *A History of Japanese Journalism: Japan's Press Club As the Last Obstacle to a Mature Press*. London and New York: Routledge..

Freeman, Laurie Ann. 1996. 'Japan's Press Clubs as Information Cartels.' Japan Policy Research Institute, Working Paper No.18, April 1996. Available on-line at: 〈http://www.jpri.org/publications/workingpapers/wp18.html〉 (Accessed 6 September 2012).

——. 2000. *Closing the Shop: Information Cartels and Japan's Mass Media*. Princeton: Princeton University Press.

Gamble, Andrew and Takesato Watanabe. 2004. *A Public Betrayed: An Inside Look at Japanese Media Atrocities and their Warnings to the West*. Washington DC: Regnery Publishing.

Hall, Ivan P. 1997. *Cartels of the Mind: Japan's Intellectual Closed Shop*. New York: W.W. Norton.

Hammer, Joshua. 2011. 'Inside the Danger Zone.' *The Daily Beast*, 3 April 2011. Available at: 〈http://www.thedailybeast.com/newsweek/2011/04/03/inside-the-danger-zone.html〉

Harlan, Chico. 2011. 'In Japan, disaster coverage is measured, not breathless.' *Washington Post*, 28 March 2011. 〈http: //www. washingtonpost. com/lifestyle/style/in-japan-disaster-coverage-is-measured-not-breathless/2011/03/26/AFMmfxlB_story.html〉

Hirose, Takashi. 2011. *Fukushima Meltdown: The World's First Earthquake-Tsunami- Nuclear Disaster*. Kindle edition.

Howden, Daniel. 2011. 'Fear and Devastation on the Road to Japan's Nuclear Disaster Zone.' *The Independent*, 26 March 2011. 〈http: //www. independent. co. uk/news/world/asia/fear-and-devastation-on-the-road-to-japans-nuclear-disaster-zone-2253509.html〉

The Independent. 2011. 'Thousands Flee Tokyo as Experts Try to Calm Radiation Fears.' *The Independent*, 16 March 2011. 〈http: //www. independent. co. uk/news/world/asia/thousands-flee-tokyo-as-experts-try-to-calm-contamination-fears-2242992.html〉

The Japan Times. 2011. 'Tokyo Faced Evacuation Scenario.' *The Japan Times*, 19 September 2011. 〈http: //search.japantimes.co.jp/cgi-bin/nn20110919a1.html〉

Johnston, Eric. 2011. *The Tohoku Earthquake and Tsunami, the Fukushima Nuclear Reactor, and How the World's Media Reported Them*. Tokyo: Japan Times.

Legewie, Jochen. 2010. *Japan's Media: Inside and Outside Powerbrokers*. Tokyo: Communications and Network Consulting Japan.

McNeill, David. 2010. 'Japanese Journalism is Collapsing.' *No.1 Shimbun*, 17 March 2010. 〈http://www.fccj.or.jp/node/5491〉

——. 2011a. 'Sensationalist Coverage.' *The Irish Times*, 19 March 2011.

——. 2011b. 'Pro-Nuclear Professors Accused of Singing Industry's Tune in Japan.' *The Chronicle of Higher Education*, 24 July 2011.

——. 2011c. 'A City Left to Fight for Survival after the Fukushima Nuclear Disaster." *The Irish Times*, 9 April 2011.

——. 2011d. 'In the Shadow of Japan's Wounded Nuclear Beast.' *The Irish Times*, 28 March 2011. 〈http://www.irishtimes.com/newspaper/world/2011/0328/1224293221947.html〉

—— 2012. 'Stop the Presses and Hold the Front Page.' *The Japan Times*, 8 January 2011. 〈http://www.japantimes.co.jp/text/fl20120108x1.html〉

Sanchanta, Mariko, 'Japan, Foreign Media Divide.' *Wall Street Journal*, 19 March 2011. Available online at 〈http://online.wsj.com/article/SB10001424052748703512404576209043550725356.html?mod=WSJAsia〉

Uesugi, Takashi. 2011. 'Time Out Meets the Journalist who TEPCO Love to Hate'. 〈http://uesugitakashi.com/?p=677〉

Wakiyama, Maki. 2011. Intervew with Toyohiro Akiyama, '"The Media is a Mouthpiece for Tepco".' *No. 1 Shimbun* 43(6): 5-7. 〈http://www.fccj.ne.jp/no1/issue/pdf/June_2011.pdf〉

Wheeler, Virginia. 2011. 'Starving Brit Keely: My Life Trapped in City of Ghosts - Tokyo.' *The Sun*, 16 March 2011. 〈http: //www. thesun. co. uk/sol/homepage/news/3473142/My-nightmare-trapped-in-post-tsunami-Tokyo-City-of-Ghosts.html〉

Yokota, Takashi and Yamada Toshihiro. 2011. 'Foreign Media Create "Secondary Disaster",' translated by Yuko Takeo. *No1. Shimbun* 43(6): 8-9, June 2011. 〈http://www.fccj.ne.jp/no1/issue/pdf/June_2011.pdf〉

「汚染」と「安全」
——原発事故後のリスク概念の構築と福島復興の力

池田陽子

二〇一一年三月一二日、ＦＣＴ福島中央テレビは、東京電力福島第一原子力発電所一号機から煙が噴き上がる様子を、発生一分後から県内向けに生放送で報道した。前日東日本で発生した未曾有の大地震と沿岸を襲った巨大津波による混乱は各地でまだまだ続いていた。唯一ＦＣＴの情報カメラが遠距離から捉えたという福島第一原発事故の映像をテレビで見ながらチェルノブイリ事故のことを考えた。翌日自宅のインターネット回線が復旧したので、知人たちにメールやツイッターで無事を知らせる一方、チェルノブイリの立ち入り禁止区域は半径三〇キロメートルだったことを調べた。私が住んでいる人口約三三万人の郡山《こおりやま》市は福島のほぼ中央に位置し、海岸沿いにある福島第一原発からは約六〇キロメートル離れている。仮にチェルノブイリ級の最悪の事態になったとしても、郡山では、ただちに生死にかかわる危険にはさらされないだろうと判断した。

原子力災害は、実害をもたらすだけでなく、未知数の影響が後で出るかもしれないという恐怖をかき

郡山市内の田んぼ。2011年3月19日。

たてる。「安全」と「危険」、「影響がある」と「影響はない」、「汚染されている」と「汚染されていない」の境目ははっきりとせず、その線引きは曖昧に、時には想像によって行われる。今まで、農林水産資源に恵まれた自然豊かな県として知られていた福島県は、事故が起きた原発の名前に「福島」が含まれていることもあり、原発災害が起きた場所として国内外の人々の記憶に深く刻まれることとなった。しかし、福島県とひと括りで言っても、その中の地方、市町村で環境放射線量等には大きく差があり、数値と健康への影響の関係についても様々な見解がある。福島県は今回の震災で、四つの大災害：地震、津波、原発事故、そして風評被害に見舞われた。原発事故直後の福島で住民はそれぞれ、放射性物質拡散とその影響がどこまで及ぶかまだわからないなか、日常に突然入りこんできたそのリスクを判断する必要に迫られた。そもそも、平常時でも人はあらゆるリスクと日々向かい合いながら生きている。原発事故は新たに、どのようなリスクをどこまで許容範囲とするか、また現実にどういったリスクと直面しているのかという問いを人々に突きつけた。

福島に降った放射性物質

震災と原発事故以降何ヶ月もの間、レストラン、スポーツクラブ、美容室、郡山市内のあらゆるところで、人々の会話の話題に常にあがったのは地震と放射能のことであり、三月一一日、どこでどのように地震を経験したかということであった。地震のことが日々の会話の一部となっていたのは、郡山のある中通り地方や原発のある浜通り地方で大小の余震が半年近くほぼ毎日のように続いたためでもある。震災以前には一般には耳にすることもほとんどなかった「セシウム」や「ベクレル」といった単語も、市民の日常会話に頻繁に出てくる言葉となった。地元のテレビ局やラジオ局は、長期にわたり一時間ごとに県内各地の環境放射線量情報を放送していたが、その後、天気予報のコーナーの一部として、その日の県内各地の最小値と最大値を伝えるようになった。県内では多くの個人がガイガーカウンターを購入、または借りるなどして、自宅やその周辺の環境放射線量を自ら測定した。二〇一一年夏にインタビューした郡山、福島在住の人々は皆、自分の住んでいる地域の環境放射線量を把握しており、同じエリアの中でも、場所によって数値に高低のムラがあることも把握していた。環境放射線量の数値に対する解釈や対応は人それぞれである。

福島第一原発で最初の水素爆発が起こったことを、テレビやインターネットを通し、事故発生後間もなく知った県民は多かった（津波被害と停電、原発トラブルのための避難で混乱が続いていた沿岸の地域はまた事情が違っていたかもしれない）。福島第一原発で停電等トラブルが発生しているというニュースは三月一一日の時点で報道されていた。福島県の地方紙の一つである『福島民報』は、連日、緊迫した状況が続く原発事故のニュースを一面のトップで報じていた。震災後の紙面はまた、地震と津波の被害を伝える記事でも溢れ返っていた。二〇一一年九月の時点で、地震と津波による福島県の犠牲者の数は死者一六〇三名、行方不明者二四一人にものぼり、そのほとんどが津波によるものだった（NHK 二〇一一）。

県庁所在地の福島市や県の商業の中心地郡山市をはじめ、県内ほとんどの市町村は、原発事故後、避難命令や計画的避難指示、屋内退避命令の対象にはならなかった。むしろ、郡山市や福島市には沿岸地域から避難して来た人々を受け入れる臨時の避難所が多く設けられ、その後、たくさんの仮設住宅も建設された。福島第一原発一号機の建屋《たてや》が水素爆発で吹き飛んだ二日後、三号機も水素爆発を起こし、その後一五日には空焚き状態だった二号機でも爆発音が聞かれ、四号機で火災が発生するなど損傷が明らかになった。三月一六日の環境放射能測定値は、郡山で毎時二・九四マイクロシーベルト（平常時〇・〇四～〇・〇六）、福島では一四・六〇マイクロシーベルト（平時〇・〇四）と観測された（RFCラジオ福島 二〇一一a）。その後、緩やかに、しかし確実に数値が下がり、二〇一一年九月三日の値は郡山で毎時〇・八六マイクロシーベルト、福島では一・〇四マイクロシーベルトほどとなった（RFCラジオ福島 二〇一一c）。その値は一般に、建物の中では、外よりさらに低かった。震災から一年が経過した頃、文部科学省は環境放射能測定機を学校や公園を中心に県内の多くの場所に、デジタルで表示される数値がよく見えるよう設置し、そこからのデータは文科省のウェブサイトで二四時間チェックできるようになった。

放射性物質降下に伴うリスクに関する解釈

ウルリッヒ・ベックは、放射能の危険は五感で察知することが出来ないがゆえに「情報が現実と等しくなる」と指摘する。また、チェルノブイリ原発事故の際は国家が情報を中央で統制したことに言及したうえで、核の危険の真の影響をすべて知りうる者がそもそもいないため、科学的権威はリスクの構築においてその権威を十分に発揮しきれないと述べている（Beck 1987: 156）。ベックが描く一九八〇年代のチェルノブイリとは対象的に、福島第一原発事故後は、情報やそれについての解釈がまたたく間に飛び交い、リスクの概念の構築は広く分散して行われることとなった。リスクに関する情報は、科学的なものも、そうでないものも一緒くたに、そして即座にインターネットを通じ拡散され、またそれに関する解釈や討論もネットを通し同時進行で拡まった。今日、人々は、インターネットを通して情報を得るだけではなく、個人のブログ、ツイッター、そしてツイッターのリツイートの機能などを通し、情報を広く発信できるようになった。

原発事故とその余波に関して多くの専門家が様々な意見を述べている。多様な意見があるなかで、当初、大まかに二つに分かれた意見それぞれにレッテルが貼られた。一つは、放射線量が比較的高くなることが予想された地域から住民が避難したこともあり、福島第一原発事故による放射性物質拡散による健康への影響は最小限にとどまるだろうという見解を述べる専門家に対し軽蔑的に使われる「御用学者」というレッテルである。政府は安全を誇張したり、安全だと嘘をついたりしていると不満を抱く人々がインターネット上でこの言葉を用いることが多い。危険認識に欠け、安全を強調していると見なした一般の人を「御用市民」と呼ぶケースも見られた。一方、放射能の値は避難区域のみならず、福島全体においても許容されるべきではないほど高く、健康被害はほぼ避けられない状況であり、福島県はもとよりその近郊の農作物も安全ではないとする意見に対しては、十分な科学的根拠も示さず危険を煽っているとして、批判的に「トンデモ」というレッテルが貼られたりした。またインターネットでは、放射能を心配するあまりか不安を煽ったりする人を、皮肉なもじりで「放射脳」とすることがある。

「御用学者」と一部の人々から批判を浴びた人物には、長崎大学名誉教授および国際被曝医療協会名誉会長で甲状腺疾患が専門の医師、長瀧重信氏や長崎大学大学院教授で、福島第一原発事故後福島県立医科大学の副学長に就任し、福島県放射線健康リスク管理アドバイザーの一人となった医師の山下俊一氏らがいる。山下氏はロシア、ウクライナ、そしてベラルーシのゴメリ等で一九九一年から二〇〇一年にかけて、被曝の健康への影響を研究調査した笹川チェルノブイリ医療協力プロジェクトの中心メンバーだった（笹川記念保健協力財団 二〇一一；Yamashita and Shibata 1997 参照）。山下氏は、長年の被爆者に関する疫学的研究とデータの積み重ねから、被曝による影響でガンの増加の影響が現れるのは一〇〇ミリシーベルト以上からだという科学者たちの国際的共通認識があるとし「一〇〇ミリシーベルト以下のレベルはあくまでもグレーゾーン」と語る（橋本 二〇一二）。事故後三月中から福島入りし、県内で放射能、被曝と健康被害に関する一般向けの講演を行った山下氏は、事故発生後、まだまだ情報が少ない時期、放射線に関する知識を提供し、県民の不安を和らげた一人である。二〇一一年三月末、山下氏は、長崎大学の放射線疫学分野の教授高村昇氏とともに行った講演の中で「放射線の影響はニコニコ笑っている人には来ません」発言した。当時その講演をラジオで聴いていた私は、すでに避難区域外の被曝量は健康に害を及ぼすレベルではないと見解を示したうえでの発言であり（飯舘村の避難の遅れなどに関しては本書トム・ギルの章を参照のこと）、過剰に心配するストレスが身体に悪いことを語っているのだろうとしか思わなかった。しかし、この発言がネット上などで知られるようになると、山下氏は福島の深刻な危険を甘く見て、危機を人々に伝えていない、と彼を糾弾する人たちが現れた。また、山下氏は、同じ講演の中で、放射線の健康影響について一〜一〇〇ミリシーベルトの放射線を浴びた量に応じて確率論的に遺伝子に傷がつくが、生きている細胞には修復力もあり、一〇〇ミリシーベルト浴びて何十年後癌になりうる「芽」が残りうるかもしれないが、福島の一〇マイクロシーベルトや五〇マイクロシーベルトでは「傷がついたかどうかわからん。つかんのです」と話したが（RFCラジオ福島 二〇一一b）、そのことについても「一〇〇ミリシーベルトまでは安全と言っている」といった内容の批判をネット上で多く受けた。一〇〇ミリシーベルトという値を出し、健康被害が表れだす一つの線引きとしている文献や論文は国内外にある（日本保健物理学会 二〇一一; United Nations 2011; U.S.NRC 2011; Warry 2011 参照）。しかし、山下氏は非難の矢面に立たされた。彼の示したような見解に対する反論として、低線量被曝の危険性等に関する議論も活発になった。

福島県では県民の被曝と健康について長期的に見守る必要があるという考えが主流で、県は、二〇一一年六月から「県民健康管理調査」のプロジェクトを始動し、外部被曝の調査の一環として、三月一一日以降の屋内外での活動や場所について訪ねる問診票を同年九月頃から県民に郵送し、また一〇月からは福島の一八歳以下を対象にした甲状腺の超音波検査を開始した。しかし、山下氏の就任している福島

花見客のための出店。2011年4月21日郡山市開成山大神宮。

県立医大が調査に関わっているため、これらの長期的健康管理の取り組みについて、「福島は汚染がひどく人の住むべきところではない。県民は皆避難するべきだ」といった主張をもつ人々が、県民は「山下のモルモットにされている」といった痛烈、かつ、個々の県民を意志のない弱者と見ているともとれる批判を特にインターネット上で展開した（例えば、田中 二〇一二）。興味深いことに、原発事故後、放射能について勉強し福島の生活と環境について考えようと福島県内の市民が中心となって始めた「ふくしまのエートス」とその活動に対しても、ネット上の一部の人々からは「県民をモルモットにしている」といった非難が向けられた。現実の福島では放射能のことが日々話題になりながらも、普通の活気ある暮らしが続いているさなか、インターネット上や一部集会等では「フクシマには人は住めない」「子供たちだけでも疎開をさせるべき」といった論が多く展開し、福島に住んでいることや、福島に子供を住まわせることを非難する意見が多く出まわった。

第一原発事故後の被害については、身体の健康への影響に関する議論が多くなされているが、チェルノブイリ事故の健康への影響について行われた調査では、健康に影響が出るのではないかという不安やストレスに人々が苦しんでいるという報告もある（IAEA 2005; Yevelson *et al* 1997; *Economist* 1996）。福島の住民を対象に、朝日新聞社とKFB福島放送が合同で行ったアンケート調査では、回答者九四二人のうち六二％が福島県内外の環境放射線量がより低い所へ移住することを望まないとし、そう答えたうちの五九％はその理由として、住み慣れた土地を離れたくないからと答えた（川口 二〇一一）。

白血病などが専門で、チェルノブイリ事故に関する調査も行った医師ロバート・P・ゲール氏は二〇一一年四月、福島の事故後の政府によるリスクへの対処について、説明不足を問題としながらも、きちんと行われていることを評価した（瀧口 二〇一一）。二〇一二年八月、東京医科学研究所医師坪倉正治氏とそのチームが市内に警戒区域や計画的避難地域、制限の設けられていない区域が混在する南相馬市で行ってきた内部被曝検査の結果がアメリカ医学会誌に掲載された。ホールボディーカウンター（内部被曝を測る検査機械）を使ってする内部被曝の検査に任意で参加した南相馬の住民九四九八人のうち、三二八六人からセシウムを検出するも、その値は一名が一・〇七ミリシーベルトだったのを除いて一ミリシーベルト以下であり、一般人の被曝は、医療被曝や自然放射線量を除き、年間一ミリシーベルトに抑えられるべきという国際基準を超えていなかった（JAMA 2012）。その結果に、ハーバード大学医学部のディヴィッド・ウェインストック氏は、『ワシントンポスト』のインタビューで「ほぼリスクはないと言える」との見解を示した（Boytchev 2012）。

医学では、リスクは統計を用い疫学で語られるが、一般に多くの人々は、自分にとって具体的で分かりやすいかたちでリスクについて知りたいと思う傾向があるという。リスクを統計と確率で表し説明する臨床医学と、リスク認知が個人的体験や価値観、知識等で左右される一般的、文化的リスクの感覚には乖離があると指摘する研究もある（Hunt, Castañeda, and de Voogd 2006; Reventlow, Hvas, and Tulinius 2001）。前述の坪倉医師も、あるインタビューで、南相馬での検査を実施した時の経験について、当初は「『被曝したのか、していないのか』という、ゼロか1かの話」として捉えている被験者が多く、なかには、「放射能が入ったら死ぬのだろう」と心配している人々もいたと話している（松浦 二〇一二）。

原発事故後の福島に関する危険性を強く訴えている専門家や一般人のなかには、特にメディアでの露出度が高まったり、インターネット上でその発言が注目されたりする人も出てきた。例えば、東京大学アイソトープ総合センター長で医師の東京大学教授児玉龍彦氏は二〇一一年七月二七日、衆議院厚生労働委員会で放射線の健康への影響について発言し、福島第一原発事故で拡散した放射性物質による汚染は、チェルノブイリと同等で、広島の原爆による汚染をはるかに上回るものであること、汚染はいびつな形で広範囲に拡まったことを指摘した。さらに、内部被曝と発癌の可能性について言及し、政府による細やかな放射線量測定、食品検査、除染の体制作りの遅れ等を厳しく批判した（衆議院 二〇一二）。衆議院厚生労働委員会で警鐘を鳴らす児玉氏の姿には、賛同の声が多くきかれた。児玉氏が訴えた農作物の検査や除染等の体制作りはのちに整えられていった。児玉氏は二〇一一年中から南相馬市での除染について助言や指導もした。

科学的、医学的研究は、実施され結果がまとめられ発表にいたるまで時間がかかる。第一原発事故直後、人々が情報を欲するなか、早急に出版された、一般向けの放射能対策や危険を訴える書物やブログが情報源の一つとなった。かつてマスコミ関係の仕事をしていたという木下黄太氏は福島第一原発事故以降、放射線の危険性などについて「医療講演」を行うようになった。彼の知名度を上げたのはブログで、その内容は、彼が見聞した、ブログ読者から寄せられた実に多様な健康不安について書き連ね、それを放射性物質による影響と示唆するものが多い。例えば、関東で喉の痛み、疲労感、咳、口の中が金属っぽい、鼻血、皮膚がひりつく等の症状がある人がいる、または増えているとし、それは放射能と関係あるかもしれないとするものである。そうしたブログエントリーには、自分も喉がいがらっぽい、子供が鼻血を出した等、身近な症状を心配したり報告したりする内容のコメントが多く寄せられる（木下二〇一二）。彼のブログの内容に対しては、インターネット上で多くの批判も繰り広げられているが、木下氏の講演に参加する人が多くいたのもまた事実である。

中部大学総合工学研究所教授である武田邦彦氏はテレビにもたびたび登場することから知名度もあり、原発事故以降半年の間に一般向けの福島原発事故と放射能に関係する本を何冊も出し、この話題に関して本人のブログサイトでも様々な記事を書いている。ブログには「福島のものは他県に移動してはいけない」（武田 二〇一二）など、物議をかもす内容も多く、彼の意見に反論する人も多い。しかし、学術論文とは違い査読も参考文献も必要のないブログに書かれた「意見」にすぎなくとも、大学教授である武田氏の発言だからこそ、そのブログを引用し福島を危険と訴える一般人もいる。一般的に、ブログは自由に書けることがその魅力であり意義でもあるが、それゆえに検証を求められることもなく、情報の出典も示されないまま、福島の原発事故の影響の「事実」が歪んで、または間違って伝えられていることもある。安全と危険のメッセージは大学教授から匿名のブロガーまで、多様な人々によって発せられている。インターネットをとおしそれらの見解に賛同したり反論したりすることも容易である。結果、様々な異なる意見や矛盾した情報が広くインターネット上に残されている。

原発事故後の普通の暮らし

福島県では避難区域以外の場所では日常の暮らしが続いている一方で、自主避難をした人もおり、また「フクシマ」から子供を疎開させせろと主張をする人々が現れ、福島在住ではなくてもツイッターやブログを通して福島で暮らすことに関して意見する人々も多くみられた。福島県に暮らしている人々は原発事故とその影響についてどう考えているのか。二〇一一年夏、郡山市と福島市在住の数人に、原発事故による放射性物質拡散の地元への影響とリスクをどう考えているかについてインタビューした。話をきいた一人の加代子は、郡山生まれ、郡山育ち、郡山在住の三十代の女性で、最初の原発爆発事故が起きた時は、大震災の翌日にもかかわらず、いつも通り出勤し職場で仕事をしていた。事故については、同僚がインターネットのニュースを見て声を上げたことで知った。「やっぱりね」というのが感想だったという。福島に原発があることは以前から知っており、いつかこんなことになるのではと心のどこかで思っていたが、いざ現実に起きてみると、非現実の出来事のようにも思えた。放射能のことは心配だったが、震災の影響でガソリンがなかなか手に入らない状況で、普段は車通勤の会社へ歩いて通った。加代子は、事故を起こした東電と県や国の後手後手の対応に対して怒りを感じ、インターネット上で見つけた福島の原発廃止を求める嘆願書に署名した。しかし、原発事故直後の彼女の行動の中心は、震災でまだ多くの店が閉まっているなかでの食料の買い出しや、ガソリン不足の中での会社への通勤など、日々の暮らしを平常に戻すことにあった。

福島市で妻子とともに暮らすジョンは、海外から福島に来て五年目の医師・研究者で、原発事故が起こった時、とりあえずはしばらく様子を見ていようと考えたという。しかし、外国メディアの報道をとおして事故の詳細を知ると、事態はかなり深刻で抜き差しならない状況だと感じた。念のため、福島産の農作物や水道水は避けるようにした。彼の外国人の友人は原発事故を受け、福島市を離れたり、子供を県外に住む祖父母に預けたりしたという。ジョンは、子供がまだ小さいこともあり、状況を非常に憂慮していたが、福島を離れることは考えづらかったという。この街で人々と築いてきた絆を想うと、福島の人々を「見捨てる」ようなことは考えられず、それは「フェアじゃない」と思った。また、彼は、福島市で測定されていた環境放射線量では大人へのリスクはないと判断した。ただ、子供は放射線の影響を大人よりも強く受けると認識しており、また、外国在住の両親や友人らが、ジョンに避難するよう強く訴えていることもあり、妻子だけは避難させることを検討していた。

郡山市で高齢の両親と同居しているピアノ講師の直美は、原発の最初の爆発が報じられた日に、東京に住む兄から、東京に避難する段取りを整えるための電話を受けた。しかし、事故当日はもちろん、その後数週間は、高速道路や鉄道が復旧していない箇所が多く、普段は、郡山から新幹線で一時間半足らずの東京へも容易に行ける状況ではなかった。直美の父は足が悪く、困難な状況のなか東京へ避難することに難色を示し、直美も家族で郡山へ残ることを決めた。しかし、それから少なくとも約一ヶ月、彼女は自分を放射能から守る安全策として、外出時にはマスクや眼鏡、コートを身につけるようにした。それまでは木の生い茂る公園でよく散歩をしていたが、原発事故後、そういう場所の放射線の値が他より高いという話を聞き、あまり立ち寄らないようにした。ジョン同様、直美も二〇一一年夏の時点では福島産の野菜や果物を避けていた。また当時、福島県沖での漁業は再開されていなかったが、魚の産地も気にかけていた。

直美は、ピアノの生徒や親の反応にも差があったと語った。生徒の何人かは、震災の翌日、度重なる余震や、その日の午後に起こった原発一号機水素爆発にもかかわらず、普通通りにレッスンにやってきて直美を驚かせた。震災後、学校がちょうど春休みだったこともあり、その間にいったんは郡山を離れた子供も多かった。平常通りのレッスンを再開した後も、放射能のことについて心配そうに話し、ナーバスになっている母親が数人いた。直美は、そういった母親の不安は子供に伝わり、子供も同じように不安げになっていると感じた。ついには、よその土地へ引っ越していった親子も数組いた。引っ越す直前に手短かにその旨を伝える連絡をよこすだけで、「まるで消えるみたいに、ふっと郡山を出ていった」と話した。他の皆がそのまま暮らしているのに、自分たちは離れるということに、少し罪悪感を感じていたのかもしれないと直美は思ったという。直美を含め、インタビューした人のなかに、避難区域ではない場所から自主避難する人を悪く言っている人はいなかった。ただ、なかには、自分は問題なしと判断して子供と共に地元で生活しているのに、放射能を心配している友人が「どうしよう、子供が危ないんじゃないか、離れたほうがいいだろうか」と、悩みを繰り返し話すため、それを聞くことに次第に疲れてきたと話した人はいた。

福島市在住の医師である雅夫は、震災後自宅周辺の断水が長引いたため県内の別の場所に住む両親の家へ一週間ほど身を寄せたが、それを除いて、二人の子供を含め、一度も避難を考えたことはなかった。第一原発一号機から噴煙が立ちのぼる映像を見たとき一番心配したといい、それは、その時は実際何が起こったのか、そしてその影響で福島市の環境放射線量の値がどれくらいになるのかが未知数だったからと話した。福島市の放射線量を知ると、自身の医学的見地と知識で、福島市に関してはとりあえず問題が出る数値ではないと考え、福島市にいることについて別に心配しなかった。しかし、三月一四日、続いて第一原発三号機の原子炉建屋も水素爆発で破壊したことについては、あれさえなければまだましだったのにと語った。そんな彼も、三月のピーク時から比べて福島市内の環境放射線量も下がっていったのでほっとしたし、家でも学校でも子供が曝される放射線量を少しでも減らすよう努力はした。自宅の庭の芝生を剝がすことで庭の線量は下がったと言い、市による校庭の土を剝がす除染や保護者による建物洗浄の試みも良いことと評価していた。

原発事故後、平年より遅れて新学期が始まった福島市内や郡山市の小中学校では、校庭で遊ばせたり体育の授業を行ったりすることをしばらくの間とりやめていた。その後それぞれの市町村が独自に校庭の土を削る等の除染を開始した。雅夫の娘が通う、新興住宅地にある、わりと生徒数の少ない小学校では、事故後の新学期子供を校庭で遊ばせるか、学校給食で出される福島の牛乳を飲ませるかについて親の判断に委ねることになった。原発事故後、国は食品中に含まれる放射性物質の暫定基準値を設け、福島の牛乳に関してもテストを行い安全は保証していたが、心情的に避けたい、暫定基準値の設定に納得していない等、親の判断はそれぞれだった。一学期目は、学校の二年生二〇人中、雅夫の子供も含め、五人の子供の親が、校庭で遊ばせても、牛乳を飲ませても良いという選択肢を選んだ。雅夫は、学校によっては校庭で遊ぶ、遊ばせない等の取り決めをめぐり、親同士や親と学校の間が険悪になったり不満が出たりしていると耳にしたことはあるが、彼の娘の学校ではそのようなことは特になかったと話した。

雅夫は、福島市や郡山市の放射能リスクより、喫煙や間接喫煙の害のほうがよほど深刻な問題だと考えていた。

雅夫とは対照的に、同じく福島市在住でインタビュー当時大学院生だった由紀は、福島はもはや安全に暮らせる場所ではないと言った。彼女は以前アメリカで働いていた経験があり、アメリカに、まるで家族の一員のように由紀を迎え入れてくれている親しい知り合いの一家がいる。原発事故のニュースを見て由紀のことを心配したその一家の勧めで、由紀は一ヶ月ほど日本を離れ、彼らのところに身を寄せた。二〇一一年、福島市で会った由紀は、ここは安全ではないという思いもありアメリカへの移住を計画していた。由紀は、乳児のいる友人夫婦に、安全のため福島を離れたほうが良いと強く訴えた。最初渋っていた夫も、その案を受け入れ、とりあえず妻子のみ隣の県へと避難したという。乳児のいる別の友人にも同様に避難するよう勧めたが、その友人は福島に住むことにまったく問題はないと揺るぎなく考えており、説得することができなかった。

福島から避難するか、福島での暮らしをこれまでどおり続けるかの選択は、例えば家族で避難して新しい土地で仕事を見つけられる見込みがあるかや、夫だけを仕事のために残して、母子が別の場所に避難して暮らす二重生活をする経済力があるか、だけによってなされるわけではない。インタビューした人のなかには自主避難といっても仕事もないところでどうやって暮らすのか、と話す人もいたが、福島に残る、残らないという選択は、現状の福島をどれくらい危険だと考えているかに拠るところが大きいと考えられる。政府は、福島市や郡山市を避難区域に指定しないことで、実質これらの場所は安全だと宣言しているが、インタビューに答えた人々は、それぞれ、福島の危険と安全に対して自分なりの意見をすでに持っており、その意見に自信があるようだった。リスクについてどう考えどう行動するかはしかし、常に一貫しているわけでもなく妥協も矛盾も見られた。例えば、由紀は「福島にはもう住めない」と危険を強調することに躊躇がない反面、福島市で会ったときの彼女はマスクをしたりコートを着たりといったような、直美が事故後にとったような防護策はなんら講じていなかった。また一緒にレストランで食事をした際も、産地について質問したり確かめようとしたりすることはなかった。福島に住むことに迷いがない人のなかにも、二〇一一年の夏には、いつものように家庭菜園をするのはやめた、また夏の間だけは子供を遠方の親類の家に遊びに行かせた、という人はいた。それぞれがどこで折り合いをつけ妥協するかは科学的根拠や政府の発表に基づいてというより、感覚的なところがあるようだった。またリスクの感覚は相対的でもあり、避難にしても、県内中通りや浜通りは危ないので環境放射線量の低い会津地方へ自主避難した人もいれば、福島は危ないとして山形や宮城など隣県に避難した人もいた。関東在住の人のなかには、東京も含め東日本は危ないと判断し西日本へ避難した人もおり、さらに、本土は危ないと沖縄へ母子自主避難した人々もいる。ツイッター上には、バリ島へ、ヨーロッパへと外国に避難していることをアピールし、日本全体が危険であるかのように訴える人もいた。原発からの距離で一部が警戒区域、他は計画的避難区域に指定された福島県川内村では村民の大半が避難したが、実際には川内村の大部分で郡山などの避難先でもともと線量が低かった。しかし避難解除になり村が帰村宣言を行った後の数ヶ月間で戻ったのは村民の六分の一ほどだったといい、一度「危険」のレッテルを貼られてしまうとそれを取り去ることに相当の時間や努力を要することを物語っていた。

インタビューに答えてくれた人々は一様に、二〇一一年夏の時点では、放射能のことについていろいろ考えなければならない状況になったことにストレスを感じていると話した。公園に遊びに行く、家庭菜園の野菜を楽しむといった日常のことが無意識ではなくなり、選択しているという感覚がどこかにあった。選択の根拠について、データに頼るにしても感覚に頼るにしても、それぞれ自分の基準を構築しているようだった。月日が流れるにつれ、放射線量についての情報は得やすくなった。二〇一二年には前述のとおり、県内の公園など多くの公共の場所で電光掲示板付き放射能測定器が設置され、その場でも、文部科学省のウェブサイトでもその地点の環境放射線量がわかるようになった。福島県のウェブサイトでは県で栽培された農産物に含まれる放射性物質の量を作物別、市町村別で検索し一覧することが簡単にできる。その多くが検出限界値以下か、政府が設定した基準値よりも下回っている。食品中の放射性物質に関する検査は別途それぞれの市町村やスーパーの大手チェーンなどでも行われており、さらに、福島県内では個人が自分の畑や家庭菜園で採れたものを検査してもらえる施設も各地に出来た。実際、二〇一二年夏、我が家の庭で採れたボイセンベリーを検査したところ、結果放射性物質は検出されず（検出限界値以下）、ジャムにしておいしく食べた。

チェルノブイリ事故の社会的、物理的影響について研究したアドリアナ・ペトリーナ（Petryna 1995）は実際影響を受けた人々の視点から「チェルノブイリ後の社会的想像」について書いている。個人の意志や自己管理に関係なくウクライナの人々の身体を傷つけた事故の残虐性を、ソビエトの歴史のなかで残酷な扱いを受けてきたウクライナと重ね合わせ、ひどい汚染地域で、脆弱な個人の命が、科学と国家によって支配されていることを暗に描く。しかし、福島での原発事故の場合、少なくとも避難区域の外では、政府の圧倒的な支配力ではなく、個人が、危険と安全、受け入れられるリスク、受け入れがたいリスクについて折り合いをつけている様子が見られた。政府の打ちだす科学的政策が絶対的権威として押し付けられるより、そこに含まれる矛盾や不明瞭な点がメディアやネットで叩かれたり多様なエキスパートに議論されたりしながら修正されていったところがある。

汚染と偏見

メアリ・ダグラスは汚染、差別、清浄、危険といった概念はそれぞれ互いに関係し結びついているものであると説く（Douglas 2002［1966］: 2）。日本ではかつて原爆で被爆した人々やその子供が結婚や就職で差別されることがあったが、その一因となったのは、被爆で受けた外傷に対する偏見や、被曝と「奇形児」の関係に対する誤解や偏見、また被曝者の症状がうつる等の間違った知識と考えられる。広島・長崎への原爆投下による被曝に関する過去の研究データから、妊娠八〜一五週時に二〇〇ミリシーベルト以上の放射線に曝された場合、胎児奇形が起こる確率が増したことがわかっている（高橋 二〇一一）。福島第一原発の事故処理にあたる男性作業員の被曝上限は、事故直後一時引き上げられ二五〇ミリシーベルト、のちに事故前の一〇〇ミリシーベルトに戻されたが、それ以外の場で、福島県民が事故によって浴びた放射線量は二〇〇ミリシーベルトからは桁違いに低い。

また、一九四八〜一九五四年の間に広島と長崎で生まれ診察された新生児六万五四三一人中、重い出産時障害が認められたのは〇・九一％で、これは同時期に東京で生まれた新生児を対象に行われた調査で認められた出生児障害発生率〇・九二％と差異のない結果だった。さらに、二〇〇二年から二〇〇六年にかけて、被曝した両親のもとに生まれた約一万二〇〇〇人を追跡調査した結果、糖尿病等多因子疾患の発症のリスクが多いとは認められなかった（放射線影響研究所 二〇一二）。

チェルノブイリ原発事故の胎児奇形への影響に関しては、はっきりしないという研究結果がある。WHO（世界保健機関）がIAEA（国際原子力機関）とUNDP（国連開発計画）共同で発表した研究結果によると、ベラルーシに関する報告で見られた胎児奇形のわずかな増加は、原発事故後の調査と報告の徹底によるもの考えられるという（WHO 2005）。ある調査ではチェルノブイリ事故後の旧ソ連の国々の汚染地域の胎児奇形に関するデータには予測にそぐわない不規則さが見られ、一九八五年に一・八％だったものが事故から一年後の一九八七年には五・九％に上昇するが、一九八八年には〇・六％に減少し、それは胎児奇形自然発生率の二～三％を大きく下回るものだった（Kozenko and Chudley 2010）。原発事故が出産に及ぼす影響ではっきりしているのは旧ソ連の国々およびヨーロッパ各地で中絶が増えたことだった（Kozenko and Chudley 2010）。また、ある研究は、ウクライナの中でチェルノブイリの原発事故の影響で汚染度合いの高かった場所と低かった場所で胎児奇形を比較し、放射線が胎児奇形発生の確率増加に影響したかもしれないと指摘したが、その結果には妊婦のアルコール摂取や栄養素の不足が反映されている可能性もあると示唆した（Dancause et al. 2010）。

福島県で問題になっているのは、過去の広島や長崎の調査で、胎児に影響が出たとされる値より遥かに低いレベルの放射線量であるが、事故直後から、「福島では奇形児が増えるのか」という懸念や質問、「増えるだろう」と予測するブログなどがインターネット上を賑わした。人から聞いた話だが福島のある病院で（市名や病院名は記されていない）七人中五人が（どういった区切りで「七人」が取り沙汰されているのかは不明）死産や障害のある子を出産したが放射能の影響としか考えられないのでは、といった匿名の曖昧なブログの書き込みが、元のブログサイトから削除されたあともコピーされ繰り返し拡散されるなどした。二〇一一年九月五日付の雑誌『アエラ』は「ふつうの子供産めますか」と福島のある小学生の女児が書いた手紙の内容を見出しにした記事を掲載した。福島県内での放射線の影響が妊娠、出産へ影響するのかと心配する一個人の声をセンセーショナルな見出しで取り上げることで、現実にそういう心配に結びつくようなデータや研究結果がなくても、福島と奇形を暗にイメージで結びつけてしまう可能性もある。

由紀は、福島を離れる理由として、特に子供と妊婦や将来妊娠する可能性のある女性にとって危険だからと話した。彼女の独身の兄は福島を離れる予定はなかったが、妹には「俺は男だからいいけど、由紀は避難したほうがいい」と勧めたという。「福島はもう住めない」と友人に避難を促した由紀だが、兄や両親が住み続けることに異存はなく、由紀も彼女の兄も、特に女性の妊娠、出産への影響を最も考慮している様子がうかがえた。由紀のように放射能の妊娠や出産への影響を心配してか、福島県のまとめでは原発事故を含む大震災の影響で二〇一一年三月期から一二月期までの福島県全体での出生数が平常の増減に比べ四〇八人減ったと推計されている（福島県企画調整部統計調査課 二〇一二）。

今日、ブログやSNSといったインターネット上の媒体を通し、個人は考えを、思い浮かぶままに、間髪入れずに不特定多数の人が見られるかたちで発信できる。この原発事故に対する苛立ちや恐怖、怒りといった感情も様々なかたちでネット上に溢れた。「福島は汚染されている」という見解を持ち、その「事実」があるのだから、福島の物や福島そのものを避けなければならないと主張する人々のなかには、福島に対する罵詈雑言や差別的ともとれる発言を発信する者もいた。

三十代、郡山出身の絵美香は原発事故の後インターネットの掲示板やブログで福島の人々を攻撃するような書き込みを多数見つけた時の気持を「差別の対象になったと思ったら鳥肌が立った」と語った。原発を受け入れ、交付金や補助金で潤ってきたのだから福島県人は原発事故人災の加害者だ、と主張するようなブログや、全員県外に移住することなく、農業、畜産業を続け全国に農産物をばら撒くことで福島県民は加害者になった、放射能を撒き散らす福島県民といった内容の書き込みがインターネット上で見られた。原発事故の最大の被害者である福島県と県民に対する非難は匿名性のあるネット上でこそ書きこみやすいのだろうが、不特定多数に向けて一方的に書かれるそういった言葉は、現実に人々を不快にし、苦痛をもたらしうるものである。絵美加は事故が起こるずっと以前より原発が県内にあることを心配し、原発には反対だった。事故後、彼女は、実家のある福島県で、家庭菜園の野菜をおいしく食べたり、何も気にせず窓を開けたり、雨に濡れたりする自由が奪われたと嘆いていた。それでも、ネット上で彼女が見つけたような、福島県を穢れたもののように扱う誹謗中傷は絶対に許せないと話した。

原発事故後の福島復興へ向けての努力に対して批判的だったのはネット上の匿名性を隠れ蓑にしている人々だけではない。群馬大学教育学部教授で地質学者の早川由紀夫氏は原発事故後、福島の農家は汚染された土地から避難せず農業を続け、他に汚染を拡大させる側になっているという旨のツイッターコメントを実名アカウント（二〇一二年八月現在、フォロワー数四万三九六一人）から繰り返し発信した。例えば「福島の農家が私を殺そうとしているのだ」（二〇一一年一一月二七日）や「放射能から逃げられたのに逃げなかったひとと、自分の子どもを好き好んで結婚させようとする親がいるだろうか。（……）

三月のうちにあるいは四月のうちに脱出すればできた。しかしそれをしなかった。その経歴を配偶者選びに加味することははたして差別だろうか」（二〇一一年七月一八日）といったツイートなどである。二〇一二年八月には公益財団法人日本生態系協会会長が地方議員等に向けた政策塾の講演の中で、福島ばかりじゃなく「放射能雲が通った」栃木、埼玉、神奈川のあたりに「いた方々はこれから極力、結婚をしない方がいいだろうと。（……）奇形発生率がどーんと上がることになっておりましてですね」と発言したとされ、福島市議から抗議を受けた（福島民報 二〇一二b）。抗議に対し、発言者は「福島の人を差別するようなことは思っていない」、「原発事故が及ぼす影響がいかに危険かを伝えたかった」と回答した（福島民報 二〇一二b）。これら発言者の意図や目的が何であれ、福島に対し差別的と取られても仕方がないような発言に対しては批判の声も多かった。福島市の医師の雅夫に、将来、彼の子供が原発事故後福島に暮らしていたことで相手の親に結婚を反対されるといった差別的な扱いを受けるかもしれないと心配しているかときくと、「もしそんな親がいたらバカすぎるってことだから。子供には、考えなおしたほうがいいよって、言う。そんな差別的な親は知性がなさすぎるから」と答えた。

デマや嘘の噂はなぜ広まるのか

原発事故後、福島で何が起きているのかに関する間違った情報や誤解を招くような大げさな噂がインターネット上でたびたび出まわった。それが人々の福島に対するイメージに影響を及ぼすこともある。インターネット上で広まる確証のない噂話の特徴として伝聞の情報として書かれていることが多いことが挙げられる。「ニュースで聞いたこともないけど?」という疑問に前もって答えるかのように「メディアが報道しない真実」とか「マスコミはなぜ報道しない?」といったことが書き添えてあることがよくある。それらの書き込みに対する具体的な反論が起こり、デマとして間もなく一蹴されても、一度インターネット上で広まった情報は、それがデマや誤情報と確認された後もネット上に残り、何度も引用される可能性がある。デマが英語のブログに訳され、そこから国内外の複数のブログで「真実」として引用されることもある。ある白血病関連のデマが出回った際は、いかにも日本医師会がその主張の源となるデータをすでに持っておりこれから発表するところであるかのような嘘が書かれていたため、二〇一一年一一月二九日、日本医師会はホームページで「ネット上の書き込み『白血病患者急増　医学界で高まる不安について』」のタイトルのもと、そのネット書き込みがあらゆる面で事実無根であると伝えた(原中　二〇一一)。しかし、デマを真に受けた人々がそのような公式な否定を見る機会があるとは限らない。

なぜ、作り話とわかりやすい噂やデマは書かれ、そして容易に拡がってしまうのか。一つには、事故発生直後は高い関心を持ち情報を欲する人々が多いのに、科学的、医学的研究調査が行われ、結果が出るまでには時間がかかることが挙げられる。また医学や科学専門誌で発表される論文は目にすることも少なく、素人が読んでも意味や全貌がわかりづらい。一方、個人のブログやツイッターメッセージはわかりやすく検索もしやすい。単語(例えば病名)によっては、原発事故と合わせてネットで検索してみると、目立つ最初の数ページには、憶測や推測で書かれているブログや書き込みサイトばかりが並んでいる。原発事故の余波への関心が高いうちに、センセーショナルな情報を書いたり主張をしたりすると、賛同者や反論者が惹きつけられツイッターのフォロワー数の増加やブログのアクセス数に結びつきやすいことも、噂やデマに飛びつく人がいる一因かもしれない。ブログのサイトによっては、広告やアフィリエイトがついていて、アクセス数が増えることで発信者に利益が出るものもある。また、なかにはデマや噂レベルの話を実際に福島や日本で起こっていることとして英語に訳し、そうした「報道」を続ける活動の資金源として寄付を募っているサイトもある。情報を個人が拡散することがあまりにも簡単になった今、出典を確かめたり、内容を詳しく確認したりといった作業はそれに比べてあまりに手間がかかるというのも一因として挙げられる。ツイッターのリツイート機能を通し、ネットでまわってきた情報や、見かけた情報を簡単に不特定多数に発信できるため、不確かな情報でも、人から人と拡まりやすい。SNSやインターネットは、個人が情報を拡散することを簡単にしたが、一度出回った情報は発信者の手を離れ拡まったりコピーされたりし、発信者が訂正や削除をしても、一人歩きする。

専門家

ベックは、核の危険を真に知るエキスパートはいない、とチェルノブイリ原発事故後に書いたが、福島第一原発事故からわかることは、大規模な原発事故が起きた時、解決されなければならない問題、集められ解説されなければならない情報、求められる行動、対策、政策があまりにも多岐にわたり、その一つ一つの分野の専門家はいても、連携や統括が行われることは難しく、またすべてを把握することは困難だということである。東京大学大学院理学系研究科教授で原発事故直後から放射線に関する知識や情報をツイッターで発信し、福島での様々な活動も主導してきた早野龍五氏は、インタビューで専門家の「縦割り」に言及し、原子炉、原子力、原子核と専門分野は細分化しており、自身も原子炉やその配管については事故後に勉強したと語った（αシノドス 二〇一二）。原発事故後、工学専門の教授が放射線の健康への影響を訴えたり、医師が、放射性物質の拡散について言及したり、原発事故の複雑で技術的な課題や状況をマスコミの担当者が解説したりと、各自の専門を超えた意見を求められ、それに対応する場面が多々あった。逆に、専門家の見解、例えば甲状腺の専門医による福島原発事故後の福島の子供の甲状腺検査結果に対するコメントを、医学と無関係の素人が激しく非難し、疑問視するといったこともあった。今回の原発事故後、インターネットという媒体を通し、専門家だけでなく多くの一般人々も自分の意見を広く発信していった。結果、淘汰されていない情報や主張もインターネット上で専門家の意見と同列に並び、情報の選択肢は増えた反面、それぞれの情報について個人が判断を迫られる状況でもある。

想像上の境界線

事故が起きた原発が福島県にあるため、放射性物質拡散の影響について「福島は危ない」、福島県が東北にあるため「東北は危ない」というように、すでに存在する県や地方の境界線の概念を用いて汚染の範囲を特定するかのような発言や訴えが多くみられた。例えば、前述の武田邦彦教授は、あるテレビ番組で、東北の野菜や牛肉を食べると健康を害すので、できるだけ捨ててもらいたいと発言した（読売テレビ『たかじんのそこまで言って委員会』二〇一一年九月四日放送)。番組中、「東北の野菜や牛肉」とひと括りに言うことに対して問われると、武田氏は岩手県一関市の空間線量に言及したが、普通に流通し消費されている食品について健康を害すと言い切れる根拠にはなっていなかった。番組で唐突に市名を出された一関市の市長は武田氏に抗議のメールを送ったが、そのことが報道されると「一関市は子供の命を守る気があるのか」と書かれたメールなど市長の抗議に対する批判が多数寄せられた(産経ニュース 二〇一一)。反原発で知られる京都大学原子炉実験所助教授で原子核工学が専門の小出裕章氏は、汚染されておらず安全に食べられるものは福島で収穫されるものにはない、という趣旨の発言をした(MBSラジオ『たね蒔きジャーナル』二〇一一年七月一二日放送)。福島の農作物は検査され、政府の設けた暫定規制値を下回るものが流通し、多くは放射性物質不検出(検出限界値未満)であったが、人々のリスクに対する概念も、認識も、許容範囲も様々である。ただ、漠然と「福島で収穫されるもの」と表現されると、福島のものはすべて放射性物質に汚染されているかのような、また、政府の基準は安全ではないかのような印象が生まれる。

日本政府は食品中の放射性物質に関する暫定基準を設け、放射性セシウムについて、野菜類、穀類、肉、卵、魚、その他は一キロあたり五〇〇ベクレル、牛乳・乳製品は二〇〇ベクレルなどとした。その後、新基準(暫定基準値よりも厳しい基準)を採用し、一般食品では一キロあたり一〇〇ベクレル、乳児用食品は五〇ベクレル、牛乳は五〇ベクレルまでとした(厚生労働省 二〇一二)。福島県も農作物の検査に取り組み、その結果も広く公表してきた。二〇一一年中、基準を超えた作物があった場合、地区全体のその作物の出荷を取りやめる等の安全対策を取った。市場に出回っている食べ物は基準を満たしており安全に消費できるとされる。しかし、政府の基準の設定に問題があるのではといった不満や、検査したからといって個々の野菜やくだものを安心して食せるのかといった疑念を持つ人もおり、日本の規制値は異常に高いと主張する人もいた。一九八七年、当時のヨーロッパ共同体（ＥＣ）のチェルノブイリ原発事故後の規制値は、食品中の放射性セシウムが乳製品が一キロあたり一〇〇〇ベクレルまで、その他の食品が一二五〇ベクレルまでだった（Council of the European Communities 1987）。二〇一一年四月に福島での原発事故を受け、欧州連合（ＥＵ）が日本からの輸入品に対して設けた規制値は放射性セシウムについて牛乳・乳製品が二〇〇ベクレル、その他食品が五〇〇ベクレルなど、日本の規制値に合ったものだった（Official Journal of the European Union 2011）。これらをみると、日本の規制値は国際的な基準から外れてはいない。

福島は東北の最南で関東にも接しており茨城や栃木のほうが北東北より第一原発に距離が近い。それでも、受け入れがたいリスクと安全の線引きに「東北」という概念を用い、あたかも東北が汚染されているかのように捉える風潮があることは、宮城県、盛岡県の津波がれき受け入れに反対する声が各地で上がったことでも明らかになった。例えば、東京都が被災地では処理しきれず復興の妨げともなっている岩手の津波瓦礫の受け入れとその処理を発表すると、がれきは何度も放射線物質検査を受けて問題ない数値のものであるにもかかわらず、三千件近くの苦情と反対の声が都に寄せられた（竹内 二〇一一）。それらの苦情は、多くの人々が東北をひとまとめに、東京より汚染されていると考えていることの現れだともいえた。放射能について心配するあまり東北を避けることで安心するというのは理にかなった行動でもない。二〇一一年、当時の政府の暫定規制値を超える放射線が横浜で栽培され干されたシイタケや、静岡のお茶から検出された例もある（朝日新聞 二〇一一a、b）。逆に二〇一一年、福島で収穫された農作物の多くが放射性物質検出限界値未満（検出されず）、または政府の基準値以下であった（福島県農林水産物情報サイト「ふくしま新発売。」参照）。

福島第一原発事故が発生し、福島、そしてある程度東北までも、放射能の実際の影響とは別に、「汚染されている」というイメージの問題を抱えた。地理や地域の概念である「福島」や「東北」という境界線が、一部の人々にとっては「危険」や「汚染」の想像上の境界線となった。リスクの認識の違いや許容範囲の差は、何をもって「汚染されている」と見なすかという感覚的な線引きの意識によるところが大きい。ダグラス（Douglas 2002［1966］）が指摘するように、汚染や穢れといった概念は社会生活の中でそう信じられていることで成り立ち、いったん何かが汚染されている、穢れている、と社会で確立されると、そういった視点でその対象を見るようになる。現実には、どこからがどこまでが「汚染されている」または「汚染されているかもしれない」場所で、どこが危険で安全かの定義や境界線はぼんやりしている。人によっては、福島を、また東北全体を汚染された場所として区切ろうとするのは、その空間の外にある自分の居場所を汚染地ではない安全なところとして感覚的に切り離し、安心したいためなのかもしれない。

復興への歩み

放射性物質検査の体制が整ったこともあってか、二〇一二年の夏、郡山市内の産地直売所には市内や

地元産野菜の直売所。2011年9月27日福島県耶麻郡。

近郊で栽培された豊富な農作物が並び、それを買い求める人で賑わっていた。二〇一一年にも少なくとも県内のスーパーや産地直売所には福島県産の農作物が豊富に並んでいた（漁業は事故後二〇一一年内は福島沖では再開していなかった）。原発事故後、福島県産の野菜や果物が東京などのスーパーの店頭から姿を消したこともあったが、二〇一二年夏には、おいしいと評判の高い県産のモモは、天候に恵まれ上出来だったこともあり、震災前の市場価格までほぼ持ち直した（福島民報 二〇一二a）。『福島民報』は、除染など農家の努力が実り、徹底した放射性物質検査の結果ほとんどが検出限界値未満だったこととPRの効果の現れと報じた。とはいえ、風評被害はまだまだ厳しい。農作物の検査結果が規制値を下回っても、規制値自体を疑問視する人を納得させることは難しく、放射性物質検出されずという検査結果をもってしても、数値などと関係なく感覚的に、想像上で、汚染のイメージのために「フクシマ」を「忌み嫌う」人に理解してもらうことは難しい。それでも検査体制の充実で食の安全をはかる地道な努力は少しずつ実を結び、食が豊かで、観光の楽しい福島のイメージは戻りつつある。実際福島に住んでいると復興に向かっていると感じられる様々な明るい話題が増えていることを実感する。福島の、地震、津波、原発事故、そして風評被害から復興へ向けての力強い歩みはすでに始まっている。

＊本文中、インタビューした個人の名前には仮名を使い、敬称を略した。

参考文献（ウェブ上の資料はすべて二〇一二年九月一五日アクセス確認）

朝日新聞　二〇一一a「『食えなくなる』放射性セシウム検出、静岡の茶農家」『朝日新聞オンライン』二〇一一年六月一一日付。

――二〇一一b「乾燥シイタケから基準超えセシウム　横浜市の公園で加工」『朝日新聞オンライン』二〇一一年一一月五日付。

αシノドス　二〇一二「早野龍五ロング・インタビュー2――原発事故後、なぜ早野氏は『黙らなかった』のか」『Synodos Journal』vol.106＋107（二〇一二年八月二五日）。〈http://synodos.livedoor.biz/archives/1969519.html〉

RFCラジオ福島　二〇一一a「福島県内各地方　環境放射能測定値（暫定値）」二〇一一年三月一六日一八時現在。〈http://www.rfc.co.jp/files/f01292011O316.pdf〉

――二〇一一b「『放射線と私たちの健康との関係』講演会内容（長崎大学・高村教授、山下教授講演・福島テルサ）」『がんばろう福島・がんばろう東北・がんばろう日本』二〇一一年三月二三日エントリー。〈http://rfcgamba.blog60.fc2.com/blog-entry-106.html〉

――二〇一一c「福島県内各地方　環境放射能測定値（暫定値）（第4123報）」二〇一一年九月三日一二時現在。〈http://www.rfc.co.jp/files/f0111971201109O3.pdf〉

出田阿生　二〇一一「原発50キロ福島・郡山は今　大量の鼻血、下痢、倦怠感…　子に体調異変じわり『放射線と関係不明』」『東京新聞』二〇一一年六月一六日付。
NHK　二〇一一「震災の死者、不明者二万人弱」『NHKオンライン』二〇一一年九月一〇日。
川口敦子　二〇一一「放射能不安9割超―世論調査　子育て家庭顕著」『朝日新聞』福島版、二〇一一年九月一〇日付朝刊三一面。
木下黄太　二〇一一「警告：東京など首都圏で低線量被曝の症状が子どもたちにおきているという情報」『木下黄太のブログ「福島第一原発を考えます」』二〇一一年五月二九日エントリー。〈http://blog.goo.ne.jp/nagaikenji20070927/e/945898fc22160543b404a9ca949cefe5〉
厚生労働省　医薬食品局食品安全部　二〇一二「食品中の放射性物質の新たな基準値を設定しました」リーフレットダイジェスト版。〈http://www.mhlw.go.jp/shinsai_jouhou/dl/leaflet_120329_d.pdf〉
笹川記念保健協力財団　二〇一二「私たちの活動　笹川チェルノブイリ医療協力」『笹川記念保健協力財団』〈http://www.smhf.or.jp/activity/chernobyl.html〉
産経ニュース　二〇一一「「放射能漏れ」武田教授発言、岩手・一関市長「放置できない」市には抗議疑問視のメール殺到」『産経ニュースオンライン』二〇一一年九月七日付。
衆議院　二〇一一「厚生労働関係の基本施策に関する件（放射線の健康への影響）」『衆議院インターネット審議中継』ビデオライブラリ、二〇一一年七月二七日。〈http://www.shugiintv.go.jp/jp/index.php?ex=VL&deli_id=41163&media_type=〉
高橋真理子　二〇一一「放射線の影響　広島・長崎の長期調査からわかったこと」『朝日新聞オンライン』二〇一一年四月七日付。〈http://www.asahi.com/special/10005/TKY201104070102.html〉
瀧口範子　二〇一一「放射能汚染を巡る日本人の誤解と政府の説明責任-チェルノブイリの惨状を知る被曝治

療の権威ロバート・ゲイル博士に聞く」『ダイアモンド・オンライン』第157回、二〇一一年四月六日。〈http://diamond.jp/articles/-/11772〉

竹内亮　二〇一一「東日本大震災：がれき受け入れ苦情　石原知事が批判」『毎日新聞』二〇一一年一一月四日付。〈http://mainichi.jp/select/weathernews/news/20111105k0000m040048000c.html〉

武田邦彦　二〇一一「『福島のものは移動してはいけないの?』読者からのご質問」『武田邦彦（中部大学）』二〇一一年九月二七日付エントリー。〈http://takedanet.com/2011/09/post_7848.html〉

田中龍作　二〇一一「『Mr100mSv』山下教授の解任を求める福島県民署名」『田中龍作ジャーナル』二〇一一年六月二一日付エントリー。〈http://tanakaryusaku.jp/2011/06/0002531〉

日本保健物理学会　二〇一一「1mSv、100mSvの被ばく」『専門家が答える暮らしの放射線Q&A』二〇一一年十月二七日。〈http://radi-info.com/wadai/w-1/〉

橋本佳子　二〇一一「『福島は心配ない』と言える理由はある」『東北関東復興の支援情報-子どもたちの笑顔のために』二〇一一年七月五日。〈http://kodomo-kenkou.com/shinsai/info/show/985〉

原中勝征　二〇一一「ネット上の書き込み『白血病患者急増　医学界で高まる不安』について」『日本医師会』（ホームページ）二〇一一年一一月二九日。〈http://www.med.or.jp/people/info/people_info/000614.html〉

福島県企画調整部統計調査課「福島県の推計人口（福島県現住人口調査年報）」平成二三年版、統計調査課資料、統労第九三号、二〇一二年

福島民報　二〇一二a「モモ価格　震災前の水準」『福島民報』二〇一二年八月二四日付二七面。

――　二〇一二b「不適切発言認める」『福島民報』二〇一二年八月三〇日付二三面。

放射線影響研究所　二〇〇七「出生児障害（1948-1954年の調査）」〈http://www.rerf.or.jp/radefx/gene

tics/birthdef.html〉
松浦新　二〇一二「内部被曝と向き合う――東大医科学研究所医師　坪倉正治さんインタビュー」『朝日新聞Apital』二〇一二年三月一日付。〈http://www.asahi.com/health/feature/drtsubokura_0301.html〉

Beck, Ulrich. 1987. 'The Anthropological Shock: Chernobyl and the Contours of the Risk Society.' *Berkeley Journal of Sociology* 32: 153–166.
—— 1992. *Risk Society: Towards a New Modernity*. London: Sage.（ウルリヒ・ベック『危険社会』東廉、伊藤美登里訳、法政大学出版局、一九九八年）
Boytchev, Hristio. 2012. 'First Study Reports Very Low Internal Radioactivity after Fukushima Disaster.' *The Washington Post*, August 15. 〈http: //www. washingtonpost. com/national/health-science/first-study-reports-very-low-internal-radioactivity-after-fukushima-disaster/2012/08/14/aadd1dc2-e628-11e1-8741-940e3f6dbf48_story.html〉 Accessed 16 September 2012.
Council of the European Communities. 1987. 'Council Regulation (Euratom) No 3954/87 of 22 December 1987: Laying Down Maximum Permitted Levels of Radioactive Contamination of Foodstuffs and of Feedingstuffs Following a Nuclear Accident or Any Other Case of Radiological Emergency.' 〈http: //ec. europa. eu/energy/nuclear/radioprotection/doc/legislation/873954_en.pdf〉 Accessed 1 September 2012.
Dancause, Kelsey Needham, Lyubov Yevtushok, Serhiy Lapchenko, Ihor Shumlyansky, Genadiy Shevchenko, Wladimir Wertelecki, and Ralph M. Garruto. 2010. 'Chronic Radiation Exposure in the Rivne-Polissia Region of Ukraine: Implications for Birth Defects.' *American Journal of Human Biology* 22: 667–674.
Douglas, Mary. 2002 [1966]. *Purity and Danger: An analysis of Concepts of Pollution and Taboo*. London,

Routledge.（メアリ・ダグラス『汚穢と禁忌』塚本利明訳、筑摩書房、二〇〇九年）

Economist. 1996. 'Chernobyl, Cancer and Creeping Paranoia.' *Economist* 338 (March 9): 81-82.

Hunt, Linda M., Heide Castañeda, and Katherine B. de Voogd. 2006. 'Do Notions of Risk Inform Patient Choice? Lesson from a Study of Prenatal Genetic Counseling.' *Medical Anthropology* 25: 193-219.

IAEA (International Atomic Energy Agency). 2005. Chernobyl: The True Scale of the Accident. September 5. ⟨http://www.iaea.org/newscenter/pressreleases/2005/prn200512.html⟩ Accessed 16 September 2012.

JAMA (The Journal of the American Medical Association). 2012. 'Studies Examine Health Consequences of Meltdown, Damage to Fukushima Nuclear Power Plants in Japan.' *For the Media* 308(7): 669-670. August 14. ⟨http://media.jamanetwork.com/news-item/studies-examine-health-consequences-meltdown-damage-fukushima-nuclear-power-plants-japan/⟩ Accessed 16 August 2012.

Kozenko M. and Albert E. Chudley. 2010. 'Genetic Implications and Health Consequences Following the Chernobyl Nuclear Accident.' *Clinical Genetics* 77: 221-226.

Official Journal of the European Union. 2011. 'Commission Implementing Regulation (EU) No 351/2011 of 11 April 2011: Amending Regulation (EU) No 297/2011 Imposing Special Conditions Governing the Import of Feed and Food Originating in or Consigned from Japan Following the Accident at the Fukushima Nuclear Power Station.' *Official Journal of the European Union* L97, volume 54 (12 April 2011): 20-23. Access to European Union Law ⟨ http://eur-lex.europa.eu/en/index.htm ⟩ Accessed 1 September 2012.

Petryna, Adriana. 1995. 'Sarcophagus: Chernobyl in Historical Light.' *Cultural Anthropology* 10(2): 196-220.

Reventlow, Susanne, Anne Charlotte Hvas and Charlotte Tulinius. 2001. '"In Really Great Danger…" The Concept of Risk in General Practice.' *Scandinavian Journal of Primary Health Care* 19: 71-75.

United Nations. 2011. *Report of the United Nations Scientific Committee on the Effects of Atomic Radiation 2010*. New York, United Nations.

U.S.NRC (United States Nuclear Regulatory Commission). 2011. 'Fact Sheet on Biological Effects of Radiation.' 〈http://www.nrc.gov/reading-rm/doc-collections/fact-sheets/bio-effects-radiation.html〉 Accessed 1 December 2011.

Warry, Richard. 2011. 'Q&A: Health Effects of Radiation Exposure.' *BBC News Health*, July 21. 〈http://www.bbc.co.uk/news/health-12722435〉 Accessed 15 August 2012.

WHO (World Health Organization). 2005. 'Chernobyl: The true scale of the accident: 20 years later a UN report provides definitive answers and ways to repair lives.' WHO, September 5. 〈http://www.who.int/mediacentre/news/releases/2005/pr38/en/index.html〉 Accessed 1 September 2012.

Yamashita, Shunichi and Yoshisada Shibata, eds. 1997. *Chernobyl: A Decade: Proceedings of the Fifth Chernobyl Sasakawa Medical Cooperation Symposium, Kiev, Ukraine, 14-15 October 1996*. Amsterdam, Elsevier

Yevelson, Ilya I., Anna Abdelgani, Julie Cwikel and Igor S. Yevelson. 1997. 'Bridging the Gap in Mental Health Approaches between East and West: The Psychosocial Consequences of Radiation Exposure.' *Environmental Health Perspective Supplements* 105 (Supplement 6): 1-11.

場所と人の関係が絶たれるとき
——福島第一原発事故と「故郷《ふるさと》」の意味

トム・ギル

兎追ひし彼の山
小鮒釣りし彼の川
夢は今も巡りて
忘れ難き故郷

「故郷《ふるさと》」ほどパワフルな言葉は日本文化にないだろう。詩や演歌の定番で、昔の田舎ののんびりした生活を一言で表現する。一九一四年以来、文部省唱歌として『故郷』が日本の公立学校で歌われることになり、今や「故郷主義」は国のイデオロギーとなっていると言っても過言ではなかろう。故郷を愛さない人は日本を愛さない、国民失格と言わんばかりである（Robertson 1988 参照）。二〇一二年一二月の総選挙で大勝した自由民主党が発表したマニフェストの表紙には「日本を、取り戻す」とあったが、トップ見出しは「まず復興。ふるさとを、取り戻す。」であった（自由民主党 二〇一二）。故郷イデオロギーそのままである。

しかし外国人の私がこの歌を初めて聞いたのは二〇一一年一一月二七日の長泥《ながどろ》区民研修会の閉会式で

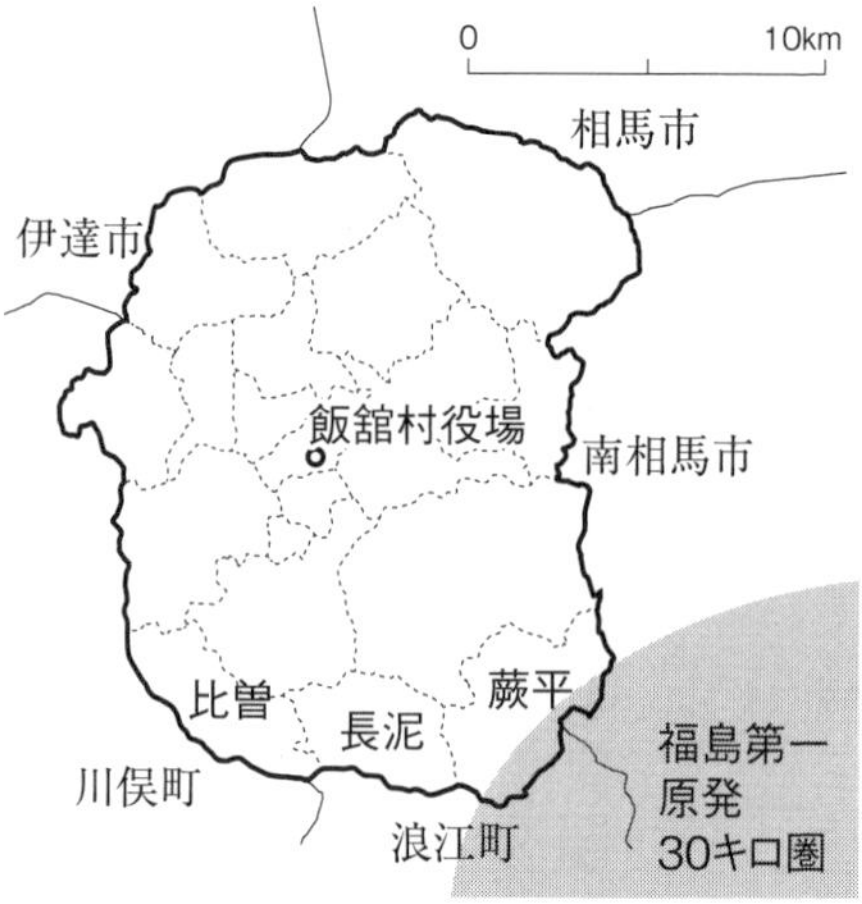

地図　飯舘村の南３区

あった。長泥区は福島県相馬郡飯舘《いいたて》村の最南部の行政区であるが、二〇一一年五月三一日以来、飯舘村全村は計画避難区域になっている。この研修会も飯舘村ではなく、福島市の西部にある飯坂《いいざか》温泉で行われた。こういう時、「故郷」がいつもより深い意味を持つのはもちろんのことだが、そもそも「故郷」とは何なのか。

馬鹿な質問に聞こえるだろうが、現代の福島県の事情を把握するには、重要である。普通に考えて、故郷とは「昔から同じ所に暮らす人々の集団」ということになるだろう。要するに「人」と「場」の組み合わせである。演歌や詩では、ある特定の山、谷、川、あるいは森をうたう場合が多い。しかし３・１１の大震災は故郷イデオロギーへの大きなチャレンジである。日本人の約八割はとっくに「故郷」に住むのをやめて、大都市に暮らしている。盆と正月に帰る以外は、故郷は美しいイメージであり、日常の現実とは無関係である。しかし３・１１の被害者の多くは、まだ田舎の集落に暮らしていた。その集落の一部は津波で潰されてしまった。他方、原発の放射性汚染で飯舘村のように集落から避難せざるをえない共同体も多くあった。飯舘村村民長谷川健一の本のタイトルを借りれば、原発に「ふるさと」が奪われた（長谷川　二〇一二参照）。つまり、「人」と「場」の関係が突然切断されてしまい、親密な共同体がバラバラになってしまったのだ。

それから二年、このバラバラになった共同体に様々な難しい問題が突きつけられている。だれが、いつ、戻る？　永久に戻らない人は代わりにどこに住む？　その費用は誰が払う？　原発事故のせいで、通常考えなくてもよいことを考えなければならなくなった。故郷を愛する、と言うのは簡単だ。しかし、故郷への愛によって放射能汚染をどこまで我慢できるか。五年間、一〇年間離れても帰る気なのか、親戚や仲間の多くが帰らなくてもそこで暮らしたいほど愛しているか。あるいは愛していたのはその場所ではなく、そこにいた人々なのか。同時に、故郷の伝統的な生活方式、つまり三世代家庭、はどうか。普段は子供たちと爺ちゃん婆ちゃんと一緒に暮らすのは当たり前で考えることもないが、避難先では世代別に暮らすことが多い。本当に前の方式に戻りたいか。

桜の名所長泥の九十九折。2011 年 5 月 2 日。

つまり「故郷主義」は人々の心の底にある気持ちを表現しているのか、それともイデオロギーは人々の実際の心とかけ離れているのか。

飯舘村の場合、こういった問題はいっそう複雑である。第一原発の水素爆発によって放射性ヨウ素とセシウムが村の空、土、水を汚染してしまったが、その重大性について、専門家の評価は割れている。「半永久的に暮らせない」と「近いうちに普通に暮らせる」の間のグレーゾーンである。しかも村の中にも、汚染の程度が比較的高い集落、低い集落があり、社会・経済的な展望は大きく違っている。

空・土・水にある放射性汚染の問題とはまた別に、風評被害のような「概念的な汚染」という問題もある。放射能の科学的な理解が社会において乏しいままであれば、実際の汚染がたとえいつか消えたとしても、「放射能の飯舘村」という評判はずっと後まで残ってしまうだろう。

ではどうするのか。原発の付近に暮らしていた人、そして地方と国の行政も、こういった疑問に直面している。この三者（住民、地方行政、国）それぞれが目標を定め、それを達成するための作戦を立てなければならない。この「ゲーム」の結果次第で、百億や兆という単位で金が動く。故郷を本当に愛しているのは誰なのか、その故郷を侵害したことに対して誰が、どうやって責任をとるのか。この問題を考えることが、本章のテーマである。

森の中の発見

飯舘村は福島第一原発から三〇～五〇キロ離れているが、風向きや雨・雪のタイミングのせいで、異常に放射能の値が高くなってしまった。しかし、国は事実が地図に描かれた単純な曲線と食い違うことを認めようとはせず、すぐには避難区域に指定しなかった。その結果、数週間にわたり、人間がまだ住んでいる地域としては日本一放射線量が高い場所となった。福島県に行ったことさえなかった私だが、これらのことを新聞で知り、どうしてもこの目で確かめたいという衝動に駆られ、カーナビに「飯舘村、中心地」と入れて出発した。二〇一一年四月二一日のことだった。

「村」というとこぢんまりとした民家の集まりという感じだが、飯舘の中心地は違う。霧につつまれた山の中に、役場、老人ホーム、クリニック、そして村営の書店があった。近くに二〇軒ぐらいの新しそうな民家があり、周りは山と空。人間の姿がない。人口六〇〇〇人強の村なのに、月の上の役場という印象だった。

はじめの印象こそ打ち捨てられた様子だったが、当時役場と村営書店は両方開いていた。その書店「ほんの森いいたて」のレジのお姉さんから、基本的な情報を聞いた。飯舘村は人口約六〇〇〇人が、二三〇平方キロの山と谷に住んでおり、隣の市町村とくらべ極めて人口密度が低い。一九五六年、飯曽村と大舘村の合併により出来た村である。二〇〇六年に近隣の小高町と鹿島町が原町市と合併し、南相馬市になったときは、土壇場でその合併から脱退したという。しかし官僚たちが地図に線を引いても、人の意識は「村」より「部落」にある。それは現在「行政区」と呼ばれ、飯舘村には二〇区がある。その一部はさらに小さな集落の合併で出来たものであるし、「字」というさらに小さな区域も集落の中にある。部落と部落の間に四~五キロの山と森があり、それぞれが独立した感が強く、自動車の時代までは相当孤立していた共同体である。

こうなると「故郷」という言葉の難しさにすぐ気がつく。愛する地元は果たして、どこだ？　村？「区」と呼ばれているが実際はかなり独立した部落？　さらにこじんまりとした「字《あざ》」？

レジのお姉さんからさらに大事な話があった。役場は伊丹沢という村の中部の部落にあり、その周辺の放射線量は当時一時間あたり約三マイクロシーベルトで、恐ろしい値として全国の新聞に発表されていた。ところが、同じ飯舘村の南部三部落、蕨平、長泥、比曽ではさらにその四～五倍であった。なかでも一番線量が高いのは長泥だと言われた。

数字にしておこう。もちろん日本や東京と言っても地域によりばらつきがある。しかし概していえば、原発事故の前、日本全国の平均空中放射能は毎時約〇・〇五マイクロシーベルトであった。その日、つまり二〇一一年四月二一日、東京はやや高めの約〇・〇八マイクロシーベルト、福島市内は約一・〇マイクロシーベルトで通常の約二〇倍だった。飯舘村の役場の周辺は約三・〇マイクロシーベルトで通常の六〇倍、長泥区の十字路では、約一五マイクロシーベルトで、通常の約三〇〇倍であった。私を含む大都市の人間にとって、東京の数字は気になる、福島市の数字は恐ろしい、飯舘村の数字は信じられない、そして長泥の数字はまったく見当もつかない――という状態だった。

こうなると、将来引き続き「故郷」に暮らす見込みが村民皆同じだということはありえない。

カーナビに「飯舘村長泥区中心地」を入れて、また出発した。

一二キロの蛇行した山道を走り、長泥に入った。途中で人間も車も見かけなかった。長泥は比曽川の谷の農家数十軒だけの集落であった。霧の黄昏で、人間が一人も見当たらない。放射線量が相当高いからおそらく区民全員がすでに避難したゴーストタウンか。帰ろうと思った矢先、白鳥神社に気づいた。山に入った、森の中の神社。帰る前にちょっと見物しようと、石の鳥居を潜って一〇〇段ほどの階段を上った。神社といっても、簡単な小屋のような作り。その小屋から光が見え人の声が聞こえる。近づくと、ドアが開き、男が出てきて中へ誘ってくれた。男五人が焼酎とたこ焼きの宴会真っ最中。驚く区民四名に、ＮＨＫのディレクター。ドキュメント番組の撮影中であった。

その日、大地震で相当被害を受けた神社の修理がやっと終わったのだった。神社を修理していたということは、部落を避難しようと思っていなかったことを物語る。直した神棚に氏神が戻ってくると思っていた。ところが部屋に入ってきたのは氏神ではなく、太った中年英国人であった。

これで妙な縁ができたと全員が感じた。それから二年間、一五回も長泥の人たちを訪ねて、現在に至る。この論文で飯舘村長泥区の原発事故後の二年間を見ておこう。

オルターナティヴ田舎生活

山　美わしく　水　清らかな
その名も飯舘　わがふるさとよ
みどりの林に　小鳥は歌い
うらら春陽に　さわらび萌える
あゝ　われら　いまこそ手と手　固くつなぎて
村を興さん　村を興さん

——飯舘村の村歌「夢大らかに」（作詞　小林金次郎）より

飯舘村の村歌は原発事故のせいで悲しい皮肉に満ちたものになってしまった。福島県の文豪、小林金次郎（一九一〇〜二〇〇二）が右の歌詞を書いたのは、飯曽《いいそ》村と大舘《おおたて》村の合併の時だった。村民に新しい「ふるさと」を愛するように強く求めているように感じる。実際、福島県では村や町の合併により、

「故郷はどこなのか」はかなり複雑な問題である。もし南相馬と合併したのであれば、おそらく村民は南相馬の市歌を覚えなければならなかっただろう。団結を強化しようとする、多少無理があるような表現もある。

飯舘村が南相馬市に編入しなかったことには、菅野典雄村長の影響が大きかった。菅野氏は一九九六年から現在まで村長を務め、飯舘村の村民のアイデンティティを強化しようとしてきた。菅野村長はスローライフ運動に関わっている。だが村民のあいだにはスローライフに反発する声が多かった。「ただでさえ鈍い田舎者と見なされているのに、『遅い』という意味の言葉は村のスローガンとして不適切」ということで、代わりに「までいライフ」とした。「までい」とは東北（福島）弁で「注意深く、時間かけて」物事をやる、という意味である。語源は「真手」、つまり両手でものを運ぶ、という説もある（までい特別編成チーム、二〇一一）。菅野村長が目指しているのは、伝統と進歩がうまくバランスのとれた二一世紀に適応する田舎の生活である。

それには農業の多面化が欠かせない。水田のほか「飯舘牛」というブランド名を生かす畜産、凍《し》み大根、コスモス・水仙・トルコ桔梗・アジサイなど生花を開発生産している。田舎の生活に男女不平等が大きな問題であると見て、「父親手帳」を発行し村の父親たちと子たちの人間関係を深くしようとする傍ら、主婦たち専用のヨーロッパ研修旅行も企画してきた。エコ的な「までいなハウス」を作り、環境にやさしい日常生活の実験を行ってきた。さらに二〇ある区に補助金を配布して、新しい事業のアイディアを求める。長泥の場合、そのお金を近年健康食品として人気のヤーコン（アンデス山脈原産のイモ）の栽培に充てた。水田と畜産で食物を自給自足するほか、リンドウやトルコ桔梗といった生花も栽

年	1970	1980	1990	2000	2010
人口	9,385	8,331(－11%)	7,920（－5％)	7,093(－10%)	6,211(－12%)

表1　飯舘村の人口、1970〜2010年（出典：総務省統計局）

培し、椎茸を温室で作っていた。こうした取り組みの一方、村民・区民の多くは兼業で工場や建設現場で賃金労働もしていた。自衛隊に入ることもよくあり、近くの双葉町と郡山市に基地がある。その他、深谷区ではキャンプ場・レジャー施設を開いたり、田植え踊りなどの民俗行事を復活させたりして、観光を推進していた。

飯舘村にとってもう一つの課題はダムへの対応であった。一九五〇年代は松ヶ平ダム建設に反対運動を起こし建設を中止させた。しかし一九八〇年に金銭的な補償の代わりに真野ダムの建設を認めた。

このように長年村興しに努めたことでかなり成功を収めた飯舘村の平均世帯人員は、二〇〇六年の段階で三・八四人で、出生率は二・〇二人、人口の一五・五％が一五歳以下だった。いずれの数字も福島県平均も日本全国平均を上回っている。村民六〇〇〇人のうち、六五歳以上で一人住まいしているのはたった一一〇人で、老夫婦のみは一六〇世帯三二〇人だった。村民の多くは二、三世代の家庭に住んでいた。離れ離れの零細部落の集まりでありながら、充分機能する共同体であった。ただし、村長村民がいくら頑張っても、人口減少だけは止められない（表1）。大震災までの四〇年間で村の人口は三分の一減っていた。

より細かく人口統計を見ると分かるが、村の問題は「高齢化」というより、「青年減少」である。子供は生まれ育てられるが、二〇歳あたりから村外に就職してしまうことが多い。までいライフがいくら魅力的であっても、収入が足りなければ青年は残らない。飯舘村にとってオルターナティヴ田舎ライフスタイルは気取ったファッションではなく、死活問題であった。しかし生活が厳しくても、飯舘の村民が東京電力に金銭的に頼ることはないと多くの村民が主張する。三〇キロ離れているということもあり、大熊町や双葉町と違い東電から補助金はほとんど貰っていなかった。原子力発電がまでいライフ原則に反するのは言うまでもない。だから第一原発の水素爆発で大量の放射性物質が飯舘村に降ってきたのは極めて皮肉なことであった。

原発事故直後

白鳥神社にいたメンバーの一人は長泥区の区長、鴫原良友さんだった。彼の話によると、一一年四月二二日現在、長泥の七一世帯のうち九世帯しか避難していなかった。それとは別に数世帯は子供だけを避難させていたが、長泥の人口約二五〇人の八、九割がまだ部落に住んでいる、とのことだ。三月二〇日前後、いったん約四〇世帯が避難した。親戚の所（嫁入り制度が定着しているため、妻の実家がその典型）に行った人が大半で、数名は飯舘村が用意した二〇〇キロ離れた体育館に自主避難したが、その多くが二週間以内に戻ってきたと言う。やはり、当時、避難生活は一時的なものと考えていた。体育館の生活はつらい、義母の家の生活もつらい、と言われた。一方、原発の水素爆発の後で、飯舘村の放射線量は危険ではないと言う専門家が数名いた。例えば三月二五日、長崎大学の高村昇教授は飯舘村の講演会にやってきて「四〇歳以上の人の健康に関して心配は要らない」、「空中放射線量は一〇日間で半減する」と言った。その言葉を信じて村・部落に戻った人が多かった。（実際、空中放射線量が半減するには半年以上かかった。）四月一日、長崎大学山下俊一教授が飯舘村を訪れ、避難する必要はないと言い切った。同じ日、簡易水道の摂取制限が解除された。このように「次第に戻りつつある」というイメージが出来上がった。

しかも、区長が指摘したように、この段階では飯舘村は避難命令が出ておらず、自主避難すれば原則「自費」であり、ほとんどの人がそんな余裕はないから、自家に残るのが当然だと思われた。「逃げろ！と言われても、その後はどうする。仕事はないだろう。ここにいる限り、せめて自作の米と野菜が食べられる。」放射能を恐れる外部の人の多くには信じられないリスクだと思われたのに。

鴫原区長と十字路の掲示板。2011 年 4 月 24 日。

ところが四月一三日、事態は一変する。京都大学原子炉実験所の今中哲二助教が、飯舘村の放射線量は「人が住むのに適したレベルではない」と議員会館で証言したのだ。そして四月二二日、ようやく村全体が「計画避難区域」に指定された（小沢　二〇一二参照）。ただし、「すぐ避難する」のではなく「五月三一日までに避難する」ように言われた。五月三一日は最初の水素爆発から約八〇日間が経った後である。

多くの村民はそのまま五月の末までじっと村に残った。

長泥から帰る前に、白鳥神社にいたメンバーの一人である庄司正彦さんに同行し、彼のお宅を訪問した。放射能の問題で農業ができ

椎茸を「収穫」した庄司さん。2011年4月24日。

なくなったことを相当悔しがっていた。特に気になっていたのは椎茸だった。温室で注意深く栽培し、ようやく収穫時期を迎えていた。これを全部捨てなければならない。庄司さんは、椎茸が生えている土のブロックごと捨てるのではなく、あたかも出荷または誰かに差し上げるかのように椎茸一つ一つを小さなハサミで「までい」に切り取り、カゴに集めていた。

　プレゼントとして私がその椎茸五キロをいただいた。その夜、深夜テレビニュースで、飯舘村の椎茸から政府基準の一四倍の放射能が検出されたと聞き、重い心で近くの空き地に持っていき長く伸びた草むらに放りこんだ。庄司さんにその事実を告白するまで一年かかった。何とか許していただいたと思う。

最後のお祓い

　五月四日また長泥に行き、午前一〇時から白鳥神社のお祓いに参加した。担当する禰宜《ねぎ》は多田さんという若い地元の方だった。熱意のある、政治的な祈祷だった。東京電力とその原発を悪質なものとし、神々が区民をそれらから守るよう祈っていた。その後、区のコミュニティセンターに移動し、事実上の

「長泥さよならパーティー」が行われた。住民約六〇名が参加した。
東京電力から二人の若い社員が来て、土下座をして東京電力が決めた仮払いの申請方法を説明した。一世帯一〇〇万円、一人世帯の場合は七五万円だった。一人の年寄りの男性が、「仮払い」という言葉を批判した。「謝罪金」か「見舞金」の方が適切ではないか。しかし多くの人はおとなしく彼らの話を聞いた。明らかに権力を持つ幹部ではないから、批判してもしょうがない、ということだった。東電の社員が帰った後、飲食が始まり、酒が入るといろいろな話が出た。大熊町と双葉町を批判する声が上がった。[2] 第一原発が位置する大熊町と双葉町では、東電からの巨額の補助金を受けてしまったため今回の悲劇があったではないか。一人の男性は原発のネーミングを問題視していた。よその原発は所在地の町の名前が付くのに福島原発という名前がついたため、この原発事故により「福島」という名前が穢れ、県全体が差別や風評被害を受けることとなった。「大熊双葉原発」にすべきだった、と。

彼は津波と原発の両震災に関して言った。「宮城県で津波にやられた漁村はひどい打撃を受けたのは確かだが、せめてその被害の規模はわかっている。誰が死んだ、誰が家をなくした、わかっている。一方我々はどうなるかさっぱりわからない。それが放射能の嫌なところ。」大震災でどこのだれが一番ひどい目にあったかというのは空論だと言われてもしかたないが、内心彼と同じ思いを共有する人は相当いたと思われる。

もう一人その宴会で知り合ったのは元区長の高橋正人さん、七五歳であった。正人さんは陽気な男で、宴会では皮肉な冗談を連発していた。例えば、「この放射能事故の問題点は、放射能が見えないことだ。東京電力に色を付けてもらおう。α線は青でβ線は赤。見ることができれば走って逃げることができるだろう。」

宴会は思わしくない形で終わった。区民の一人が歌を歌いたくなりカラオケの機械を取り出そうとした。もう一人はそれがこういう大変な時期では不適切だと言い、止めようとしたところ口喧嘩になり、区長は二人が殴り合いになる寸前にそれを止めることに成功した。宴会はカラオケ無しで終わった。

避難とその後

三回目の長泥訪問は五月二九日から三〇日にかけてだった。飯舘村全村避難になる前夜である。区民の多くがすでに長泥を出ていた。家畜の処分は大きな問題であったが、近くの町で行われた特別なセリでそのほとんどが売られたと聞いた。その多くが宮崎県の酪農家に買われた。二〇一〇年宮崎県に牛の口蹄疫が発生した際、飯舘から牛を何頭か譲った経緯があり、今回はその恩返しだったという。

五月二九日午後、私は長泥の十字路の近くに一人ぼっちでベンチに座っていた。雨がしとしと降っており、あたりはひっそりと静まり返っていた。しばらくすると白い軽トラックが来て止まり、一人の男が降りてきた。菅野弘平さんだった。大柄な男で、三月一一日、第一原発で作業をしていた。彼は放射能のことを勉強していて、長泥から避難するつもりはないと言った。私が放射能測定器を持っていると彼が気づくと、十字路の近くの倉庫の雨樋の下に置くよう提案した。測定器をそこに置くと、ピピピピピッッとヒステリックに鳴り、毎時二四三マイクロシーベルトにまで上がった(3)。私の驚きを見て、弘平さんは大笑いをした。雨の時、屋根に落ちた放射性雨が雨樋に集まり、値がやたらと高くなるのだと教えてくれた。この恐ろしい数字は決して長泥の「代表的な値」ではない。だが同時に、無視できる値でもない。もし将来、区民が戻れば、雨の日は外出できないだろうし、子供が雨樋の近くに遊んではいけないだろう。

次に現れたのは高橋正人さんだった。白い軽トラックを降り、十字路の掲示板の裏の菅野利夫さんの田んぼにひまわりの種を蒔き始めた。彼が言うには、畑や田んぼが荒れるのが悲しくてしかたがなく、人々が時々部落に戻ってくる時ひまわりが咲いていたら心が和むのではないかと。自分の田んぼにはすでに蒔いてあり、今度は勝手に隣の利夫さんの田んぼにも蒔いている。

ひまわりの種を蒔いていた高橋さん。2011年5月29日。

その晩、地方紙『福島民友』を開くと、一面トップは菅野典雄飯舘村長と農林水産大臣鹿野道彦氏が二人で飯舘村の別の地区の水田にひまわりの種を蒔いている写真であった。記事によると、チェルノブイリではひまわりが放射能を吸収するのに効果的であることがわかったそうである。後で気づいたが、正人さんはおそらくひまわりを蒔いて長泥の放射能の値を下げようとしたのではないか。文部科学省の設置した測定器は菅野利夫さんの田んぼの隣にある。

二〇一一年七月までに飯舘村の村民ほとんど全員が避難していた。長泥の二五〇〇人の区民のうち約四〇人が福島市内の財務省公務員宿舎に、約一四〇人が福島県が借り上げた一般アパートなどの賃貸住宅に、残りの七〇人は仮設住宅が完成するまでの約二ヶ月、福島市の西部にある飯坂温泉の赤川屋という旅館に滞在していた。避難するつもりはないと言っていた菅野弘平さんでさえ避難しており、残ったのは志賀隆光さん一人だけだった。彼は長泥出身だったが、一時間ほど離れた福島市で長年海苔の商売をしており、原発事故の四〇日間前に実家を継ぎ、リフォームした家に住み始めたばかりだった。そこを離れたくないという。志賀さんと愛犬のゴールデン・レトリーバー「レイ」は震災後も一年間長泥に住み続けた。決して頭がおかしいわけではない。子供がいるなら避難するだろうが、還暦を過ぎた男一人だから放射能はあまり気にしない。また、仕事が農業なら土の汚染は大問題だが、農業ではなく、室内作業をしていることもある。専門家に家とその周りを測定してもらった結果、畑は放射線量が高いため、野菜の栽培はできないが、空中放射能は大人の健康を脅かすほどではないとのことだった。

家の内部を自ら水洗いし除染しており、自分の測定器を持っている。だいたい毎時二マイクロシーベルト弱であった。一方海苔の卸販売には倉庫が必要であり、仮設住宅や借り上げアパートではできない。つまり志賀さんが部落に残ったのは無謀ではなく、それなりの合理的な判断に基づいていた。ちなみに販売する海苔は福島県産ではなく全国から仕入れ寿司屋などに卸していた。長泥の空気が直接当たるのはごく数分で、まったく安全であると著者は信じ、お土産としてもらった海苔を美味しく食べた。

志賀さんは避難区域に住み続けたが、彼の娘は違う。彼女は事故時東京に住んでいたが、東京の放射線量でも危険だと感じていた。結局旦那と子供と一緒にニュージーランドに引っ越しした。その程度こそは極端だったかもしれないが、一つの家族で放射能の危険性に対する態度が違うのは珍しいことではなかった。

温泉旅館で二ヶ月を過ごした区民は八月中旬に仮設住宅が完成し、また引っ越すことになった。その多くは福島市の南部にある松川町の工業団地の仮設住宅に移った。小さなプレハブ住宅が収容所のように何列にも並んでいて、憂鬱になりそうな環境だ。その反面、百軒ほどある家のすべてに飯舘村の村民が住んでいるので、知り合いが近くにいる。各世帯には生活必需品の六点セットが配布された。冷蔵庫・電子レンジ・炊飯器・洗濯機・掃除機・大型液晶テレビである。支援物資の米なども配られた。

一方、家やアパートを借りた避難者は家賃九万円まで県が肩代わりしてくれた。人により相当いい住まいが出来た人もいた。多くの避難者が福島市内で、都市生活の便利さを味わった。長泥では最後の商店が二〇一〇年で閉まり、同年ガソリンスタンドも閉まって、車なしでは生活できなくなっていた。ただ、物件はバラバラで近所にも友人がいない。テレビ等の六点セットは貰ったものの、それ以外の支援物資が配布されなかったのは多少不満の元になった。一番良かったのは国家公務員宿舎に入居した人々である。マンションのような住宅で、一棟全員が飯舘村村民で、長泥の人も四〇人ほど住んでいるため、快適でありながら共同体もある程度保つことができる。子供がいる家族は優先的にこの宿舎に入れた。子供たちは専用バスで隣の川俣町の仮設学校に行く。学校から戻ったバスを降りた子供たちがうれしそうに待っている母親たちに抱きついたりするのを見ると、大震災の後の光景とは思えないほどである。ただ残念なのは、子供がいる人の多くがそこに入居したため、仮設住宅には子供が少なく老人が多くなってしまい、仮設住宅をますます寂しいものにしてしまった。

こうなると村民の団結が崩れやすい。菅野村長はそれを防ぐために様々な政策を打ち出した。まず、避難先はなるべく車で一時間の範囲にして大人の転職、子供の転校を最低限に抑えた。そして村にある九つの工場にそのまま操業を続けさせている。これには、放射能の影響で住んではいけないのに働くのはいいのかという疑問の声もあった。さらに議論を起こしたのは、老人ホーム「いいたてホーム」をそのまま運営させたことである。一〇七人の後期高齢者（平均年齢八四・七歳）がそこに住み続けた(4)。この政策を「姥捨て山」と批判する声もあったが、二〇一一年七月一六日にインタビューしたとき、菅野村長は、大震災の後、体育館などの避難所ではかなり多くの高齢者がストレスや持病の悪化で亡くなったことを考えると残ったほうがいいのだと主張した（菅野　二〇一一：一五〇—一五四も参照）。

もう一つの村長の政策は「見まもり隊」である。これは住民パトロールのようなもので、村民が二人組で村をまわり放射能を測りながら空き巣や家を荒らす動物などを防ぐ。二四時間体制で、午前六時～午後二時、午後二時～午後一〇時、午後一〇時～午前六時（夜間）の三つのシフトがある。放置された村に空き巣が来るケースは実際に報告されている。しかし同時に「見まもり隊」は村の雇用対策でもある。賃金は一回約七千円で、中央政権の震災特別対策予算で賄われている。

見守り隊のかかえる問題の一つは、飯舘村村内の放射能の大きな差である。中部・北部の場合、一日おきに行けるが、放射能の値が特に高い南三部落では二日おきにしか認められない。これで賃金収入が減るし、日数が足りないため日雇い労働失業保険の受給権利がない。長泥区長は、長泥区民が別の区のシフトと入れ替われるように訴えたが、高放射能を浴びたくない別の区は反対し実現しなかった。「自分の部落を自分で守る」という原則だと言われたが、村長の「美しい村」ビジョンの問題性を垣間見ることができる。同じ飯舘村の人でも、長泥・比曽《ひそ》・蕨平《わらびだいら》の南三部落を差別することがあった。放射線量が比較的低い区まで避難を余儀なくされたのは「南三部落のせい」だという苦情があったと聞いた。

鳴原区長は南相馬市鹿島町のステンレス台所用品の工場でアルバイトしていたが、同僚から「ほら、放射能が来たぞ」と言われたことがあった。休憩時間中、彼はあえて皆と違うところに座り、同僚たちが彼をわざわざ避ける必要をなくしていた。自発的な隔離政策だった。

飯舘村には小学校が三校、中学、高校が一校ずつあった。高等学校（福島県立相馬農業高等学校飯舘校）は福島市の県教育センターに移転した。小中学校は一時的に川俣町の学校に移った。そのため福島市内に避難した後では通学時間は二〇分から四五分になってしまった。転校した子もいたが、多くはそのまま川俣の学校に通学し続けた。しかし同じ校舎ではあっても、授業は別々で川俣の子供と会うことはめったにない。川俣の学校では、子供の被ばく線量の測り方に関して議論があった。川俣の子供は、放射能が溜まると色が次第に濃くなるガラスバッジを身に着けていたが、同じ敷地を使っていた飯舘の子供にはバッジは配布されなかった。村の教育委員会は村長の路線に沿い、放射能の危険性を常に子供に思い出させれば、かえって子供がノイローゼになるから、なるべく普通に勉強させる方針なのだと親に聞いた。しかし、前もって保護者にその方針を知らせていなかったため多少の苦情を呼んだ。最終的に、原発事故から一〇ヶ月経過した二〇一二年一月二四日、ガラスバッジの代わりに放射能測定器が飯舘の生徒たちに配布された(5)。

団結を支えるもう一つの政策はお盆の親睦会を推進することであった。長泥でも八月一四日に、コミュニティセンターで行われ、その前には多くの家族がお墓参りを果たした。私も親睦会に参加したが、今回は二五名の参加しかなかったし、二時間以上の滞在は危険とされるため時間も限られていた。この集いの話題は菅野村長の「二年間で帰村させる」宣言に集中した。長泥区民一〇数名が受けた内部被ばくの検査からは恐ろしい結果は出ていなかったが、毎日空中放射線量は二桁で続いていたから帰村はとうてい不可能で、南三部落を特別扱いしたがらない村長の方針を問う声もあった。村長自身はこの宣言に科学的な根拠がないと正直に認めていて(6)、多くの区民もその現実性を疑っていた。

秋の攻防戦

飯舘村の避難は強制ではなかったが、村民のほとんど全員が村を出た。福島市飯野町に移った役場のデータによると二〇一一年一〇月一日現在、震災前の人口六一七七人のうち、老人ホームの入所者以外に八世帯の一三人しか残っていなかった。長泥の志賀さんはその一人である。

一〇月一〇日の朝、文科省が発表した長泥の放射線量は毎時一四・六マイクロシーベルトであった。その日の午後、高橋正人さんは長泥に行き、別の区民に十字路に面する菅野利夫さんの田んぼの草刈りをお願いしていた。その男は十字路近くの約二〇平米の草を刈り、正人さんはその草をどこかに持って行った。一一日の朝、文科省の担当者が測定器を見ると、放射線量は一一・二マイクロシーベルトで、二三％減を記録した。

文科省のオンライン放射能データを見る限り、長泥の空中放射能は突然四分の一近く減少したように見える。放射能は草や葉に吸収されるから、正人さんの草刈り作戦は、まさに放射能の計測点に小さな低放射能地帯を作るものだった。五月末のひまわり作戦もおそらく同じような目的があったろう。

この幻の放射能減少の原因が知れると、多くの区民が正人さんは極めて無責任だと感じたようだ。正人さんは「愛する部落の放射線量がより低ければいいのに」という願望から、ただそう見えるようにだけ仕掛けてしまい、世間の目に長泥の放射能が本当に下がったという現実離れの印象を与えてしまった。区長に注意された正人さんは村の役場にも頭を下げに行くことになった。

本人に草刈り作戦の理由を聞くと、「自分と仲間たちが長泥に帰れる日を早めたかった」と言い、やはり願望的思考だと思った。ところが話し合いが長引くとより納得できるような指摘も出た。

まず、文科省の測定器は道路ではなくその脇の田んぼのそばにあった。田んぼの値は道路の値の倍ぐらい高い。なぜ長泥の代表的な値は道路の値ではなく田んぼの傍の値にされたのか。――それは、雨が降れば道路の固いアスファルト面から放射性物質が流されるから、放射能が残る土のほうが現実に近いからではないか、と私。しかし正人さんも負けていない。道路沿いは不自然に高い値が出る。なぜなら、田んぼの放射能にアスファルト路面からの放射性雨水が加わるからだ。それに、長泥にもう一つあるコミュニティセンター前の福島県の測定器はこの数ヶ月間、毎時七、八マイクロシーベルトを表示していた。センターは高台に

コミュニティセンター前の測定器。

あり、放射能は山から谷に流れる傾向があるから、谷にある十字路の測定器より低い数字が出るのは当然であり、しかもセンターの周りの地面に砂利が敷いてあるから、十字路の田んぼより値が低いもう一つの理由がある。しかし、それではなぜ世間に公表されるのは値の高いほうなのか。どちらが「正確」か。さらに、もし長泥の区民たちがまだ部落に住んでいたのであれば、当然草刈りをしていたはずであるから「いつから人がまた長泥に住めるようになるか」を考える場合、草刈り済みの値は草ぼうぼうの値より参考になる。つまり、草刈りで値を「曲げた」のではなく「正した」のだと正人さんは主張した。

正人さんの草刈り作戦は問題提起してくれた。確かに測定地によりまったく違う結果が出て、世間の目にだいぶ違う印象を与える。福島市役所の値を福島県の「代表的」な値と定義するのは馬鹿馬鹿しい。飯舘村役場の駐車場の値を飯舘村の代表的な値にするのも、馬鹿馬鹿しい。ならば、長泥の十字路の値を長泥の代表的な値とすることも馬鹿馬鹿しいではないか。山か谷、アスファルトか土か砂利、川の近くかどうか、など放射能測定に影響するファクターが多々ある。ならば、どれを大事にすべきか。農業が安全にできるかどうかなら、田んぼや畑の放射能がポイントとなるだろう。暮らすのに安全なのかどうかなら、高台の砂利の値が参考になる。長泥の家の多くは高台にあり、周りに砂利が敷いてあるからである。文科省の職員はどれぐらい入念に測定地を選んでいたのだろう。

次の日、庄司正彦さんの自動車に乗せてもらい飯舘村の周辺測定地を探検した。測定地はかなり辺鄙なところにあったが、近づくと看板があり、地面に文科省の職員がつけた赤いガムテープの×印があり、場所ははっきり特定できる。長泥の十字路（文科省33番測定地）から始まり、津島仲沖（31番）、赤宇木手七郎（32番）、赤宇木石小屋（81番）を見学した。長泥以外の三ヶ所はいずれも浪江町の高所にあり、

32番と81番は山道の真中だった。31番は道路沿いにあったが、そばにあるのは田んぼや水田ではなく、狭い民家の庭だった。自分の測定器で測ってみるとやはり、道路沿いより道路の真中のほうがはるかに低い。正人さんの気持ちが次第に分かるようになった。文科省の職員はかなりいい加減に測定地を選んだように見えたし、長泥の測定器は高い値が出やすいところに置いてあったのは間違いない。長泥の事情を調べれば、放射線量の測り方、表示の仕方の複雑な政治的な問題が伺える。

しかし、区長は、正人さんが「いたずらに値を変えた」ことには否定的だった。

区長は正人さんに負けず劣らず長泥に愛着がある。実際避難区域となった後も三週間、六月二一日に最後の牛が子牛を産むまで長泥に残った。しかし長泥を離れると考えを改めるようになり、長泥の区民が安心して部落に戻れるのは当分無理だという結論に辿りついた。それなら二年間で戻るなどと無根拠に楽観的な話をして人に無意味な希望を与えてしまうよりは、厳しい現実をいち早く認め、別の対策に集中したほうがいい。それは、戻れるまでの間、別な所で土地と家屋を提供してもらうことである。新しい人生を始められるようにすることである。一方東電と国は、おそらく放射能の値とその危険性を過小評価して帰村の可能性をなるべく長い間残し、本格的な損害賠償の決定を遅らせ、支払い金額を安くしようとするだろう。放射能の値を一時的に意図的に下げることは、国が責任から逃れやすくするだけではないか。

それが区長の正人さんへの怒りの理由であった。正人さんは、長泥の高い放射線量は現実離れしており部落の評判を穢していると考えていたが、区長のほうはその値が国を動かすのに必要な材料だと考えていた。

対抗する計画と調査

二〇一一年六月二二日、飯舘村は『までいな希望プラン』を発表した。これは「避難生活は二年ぐらいにしたい」と主張するもので、村民の健康管理・土壌の除染、仮設住宅のコミュニティ作り・避難先との交流・村民の海外見学等の計画が含まれる。菅野村長が二〇一一年八月に出版した本『美しい村に放射能が降った』にも「二年間」という話があった。しかし二〇一一年九月二八日、飯舘村が発表した除染計画書では、村長の「二年間論」は修正され、計画期間は以下のようになっている（飯舘村までい特別編成チーム　二〇一一：二）。

（一）住環境については、今年度から二年程度とする。
（二）農地については、今年度から五年程度とする。
（三）森林については、今年度から二〇年程度とする。

最終ページには、「除染費総額概算」があり、三二二四億円となっている。

長泥の避難者はこの計画の問題性をよく指摘する。まず、「住環境」がたとえ二年程度で十分低い値（事故前の常識では年間一ミリシーベルト以下）まで下がったとしても、農地にさらに三年間かかるなら住むことはできても仕事はできない。それに、森林が除染されていなければ、雨や雪が降るたびに放射性物質が山から谷へと流れてくる。これでは働き盛りの人は戻らない、子供持ちの人は戻らない。戻るのは高齢者だけである。となると、人口は半減し、コストは老人一人あたり一億円、あるいは一世帯二〜三億円という計算になる。それなら、村民にその金を渡してもらったほうがよっぽど効果的ではないか。その金を使って別な地域で新築民家と畑、田んぼを購入し、新しい生活ができる。除染に巨額の金をつぎ込んで果たして何年経てば安心して帰村できるのか。唯一確実なことは、除染にあたる土木業者が相当儲かるだろうということだけだ。彼らの一部は原発の建設でも儲かったというのに。こういった批判は長泥だけではなく、村全体で聞くことができる（千葉、松野　二〇一二：二〇四―二〇六参照）。

二〇一二年二月一四日、もう一度菅野村長にインタビューしたところ、その巨大な金額を持ち出したのは、全額が出るとは思っていないが、問題の大きさと厳しさを国に印象づけるためだった、という。しかしそれは、千葉と松野がいうとおり「数字は国に対するアピールというよりも、むしろ村内で独り歩きし、先の見えない避難生活に不安を募らせていた村民の間で物議を醸すもの」となってしまった（千葉、松野　二〇一二：一九六）。一方、除染を諦め、それで節約した金で村民の別なところでの生活を金銭的に可能にするほうがいいという意見はあっさりとはねつけた。「原子力発電は国策だから除染は国の責任であるのは明らかだが、代わりにその金を村民に渡すという話になるとその明らかな責任がないから、そうはならないだろう。」除染してほしいという理念的な原則、それに除染という形でしか国には助けてもらえないだろうという作戦的な考えが彼の頭で一致していた。

村の計画では、二〇一二年度は村の西部、一三年度は東部を除染し、一四年の春まで村民は全員帰村可能にする。この企画が発表されるまで、除染は線量が高い南部か線量が低い北部か、どちらから始めるか、論じられていた。前者は時間がかかるから最初にやるべきだという意見があれば、後者は人が早く住める可能性があり、結果が出せる所から始めるべきだという意見があった。しかし放射能の分布パターンは「南北」の軸にあるのに、村の企画では除染は「西東」で行い、この論争を見事に無視した（千葉、松野 二〇一二：二二四―五頁参照）。

村長のモデルは東京都の三宅島と新潟県にある山古志村である。それぞれ火山の噴火と地震の被害で数年間避難したが、人口の三部の二が戻った。しかしその共同体には放射能という問題はなかった。村長の批判者は、むしろダム建設で沈んだ村をモデルにすべきだという。村長の路線を批判する村民の一部が一一年一一月から「新天地を求める会」を作り、署名活動を始めた。除染はもはや諦め、代替地を求めるのが趣旨である。一二年二月まで約二〇〇人が署名をしていた（千葉、松野 二〇一二：二二三）。

私が参加した一二年三月一一日の「原発いらない！福島県民大集会」では、飯舘村草野区の農民であり「負げねど飯舘!!」という運動体の代表の一人である菅野哲さんが「村の除染」ではなく「新しい避難村」の建設を求めた。(7) 菅野村長の本のタイトルを意識するかのように、こう語った。「美しかった飯舘村は放射能まみれ、そこには暮らせません。新しいところを求めなければなりません。」

二〇一二年三月二六日、長泥区民の大集会が行われた。そこで、鴫原区長は第二東京弁護士会の弁護士を区民に紹介して、東京電力に正式に損害賠償を求めることを提案した。この提案は区民の約八割に支持された。区長は弁護団と組んで、一家庭あたり一億円強の賠償を東京電力に要求し、原子力損害賠償紛争解決センターへの集団申し立てに乗りだした。その結果次第では、訴訟にもちこむ可能性もあると言う。七〇世帯のうち約六〇世帯が申し立てに加わった。正人さんは入らない。志賀さんも入らない。

「闘争より交渉」を強調する村長は固く反対する。「たくさんの人が国に土地を買い取ってもらってどこかに行くのは多分最低なシナリオ」だと私に言った。

つまり、弁護団と組むことは決して軽い決断ではなかった。二〇ある部落で、集団申し立てを起こしたのは当時、長泥だけであった。それも、一年間辛抱したうえで決まった行動である。その一年間、ほとんど除染の進捗が見られない。村を守る、大事にしていた「までい」な生活に戻る——それは理想としては立派だが、村の戦いは長泥区民には出口の見えないトンネルのように映っていた。

二〇一二年六月五日、新天地を求める会はアンケート調査の結果を報告した。回答者は飯舘村民の世帯主五七六人で、そのうちの二八三人（四九％）が「帰村するつもりはない」、「国（村）が安全宣言すれば帰村する」が一三・五％、「村全体の被ばく線量が年間一ミリシーベルト以下になれば帰村したい」が八・九％だった。「すぐにでも帰る」は六・五％に留まった（新天地を求める会　二〇一二）。これに対し六月二二日、飯舘村役場は独自のアンケート調査の結果を発表した。回答者は新天地を求める会のアンケートの三倍以上の一七八八人だった。そのうち三三・一％が「村には帰るつもりはない」という選択肢を選び、「解除されてもすぐには帰らないが、いずれは村に帰る」という中間的な選択肢を選んだ人は四五・五％におよんだ。村役場はその四五・五％を単純に「帰村したい」と解釈し、「避難解除されれば村に帰村したい」と答えた一二％に加算し「五七・五％の村民が帰村したい」と答えたと発表した（飯舘村　二〇一二：六三）。この無根拠な楽観主義には政治的な思惑があった。村民の多くに帰村するつもりがなければ、役場が推奨する除染計画がやはり単なる無駄遣いとしかみなされなくなる恐れがある。しかしこの調査でも、除染の効果を期待しているのは一〇・七％にすぎなかったのに対し、四四・一%が期待できないと回答していた。一方、「村もしくは部落を〝新天地〟に移したいか」という質問はアンケート調査に入っていなかった。

分割された村

ちょうどその二つの結果発表の間の六月一五日、国が福島県の避難区域の見直しを発表した。これによると年間空中被ばく線量が二〇ミリシーベルト以下の地域は「避難指示解除準備区域」、二〇～五〇ミリシーベルトの地域は「居住制限区域」、そして五〇ミリシーベルト以上の区域は「帰還困難区域」とそれぞれ設定された。飯舘村の場合、北部の六区は解除準備区域にされ二年以内に帰還可能、中部の一三区は制限区域になり二～五年で帰還可能になった。そして長泥区だけが帰還困難区域に指定され五年間立ち入り禁止となった。菅野村長が必死で避けようとしていた村の分断は決定的になった。

新制度は二〇一二年七月一七日午前〇時に実施された。全国テレビニュースが報道した式典では、長泥に入る道路六ヶ所に設置されていたバリケードの門に鍵がかけられた。マスコミに対して鴫原区長は言った。「避難したときは全員一緒だったのに長泥だけ取り残されたようだ。自分たちのせいではないのにこんなことになって、大変悔しい。」

ところが隣の蕨平区の志賀三男区長も悔しかった。なぜなら、蕨平は帰還困難区域に設定されなかったからである。一番汚染された区域と設定されるのは悔しいことではあるが、損害賠償を求めるにはプラス材料である。蕨平は国に対して帰還困難区域として設定するよう交渉していたが失敗に終わった。

東京電力から避難者に対する一人一月一〇万円の精神的損害に対する賠償額は変わらないが、長泥区は五年間立ち入り禁止になったため、長泥区民に対してだけ五年分を一括支給すると発表した。例えば五人家族なら三〇〇〇万円が一時に支給される。ただし、この一括支払いは申し立てに関わっていない人に対してだけだ。これは長泥の集団申し立てに対する打撃であった（その後、弁護団による交渉で、集団申し立てをした人にも同様に支払われた）。それでも、二〇一二年九月には、蕨平の約六〇世帯中五〇世帯が長泥と同じように申し立てをする話が出て、結局二〇一三年一月二五日、蕨平は申し立てを起こした。闘争のやり手は二区になり、勢いが増した。

二〇一二年九月二日、一五人の記者やカメラマンと一緒に私は立ち入り禁止が続く長泥を訪れた。鴫原区長が国に交渉し、月二回マスコミを区域内に入れる許可をとっていた。自称「単純な田舎者」の区長であるが、かなりメディア作戦に長じるようになっていた。長泥区を隔離する「バリケード」は実は簡単な金属の門であり、誰でもその両脇を歩いて通ることができる。封鎖されるのは車だけである。除染作業中の時間帯（日中八時〜一七時まで）は白い放射能防護服で全身を覆ったガードマンがいる。

バリケードは何のためにあるのかはっきりしない。長泥区民に聞いたところ、車や服に付いた放射能が外に逃げないためという説があれば、空き巣が入らないためという説、さらに、部外者が不注意に立ち入り禁止の危険な区域に入らないためという説もあった。しかし、それであればなぜ長泥区民にだけ自由な出入りが認められているのか。区民は皆、立ち入り許可証を配布され、区民だとわかるとガードマンはすぐに門を開いてくれる。夜ガードマンはいないが、区民はそのダイヤル錠の番号を教えられているため、夜間でも出入りできる。部外者に危険なのに、なぜ区民には危険ではないのか。ガードマンは全身防護服なのに区民はなぜ普段着で出入りできるのか。区民は、すでに汚染されているから仕方ないということか。彼らは冗談のように言うが、その笑い方に多少の不安が感じとれた。

庄司正彦さんのバリケードに対する説明には、かなり説得力があると思った。「全然実用的ではないが、長泥の区民に当分絶対に戻れないことを理解させるための具体的なシンボルではないか。」

立ち入り禁止の長泥にマスコミが入った一回目のその日、肝心の問題である放射線量をチェックした。八月の末、長泥の十字路の値は毎時約八マイクロシーベルトで、それが文科省のＨＰではこの区の値として採用されていた。一方、コミュニティセンターは毎時約五マイクロシーベルトで、その値は福島県のＨＰで表示されていたが、二〇一二年三月以降、その測定器の管理責任は福島県から文科省に移っていた。区長はセンターで記者会見を行った。外の駐車場には大成建設の青いトラックが五、六台あった。駐車場を実験的に除染しているのだと区長が説明した。記者会見のあとで外へ出て、測定器を読むと、七〇％減の毎時一・五マイクロシーベルトである。その日以降、福島県のＨＰでこの区の値は一・〇〜一・五と表示されている。

皮肉にも、文科省と福島県がやったことは正人さんと同じである。区全体の放射能は激減していない。国は測定器の周りだけを除染し、そうすることで公表される値を下げた。「この値は特別に除染された駐車場に限る」などの但し書きもない。

決定時

二〇一二年の秋から、飯舘村に関する動きが激しくなった。九月二四日、菅野村長は「避難指示解除の見込み時期の案」を国に提出した。これによると、二〇一一年三月から数えて、長泥は六年間、蕨平・比曽・前田八和木は五年間、残り一六区を四年で帰還可能にする計画であった。翌二五日、国は「飯舘村本格除染開始」を発表し、その日から中東部の二枚橋区で除染作業が始まった。村の二〇区のうち、西部の一一区は二〇一二年度末まで除染し、東部の八区は二〇一三年度末までに除染すると発表した(8)。発表から一年半で村全体を除染するという計算になる。そして一〇月二日、国は村の「避難指示解除の見込み時期の案」に対して、長泥の「六年間」、三区の「五年間」を認めるが、残り一六区の「四年間」を「三年間」にすると発表した(9)。三年間といっても、二〇一一年三月からだから、あと一年半という計算になる。一四年三月の避難解除なら、ちょうど「本格除染」が終わるタイミングと合わせる。この発表は明らかにその一週間前の除染日程と二点セットである。

一〇月一一日は飯舘村村長選挙の告示日だった。候補者は現職の菅野典雄一人だったため、再選。五期目が決定した。村長を批判する村民はたくさんいるのに、対抗馬は出なかった。菅野村長は「(五期目の)四年をかけずに住民の帰村を実現させる」と宣言した(10)。

一〇月一九日、村議会は正式に国の帰村日程を受け入れて、飯舘村は福島県初の帰還決定地になった。同時に、東京電力の精神的損害に対する賠償はこの日程に沿って行うことに同意した(11)。これで早期帰還

遅々として進まない除染作業。2012 年 12 月 12 日。

の一六区の区民は「四年」が「三年」になったことで、一人頭一二〇万円（一〇万円×一二ヶ月）を逸することになる。逆に東電・国は約六〇億円を節約した。

一〇月二一日、菅野村長の再選が正式に決定された。その二日後、村長は外へ出て試験栽培の稲刈りをマスコミの前で行った。「国には来年までに居住空間と農地の除染を終わらせることを期待し、農業が再開できる環境を取り戻してもらう必要がある」とコメントした[12]。現段階（二〇一三年の春）で、実験水田以外に稲の栽培は固く禁じられている。外部からは飯舘村が正常化したように見えても、これはあくまでもイメージ作りであり、政府が発表したスケジュールどおりに村民が故郷に戻ることはありえない。

まず、国の除染スケジュールは一年前、菅野村長が発表した企画とほとんど同じである。ただ、二〇一二年度は九月の末まで小規模な実験的除染しか行っていないため、年度末まで六ヶ月しか残っていなかった。しかも、一二月から二月の末までは雪と霜のため作業ができない。つまり、スケジュールどおりの除染は、発表当時からだれが見ても不可能であった。

実際、二〇一三年一月二五日、厳しい冬の天候のため、「本格的な作業再開は三月以降になる見通しだ」と報道された[13]。環境省の発表によるとその段階で「作業着手」になっていたのは二枚橋の住宅地と森林・草地と臼石の一部の住宅地で、道路、公園、学校、水田はすべての行政区で未着手であった。[14]つまり、除染予定地のごくごく一部しか「着手」していない。まして「完成」という見込みは全くない。

それに、その除染予定地はそもそも村のごくごく一部でしかない。二〇一二年度の除染対象は一二地区の住宅など八八四棟、農地七二ヘクタール、森林約三九ヘクタール、道路約九一ヘクタールの計二〇二ヘクタール[15]で、飯舘村の面積は二三〇平方キロ（二三〇〇〇ヘクタール）だから、仮に計画通り作業ができたとしても、村全体の一%にも満たない。森林については「住宅近隣約二〇メートル以内」が除染されることになっているが村の約八割が山林であり、除染は至難の業である。日本原子力学会の意識調査で、会員の二四%が「放射能で汚染された土地の除染は技術的に不可能」と答えたことに対して菅野村長は「不快感」を示した。[16]しかし原発推進の色が強い日本原子力学会まで除染が難しいと言ったことに対し、一村の村長がどんなに不快感を示したところで成す術はない。

除染といっても放射能を破壊することは不可能である。朝日新聞に掲載された飯舘村の酒井政秋氏が言うとおり、「実際は移染」である。[17]その放射性物質をどこに移すかは史上最大の「迷惑施設」問題である。全国の最終処理場は国が数十年探してもまだ決まってはいない。一方、国が「中間貯蔵地」を双葉郡のどこかで作るように依頼し、調査を受け入れただけで双葉町長が辞職に追い詰められた。[18]飯舘村では小宮区にある国有林で「仮置き場」を作ることに対し地域住民の激しい反対にあったため、各区に「仮々置き場」を作るよう要請している。これで「除染・帰村」の難しさが少しわかると思う。

結論　ふるさとは場所か人か

二〇一二年秋以降の国の動きで「新飯舘村」の見込みはどうやら消えてしまった。アンケート調査で見られる村民の疑念を尻目に、村と国は大金をかけて本格除染に取り組んでいる。村長は人と場所の関係性にあくまでも執着しているため、事故直後は避難を渋った。仕方なく避難したが、なるべく避難者が村から車で一時間以内の距離に住むようにし、避難期間を最短にするよう国と協力した。しかし皮肉にもこの政策の結果として人間の共同体としての飯舘村が潰され、村民がバラバラになる可能性が高い。

なぜなら、まず第一に、右に見たように村の山林を人が満足できるほど除染できる可能性は少ない。そして山林を除染しない限り雨が降るたびに放射能が山から谷に流され、放射能の値がまた上がるだろう。第二に、村民の多くは放射能に関して政府の話をもう信じていない。そのため帰村しても安全であると言われたとして、それが例え嘘でないとしても信じないだろう。第三に、仮に村民が安全だと信じたとしても、飯舘村とその行政区の名前は汚染された場所として人々の心に残ってしまった。スティグマと呼んでも穢《けが》れと呼んでも、概念的な汚れがなかなか消えることはない。村民が、それにともなう差別を避けたいのは当然のことである。第四に、放射能は大人より未成年に危険があるのはよく知られており、先の問題は子供がいる世帯にとっては特に深刻であるため、彼らはまず帰らないだろう。

もし長泥の人々が真剣に早期帰還を考えていたのであれば、「帰還六年」という話は大きなショックになったであろう。ところが、正人さんや志賀さんを含む数少ない年配の方以外は誰も帰れると思っていない。ならば精神的損害賠償金の支給は三年分より六年分の方がいい。一方、低放射線量とされる一六区の村民の多くも同様に帰るつもりはないため、「あと一年半で帰村できる」というニュースに喜ぶどころか大変なショックを受けた。本当に避難条例が解除されれば、帰らない人は自主避難扱いとなり賠償を打ち切られるからである。国の除染目標は年間二〇ミリシーベルト以下であり事故前の数値の二〇倍である。それで「安全」とするのであれば、事故前の基準値は不必要に過保護ということになり、それも国への不信感を募らせる。

損害賠償金の支給が打ち切られても、村民の多くは村に帰る見込みはない。帰るのは（一）生まれ育ったふるさとに骨を埋めたい老人、（二）村にある自宅以外の住居を借りるまたは買うことのできない貧困者、である。飯舘村はいっきに限界集落になり、人口は事故前の一、二割、高齢者が多く子供がほとんどいない村となる。そして残りの八、九割の村民はバラバラになる。

私と話した村民・区民は皆自分のふるさとをそれぞれのやり方で愛している。愛しているのは人間の共同体である。その共同体を別の場所にでも保存することは無理だったのだろうか。この山、この森、この土でなければいけないか。ふるさとに執着する政策は皮肉にもふるさとを潰してしまう。

注（ウェブ上の参考文献は、特に断りのない限りすべて二〇一三年一月二九日アクセス確認）

（1）岩崎敏夫（一九九一）は合併前の飯曽村の民族誌を書いている。極めて貧しい、厳しい生活である。

（2）ただし、双葉・大熊の女性と結婚した長泥の男性が数名いて、その夫婦の前では批判的な話はしないマナーが見られた。

（3） このビデオはユーチューブで閲覧できる。「飯舘村長泥区に危険な放射能」〈http://www.youtube.com/watch?v=OmgdKi0QdgM〉高橋正人さんのひまわり種まきも撮影した。「種蒔き男」〈http://www.youtube.com/watch?v=rPp9BBG-48E〉

（4） 松川仮設住宅の二〇一一年一一月二日の説明会で配布された村資料による。二〇一二年三月一日の段階ではまだ九九人いた。平均年齢は『河北新報』オンライン版、二〇一一年五月一七日付記事「特養移すか残すか　飯舘村、国避難指示に異論」より。〈http://www.kahoku.co.jp/news/2011/05/20110517t63015.htm〉

（5） 「マガジン9」より。〈http://www.magazine9.jp/oshidori/120222/〉

（6） 「正直に言えば、現時点で『二年間』という期間を設定するという具体的な根拠はない……しかし一年間では現実味はない……（でも）三年は長すぎる。村に戻るのを諦めてしまう村民も出てくるだろう。では『二年』」（菅野　二〇一一：一七）。

（7） 菅野さんの演説はユーチューブで見られる。「福島県民の訴え　飯舘村菅野哲さん　３・１１福島県民大集会」〈http://www.youtube.com/watch?v=p0iTa0qs81s〉

（8） 「飯舘で本格除染　2年間で住環境周辺を中心に実施」『みんゆうＮｅｔ：福島民友オンライン版』二〇一二年九月二六日付。

（9） 「飯舘村の避難指示解除時期　政府対策本部の提案に村議から反対相次ぐ」『福島民報』オンライン版、二〇一二年一〇月三日付。

（10） 「菅野氏が無投票5選　飯舘村長選」『福島民報』オンライン版、二〇一二年一〇月一二日付。

（11） 「飯舘26年3月で合意　避難指示解除前倒し」『福島民報』オンライン版、二〇一二年一〇月二〇日付。

(12)「飯舘村で稲刈り 実験用水田」『産経新聞』オンライン版、二〇一二年一〇月二三日付。
(13)「除染作業員を違法解雇　大雪で中断、再開めど立たず」『朝日新聞オンライン版二〇一三年一月二五日付。
(14) 環境省のホームページ参照。〈http://josen.env.go.jp/area/details/iidate.html〉
(15) 環境省「本格除染の発注について」(飯舘村)〈http://tohoku.env.go.jp/fukushima/pre_2012/0621a.html〉
(16)「森林除染、国に要望を　県に飯舘村長が要望」『福島民報』オンライン版、二〇一二年九月二二日付。〈http://www.minpo.jp/pub/topics/jishin2011/2012/09/post_5065.html〉
(17)「除染の村から」『朝日新聞』二〇一二年一二月一日付朝刊一三面。地面を削り土壌数センチを取り外す作業で田んぼや畑が使えなくなる懸念する酒井氏は除染反対の立場を表現している。
(18)「福島・双葉町長が辞職を表明　中間貯蔵施設巡り不信任」『日本経済新聞』オンライン版、二〇一三年一月二三日。

参考文献

飯舘村　二〇一一『飯舘村除染計画書――豊かな〝ふるさと〟を再生するために』
飯舘村までい特別編成チーム　二〇一一『までいの力』SEEDS出版。
岩崎敏夫　一九九一「飯曽村民俗誌」『村の生活聞き書き　岩崎敏夫著作集4』名著出版、一六九～二六二頁。
小沢祥司　二〇一二『飯舘村――六〇〇〇人が美しい村を追われた』七つ森書館。
菅野典雄　二〇一一『美しい村に放射能が降った――飯舘村長・決断と覚悟の一二〇日』ワニブックス。
自由民主党　二〇一二『日本を、取り戻す』。自由民主党。

千葉悦子、松野光伸　二〇一二『飯舘村は負けない――土と人の未来のために』岩波書店。
長谷川健一　二〇一二『原発に「ふるさと」を奪われて――福島県飯舘村・酪農家の叫び』宝島社。
Robertson, Jennifer. 1988. 'Furusato Japan: The Culture and Politics of Nostalgia.' *International Journal of Politics, Culture and Society* 1 (4) 494-518.

立ち上がる母

——受け身の大衆とマヒした政府の間で戦う女性たち

森岡梨香

あゆみ保育園[1]は福島県との県境にある宮城県南部の小さな町にある。二〇一一年五月、この町の親たち、特に母親たちは、福島第一原子力発電所からの放射線が子供の遊ぶ園庭を汚染しているのではないかと心配していた。母親たちは、自治体職員である保育園の園長に園内の放射線の状況を聞き、子供たちが砂場やプールで遊んでも大丈夫だという確認をとろうとした。しかしわかったのは、園長には答えるすべがないということだけだった。福島原発の水素爆発から二ヶ月が過ぎても、政府は土壌の放射線量を測ろうともしていなかったからだ。かろうじて入手できた情報は、高所に取り付けられたいくつかの既存の空間放射線量モニターからの数値だけだった。園長は「知らない」とは言えないと考え、インターネットで一番近い場所のモニターの数値を調べ、園の入り口に貼り紙をして毎日の状況を親たちに伝えた。しかし、より確かな情報を求める母親たちは安心できず、園長を通して町役場へ園庭の放射線蓄積量を測定するよう要請する決心をした。しかし現実には、町役場にはガイガー測定器は数器しか存在せず、担当者が学校や公共の施設を一軒一軒まわって測るしかないという状況だった。保育園では、一週間に一度程度、短い訪問で簡単に線量を測るぐらいしかしてもらえなかった。その状況をみて、母親たちは不安を訴えた。風向などで放射線量は刻々変わり、頻繁に各所を低い位置で調べる必要があると知っていたからだ。その母親たちが、園庭の地面から離れた高さでしか測らない測量の正確度や、子供の靴につく土の安全性を疑問視し始めるのをみて、園長はとうとう町役場にガイガー測定器を園に支給するよう要請することを決めた。県庁への正式な要請が提出され、市町村への配付が決まり、ようやく測定器が一台ずつ各学校や保育施設に渡されることとなった。政府の対応を促すまで三ヶ月かかったが、測定器の支給は、正確な情報と政府の適切な対応を要望する母親たちにとって明らかな前進であった。母親たちからの要求がなければ、政府はガイガー測定器など保育園に支給するつもりもなかったであろう。二〇一一年七月には、あゆみ保育園は危険性のある草むら、汚泥、水溜りなど、園庭の土壌に近い低地を毎日測ることができるようになり、七月中旬時で毎時〇・〇八マイクロシーベルト、政府が出した暫定基準毎時三・八マイクロシーベルト(2)を下回る数値が出ていた。しかし、同じ町の別の保育園では毎時〇・二マイクロシーベルトが認められ、基準以下ではあるが政府へ除染の要請が出された。

東北大震災後、女性、特に母親たちが子供を放射線被爆から守るために、対応の遅い地方政府に働きかけた意義は大きい。国家政策と文化的承認に支えられた母性という強力な社会的地位に基づき、母親たちは自分たちの要求を政府に承諾させることに成功している。本章では、大震災後の東北における三種類の人々、受身の大衆、多大な負担にあえぐ地方自治体職員、そして放射線を深憂する母親たちに焦点を当て考察する。政府に依存する大衆の受身の態度と、未曾有の大災害に早急に対応できるだけの人材と資源を欠く地方政府とのギャップを対象に、この章では、無言の大衆のなかで敢えて声をあげ、変化のきっかけとなる可能性と要素を秘めながらも、しばしば見落されがちな母親、主婦の社会的変革における役割を考える。これらの女性の存在は、同憂の人々の意識と勇気を高め、時によれば地方や全国における社会活動につながる。しかも、このような女性の活動の影響は必ずしも小さいものではなく、政府の適切な対応を余儀なくしたり、法律を改正する可能性も充分に秘めているのである。

二〇一一年三月一一日、マグニチュード九・〇の大地震が東北地方を襲った時、私はアメリカにいて睡眠もそこそこに、津波に呑みこまれた町の風景と荒廃した福島第一原発の映像に釘付けになっていた。世界のメディアはいち早く、お互いに争うこともなく我慢強く食糧や必需品の配給の列に並び、禁欲的に苦難に耐える日本の被災者の様子を讃えていた。日本人を極度にお行儀の良いモデル被災者のように報じるニュースに、一種の誇りと懐疑心が混ざったような感情を覚えた。四月中旬、ただじっと見ているだけではいられず、国際組織の緊急援助隊の一員として仙台市へ飛び、その後五ヶ月間宮城県で支援活動に参加させてもらった。私が担当した活動の内容は、未就学児が安全に過ごせる場所を確保するため、宮城県下の被災地の保育所、幼稚園の建て直しと再開を支援するものであった。各地の施設や市町村役場を訪問し状況を把握する

津波に襲われた保育園。宮城県、2011年4月29日。

なか、数多くの先生方、保護者、そして自治体職員に出会い、それぞれの被災経験の話を伺った。この章での考察はこのような会話やその後の調査をもとにして書かれたものである。

宮城県では死亡者と行方不明者が一万五〇〇〇人以上にのぼり、警察庁によると、被災した地域では一番犠牲者が多かった県である。にもかかわらず、仙台市に到着した私は、まるで何もなかったかのようにふるまう人々を見て驚いた。アーケードには「がんばろう！ 東北」の旗がはためき、ビルではひび割れの修理や毎日繰り返しやってくる余震に対しての補強工事がすすんでいたが、人々の生活は見た目には通常とほとんど変わりなく、インターネット上の写真やニュース動画を見てショックを受けていた私は少々気が抜けた。仙台市において震災の物理的ダメージは比較的小さかったかもしれないが、福島原発から来る放射能の心配は他人事ではなかったはずだ。しかし今考えれば、人々はこういう場合によくとられる対処法、どうしようもないことは無視する、に徹していたのかもしれない。日本では「しかたがない」といって、困難をそのまま受け入れることはめずらしくない。社会全体の心配の声が大きく広がるまで、深刻な問題を見過ごすことも多くある。そして、その心配の声が抵抗勢力になるときは、往々にして、政治的に疎外され正式な社会的地位や権力をもたない母親や主婦に率いられることが多い。福島第一原発の放射線の脅威への反応はその一例である。

母親の抗議運動の社会背景——受身の大衆

放射線を心配する母親たちは、周りの住民がこの問題について口をつぐんでいることに気がついていた。東北の人たちは、困難に耐えられる忍耐力を東北文化の特質のひとつとしてよくあげる。叫んだり、大声で文句を言ったり、解決を要求したりはせず、じっと我慢して待つのだそうである。放射線汚染に関して多くの人々は、東京政府がすべての事実を伝えてはおらず、政府が信じさせようとしている状況よりずっと悪いことをうすうす感じていた。にもかかわらず、宮城の人々は無口であることが多く、放射線の心配を聞くと典型的な答えは、「皆、あまり言いませんね」であった。ある保育士は、「心配だけど、どうしようもないんですよ」と答え、周りの人は放射線の話をしてもしかたがないと思っているとも語った。また、岩手県出身の小学生二人のお母さんは、人々の複雑な心境をこう説明した。

> 皆さん、不安を出せなかったんです……。ここがだめだと納得すれば、避難するわけですよ。でも、いろんな理由で、いなくちゃいけない。仕事があったり、頼っていく人がいなかったり、家畜がいたりで。そのいなくちゃいけない場を、否定したくはないというか。だから、お互いに大丈夫なんだろうか、これもだめだ、あれもだめだとか言わなくて、表面的にはなんとなくいつもどおりに。望みですよね、普段と変わりなくいてほしいって言う……。言わないですね。東北独特の気質かもしれませんね。心配だといって、ことを荒立てられないし。同じ野菜なんか食べているのに、大丈夫かとか言えないでしょ。

流出した放射線の健康への影響について、政府やメディアによって選択され流された矛盾する情報により不確かさが作りだされ、事実否認の余地をつくる。大手メディアの報道でさえ、原発事故と核メルトダウンの詳細を少しずつ明らかにするようになり、当初考えていたより危険な事実は明白になりつつあったが、それでも政府機関は「大丈夫」と唱えつづけていた。健康への被害が確実であれば、どのような行動をとるべきか人々は決めることができただろう。しかし、ほとんどの人は希望的楽観と運命論によって生きることを選び、恐怖を沈黙で抑えこんでいた。

彼らの核の脅威への沈黙が、ここ何十年もの間、地方経済援助をもとに原発を推進してきた政策と関係していることは十分考えられる。石巻市で漁業に関わり、女川原発反対運動に参加していた男性は人々の沈黙についてこう語った。

震災の前はもっと言いにくかったですよ……。話すと、電力会社が来るんです。反対の声をあげるハードルが高かった。だから、皆、反対と思っててもじっと我慢してるんです……。一般のほとんどの人は、原発についての知識はあまりありませんね。だから、政府が大丈夫って言えば、大丈夫って信じちゃうんですよ。質問したり、反対したり、飛び出たことをすると、他の人に嫌がられるんじゃないかって心配するんです。放射線心配している人もいますよ、でも地元の人は反対とは言えないんです、電力会社がまだいるから。

この男性によると、東北電力はかねてから地域の公立学校を訪れ、原発の利点や安全性を子供たちに講義していたという。現金を含む物的利益が地域住民に与えられ、多くの人々が原発に関連した収入源に依存していくようになっていった。彼は、町への影響への懸念を声にした数少ない人たちの一人だった。電力会社が突然彼を監視するようになり、反対運動をやめるように説得しに来たという。数十年に及ぶこうした原発推進政策が、原発事故を目の当たりにした直後でさえ、放射線への恐怖を自由に語れない環境を作ってしまっていたのだ。

私が宮城で出会った人々は、政府に対して皮肉と諦めと依存が混合した複雑な態度をしばしば見せた。海岸線の被災地に向かう車の中で、岩沼市在住の四一歳のドライバー小野寺さんと話した。彼は震災後職をなくしたが、歳をとった母親と二人で暮らしているため移住しないことを決めた。

心のなかでは思ってるんだけど、皆言わないんです。誰に言ってもしかたがない。俺たちが言う前に、何をすべきは（政府は）わかっているはずでしょ？　なのに。もう諦めてますね、俺なんかは。お金の部分とか、義援金とか、仮設住宅は立てたりするけど、放射線とか安全とか身を守ることなんか何にもやってくれない。なんか言っても、聞いてくれるんでしょうかね。文句言うと貰える物が貰えなくなったりすると困るから言わない人もいる。避難所出ない人も多いんですよ、ご飯食べられるから。文句言えないでしょ。東北人って、守ることばっかりなんですよ。そういう文化なのか、打って出ようと思うのが遅い。年寄りに「言ってもだめだっぺ」って言われてて、子供のころからよく聞いてるから。最近よく耳にする言葉ですね。

地震、津波、原発事故の三重災害への対応が遅れるなか、中央、地方政府が東北の人々のためにできることに対して、人々は不満と皮肉をつのらせていた。平穏にみえる表面下で、効果的な対応ができない政府に対する怒りがくすぶっていた。それと同時に、諦めと受身の態度も多くみられた。政府は自分たちが何を求め必要としているかわかっているはずと見越し、小野寺さんは声をあげる前から諦めるというのだ。そして彼からみれば、政府への依存が過ぎて苦情すら言えなくなり、提供される住居、食料、そして長期の復興援助に頼りつづける人もいるという。要するに、不満はあるが主体的選択、自発的行動はとらず、問題解決を政府に委任しておけば何とかなるだろうという前提があった。

このような態度は本当に東北独特なのであろうか。私が話した人々のなかには「東北の気質」を理由とする人が多かった。小野寺さんなどは、東北の歴史、会津藩と仙台藩が滅びるきっかけとなった一八六八年の戊辰戦争の話をあげて、東北人の改革や目的のため積極的に戦うことへの腰の重たさを説いた。しかし、地域的差異は程度の問題ではなかろうか。彼らの東北保守文化の描写は興味深いことに、政治に対する皮肉な態度と無力感を特徴とする日本の政治文化の描写によく似ている（Richardson and Flanagan 1984; Martin and Stronach 1992）。二〇一一年八月一四日の『朝日新聞』の社説に、福島原発危機の原因と六六年前の太平洋戦争における過ちについての考察が載った。社説は、この二つの出来事に共通する点は「閉鎖的専門家集団」と「大多数の国民の無関心」であり、大戦へ突き進んだのも、今回の原発事故も「国民が自らの生命や財産まで官僚や専門家集団に委ね、ある時は傍観、ある時は狂奔した。この人任せと無責任が、度重なる失敗の根底にあるのではないか」と書いた。自らの命や財産に関わることですら、人任せで無責任な姿勢が日本国民の政治に対する態度の根底にあるという。

私が見た東北の民衆の多くも、放射線の危険を話そうとはせず、何をしてほしいかを伝えようとすることもなく、通常の生活を政府が取り戻してくれることをひたすらに待っていた。内心では政府を信用していなかったにもかかわらず、問題解決という点では明らかに依存していたのだ。

地方政府の限界

宮城の民衆が、苛立ちと諦めの心境ながらも原状回復を地方政府に依存する一方で、自治体職員は自分たちも被災者であるにもかかわらず、膨大な義務と官僚的手続きにあえいでいた。麻痺状態のなかで、不満がつのっていった。政治に対する皮肉な態度にかかわらず、政府が何とかするだろうという根底にある期待は被災地では特に高かった。自治体が住宅、食料、生活必需品、そして現金を被災者全員に、しかも公平な方法で提供することを当然とみていた。石巻市の高橋幸子さんは、私営の賃貸住宅（賃貸料は政府が支給）に入居した者に対する地方政府の物品支給が、仮設住宅入居者にくらべて少ないことに不満を感じていた。彼女は現金や電化製品の寄付は受け取ったが、その他の公的援助は受け取れなかったことを非営利団体に訴えていた。

宮城県石巻《いしのまき》市で三月一一日津波にて家が流出し何もなくなりました。幸い家族が無事でしたのでそれだけでも良かったと当時は思いました。しかし五ヶ月がたち支援の受け方に格差を感じずにはいられません。当時私たち家族は仙台に住む息子や兄弟の家にお世話になり五月にアパートを借り自活しました。避難所にもいなかったので物資の支援は赤十字よりいただいた電化製品のみです。それだけでもありがたいと思っていましたが、仮設住宅入居の方たちは、二人入居でも四人分の布団や生活用品一式。同じ全壊でもいち早く自立しようとした人には市からの支援がありません。とても不公平を感じます……。避難所にいる方たちの段ボールの数を見ると、この不公平さに腹が立ちます。みんな私たちの税金ですよね。家を流された人はすべてお金で買わなければなりません。家も建てられるかわかりません。家の残っている方は修理して入ることができる場合もあります。また家の布団や家具、洋服など使える方もいます。それでも全壊で生活支援金は同じ一〇〇万円です。すごく変だと思います。しかもうちはまだ支援金は支給されていません。義援金はいただき生活費に大事に使っています。せめて仮設住宅と同じように布団、生活用品を支援していただけないでしょうか。避難所への支援物資や弁当、おにぎりなど余って処分していると聞いていますが、借り上げアパートに住んでいる人たちへの支援、精神面のケアはないのでしょうか？　物資いただけるならいただきに行きます。

地方自治体は、被災者生活再建支援法という一九九五年の阪神淡路大震災後に作られ、自然災害被災者に対して公的援助を施すための法律にもとづいて援助支給をしていた。義援金、物資の配給が遅く効率が悪いと感じながらも、多くの人々は政府に必需品を頼ることを強いられたが、そのために自治体が機能することを当然とするのみならず、質の高い援助を数千戸の世帯に公平に施すことを期待していた。一方、地方自治体の職員は献身的に懸命に対応にのぞんでいたが、迅速で十分な援助を被災者に公平に提供するにはあまりに負担が大きかった。災害対策にあたって被災地の自治体は、自衛隊、警察庁、そして他府県などから重要な緊急支援を受けていたが、それでもこの未曾有の災害に十分に対応するために必要な人材と斬新なアイデアが不足していた。たとえば人口一六万人の石巻市だけでも、そのピーク時には一〇万人もの避難者をかかえ、震災後五ヶ月たっても三〇〇〇世帯の一万人と市内一七四ヶ所の避難所在住者三五〇〇人に毎日食事を提供していた（『河北新聞』二〇一一年八月四日付朝刊）。人材不足は救援物資や現金を被災者に支給する作業を手間どらせることとなり、被災した三県の自治体は九五〇億円にのぼる義援金の被災者への支給が滞り批難を受けた。県はその滞りの理由として、不正申請を防ぎ、適切に義援金を支給するための職員不足をあげた（『朝日新聞』二〇一一年八月一四日付朝刊）。

地方自治体は緊急時に直面しながらも、それまで機能していたやり慣れた慣行の方策を放棄できずにもいた。その結果、非常事態への対応に、低速で官僚的な手続き処理に徹するという、フラストレーションを必ず生むような対策をとっていた。震災後何ヶ月もの間、被災地の役場は災害の被害者であるということを証する「被災証明」を、役場に入りきれないほど群れを成して長蛇の列をつくる生存者に発行しつづけた。そのうえ「罹災証明」という、法律で保障された援助を公平に施すために、被害の程度により被災者を分類するための証明書の発行にも追われた。このためには、移動する被災者を追って住民票の調節もしなければならず、宮城県下だけで三五万七千戸の家屋が被害を受けたことを考えるとその手つづきは膨大で、地方自治体の対応が遅れるのは当然といえた。もっと問題と思われたのは、震災前の規制や法律に関して、職員が時として柔軟性を欠いていたことだった。『災害の人類学』（Oliver-Smith and Hoffman 1999）の編集者の一人スザンナ・ホフマンは、人類は一般に災害にあった後、期待されるような新しいやり方を見いだして対処していく代わりに、もっとも「伝統的」な役割に徹する傾向があることを指摘した。その一例となるような場面が、役場での震災後の学校給食に関する会話にみられた。そのころ学校給食はパンと牛乳だけで、栄養価の低さが問題になっていた。それに対して、役場の担当者は給食の献立を変えることに難色を示した。「子供に食べさせたいのはやまやまなんですが、給食に関しては規制がいっぱいあるんです。」緊急時下の児童の数少ない栄養源である給食の食品数を増やすことができない理由のひとつは、震災後の被災地の給食施設が通常に定められた衛星基準などの規定に合わなくなってしまっていることだった。そのような不適合を規制するのが点検係の役人の伝統的役割だったのだ。

自治体職員の多くは、自身が地震、津波の被災者であり、家族や家を喪失したにもかかわらず役場で働きつづけていた。多くは自分が公務員であるとことを非常に意識し、公職の責務を第一として何よりも優先させようとする人も少なくなかった。

最初の一ヶ月は、役場に泊りこんで床で寝ながら夜も昼も働いてました。家には帰らなかったです。でも、配給されたご飯なんか食べれなかった、役場の人間だから。私らも家流されて家族なくしてるんですよ。それでも、役場の人間だから、避難してる人たちと同じには飯食えなかったです。(石巻市職員)

個々の職員は、不自由を耐え忍んで並外れた努力と貢献をしていた。しかし、その献身の後ろには、住民の批判を恐れるという態度もたびたび見え隠れした。一般の社会通念では、自治体職員であるということが、災害被災者であるという事実よりも重視され、公的職務が優先されていた。たとえば、気仙《けせん》沼《ぬま》市のある女性職員は津波によって家をなくし、家族と避難していた学校体育館の避難所から市役所へ勤めに出ていた。その彼女は、仮設住宅の抽選で自分の番号が選ばれた時、他の市民が入居する以前に役所勤めの自分は入居できないと考え、また、避難所に残されている隣人に批判されることを心配した。最終的に彼女は、仮設住宅入居をあきらめ体育館の避難所から市役所へ通いつづけた。個人の最低限のニーズも満たされないまま、このような環境のなかで甚大な災害復興をまかされていた地方自治体職員の一人である。

現地職員の貢献は当然視されがちな一方で、被災地の多くの自治体職員は倒れるほどの負担をかかえていた。二〇一一年七月二三日、朝日新聞は、一四五〇名の石巻市職員の六%にあたる八八名が、治療を早急に必要とする最も強度のストレス疾患に陥っていると伝えた。調査を行った東北大学の教授はその数は想像していたより多かったとコメントした。職員の多くは家族や家を失いカウンセリングを必要としていたが、市役所は「治療と援助が必要な職員を探しだす方法を学ぶ」必要性をようやく感じ始めているという認識段階だった。職員への物的支援もままならないなか、心理的ケアはそれまでまったく考慮に入れられていなかった。政府まかせの市民の期待とは対照的に、このような状況下で災害対策にあたっていた地方行政は、必然的にこれまでとっていた既知する対策を繰り返すことになり、斬新な発想をもとに柔軟性に富んだ対応を迅速に施すことはできずにいた。

政府の遅い対応は、震災前の生活を一刻も早く取り戻すことを必要としていた人々を苛立たせた。震災から五ヶ月近くも経過した七月末、宮城県のある幼稚園の職員は支援組織に救済を訴える手紙を書いた。幼稚園が流出したにもかかわらず、その再建は市によってずっと保留にされたままだった。その職員は、手紙を書く決心をしたのは「何もしないで国や県・市の出方を見る今の状態では再建なんて無理」と感じたからだと伝えた。

保護者からも再建の希望を多くいただき、それに応えられない自分たちを腹立たしく思います。再建が簡単にいかない理由としては、立地場所は都市計画により工業地域になる見込みで、建てられるかどうかわからない。その都市計画自体がはっきりせず、独自で動けないこと……。園としては、市に要望書を町内会の代表者を含め嘆願しました。もちろん返答や今後の見通しは示されていません。

都市再建計画を明確にできずにいる自治体の決断の遅延により、町の人々は生活取戻しの遅れを強いられていた。五ヶ月たっても、この職員の言葉によると市自体が「被災している」状況で「なにもかもが混乱」している状態だった。彼女が支援を求めた援助組織も、再建の場所が不確定なため援助をすることはできなかった。

母親の懸念と活動

民衆の政府任せの依存と行政のマヒが出合うとどうなるか。東北大震災の場合、一般の沈黙のなか、政府の対応のまずさに声をあげ改善を求めたのは女性たちだった。特に福島原発災害の放射線汚染による子供たちへの健康上の危険は、母親たちを憂慮させ立ち上がらせていた。先にあるように、母親たちのグループにはガイガー測定器提供を県庁に働きかけ市町村役場を通して教育施設へ支給させ、地方自治体に公共の場での放射線量測定、情報公開、そして学校や遊び場などでの除染作業をさせることに成功している者もいた。

このような母親たちのほとんどは最初、日常生活で直接関わりのある公共施設へ放射線量の情報や被爆防止対策についての情報を求めに行った。宮城県在住の二歳の幼児の母親である鈴木加奈子さんは、放射線の子供への影響を心配し、幼児定期健診で保健所へ行った際その危険性を尋ねてみた。ところが、

震災のストレスと向きあう母親たち。宮城県、2011 年 5 月 17 日。

話した保健所の女性は放射線の危険について自分と同じ程度の知識しかもっていなかった。「この町の保健師として何を考え、何をしているんですか」と鈴木さんは問い詰めたが、彼女は、福島からの放射線による健康障害についての対策について何も聞いていなかったので、答えることができなかった。母親からのこのような質問が増えるなか、町役場は七月上旬、九州の産業医科大学の専門家を呼んで勉強会を開くことにした。ところが興味深いことに、この勉強会に参加した人の多くは、ここで伝えられた情報が必ずしも信頼できるものであるとは感じていなかった。ある保育士は「反原発じゃなかったので」と、問題は見解を示した専門家の原発に対する政治的位置にあることを説明した。明らかに、原発事故直後

から「大丈夫」を合唱した政府に関連する機関がもたらす「御用学者」や「専門家」の意見は、子供を守ろうとする女性のあいだではすでに信頼性を失っていた。

子供を持つ母親が、情報を一番最初に求めた先の多くは学校や保育施設だった。そして、その母親の提示する質問が保育施設の職員を動かすきっかけとなっていた。ある保育所の職員はこう話した。

このあたりの放射線量をインターネットを使って調べ始めたんです。子供を連れてきて大丈夫なのかとか、どんな対策をとっているのかとか、お母さんが聞きにいらっしゃるので知らないと困るんです。知らないとは言えないから。だから勉強して何ができるか考えないと。

質問する母親に冷たい態度をとりがちな学校にくらべ、保育所など子育て支援を目的とする未就学児の施設のほとんどはできる限り保護者の要求に応え、心配を軽減しようと努力していた。憂慮する母親たちの多くにとって味方であり、大切な情報源でもあった。仙台の五歳の子供の母親は、娘が通う幼稚園の園長に感謝した。

五月のお便りでは園長の見解、放射能対策の新聞記事の切り抜き、園の給食の野菜や牛乳についてなどお知らせがありました。なお給食に心配のある方は、給食をやめて弁当持参ＯＫ。みんなと同じ弁当箱貸し出し可。ありがたい。牛乳が心配の方は麦茶や豆乳への変更可、飲み水は水筒持参可。いろいろな考えの親御さんがいるなか、試行錯誤しながら先生方ががんばってくれている姿に感謝しています。

この母親は子供に食べさせる弁当を食材を選んで自分で作り、目立たないよう幼稚園と同じ弁当箱に入れて持たせるという方法を選んだ。お弁当の時間に、その事実を隠しながら子供たちは違う食べ物を食べていることになる。しかし、実際には、当然弁当箱のふたを開けたとたんにその中身が違うことが明らかになるので、子供たちは友だちに背を向けてこそこそと食べることになる。しかし、それ自体が、自分の母親が友だちの多くが食べている給食を不純で安全でないと考えている事実を明白にする行為となってしまう。同様に、学校や保育施設のなかには、外で遊ぶことを保護者の選択にしたところもあった。このことが、外で遊ぶほかの子供を窓越しに眺めながら、屋内から出られない子供がいる状況を作った。屋内の子供の母親が心配しすぎだったのか、それとも、屋外の子供の母親が自分の子供の命を無謀に扱っていたのか。このように、無言で不確かな放射線への反応は東北の教室においても、子供の友情さえも脅かしかねない困難な状況を作っていた。

このような困難な選択は、結果的に、何が危険でどのような対策が効果的なのか不明確なため、考えられるだけの予防措置をとり、心配する保護者にできるだけの選択肢を提供しようとする好意的な意図をもった保育士たちによって課されていた。母親たちの心配は必ずしも科学的根拠があるものではなく、すべての保護者に共有されているわけではないことを認識しながらも、その心配に対し、何かしなくてはならないという思いから生まれた入念で複雑な妥協策であった。仙台市のある母親は息子が通う施設での努力を説明した。

五月二五日、息子の通う幼稚園でも保護者会がありました。四月いっぱいは午前保育で、お外遊びも見合わせていましたが、連休明けより通常保育で、先週から時間を限定してのお外遊びも始まり、保護者会でその説明がありました。園庭の草を刈り、砂場は閉鎖という状況で、週に二回ほど、一回に三〇分以内と決まったそうです。必要な人はマスク持参で、お外遊び後は、念入りに手洗い、洗顔を実施とのことでした……。園側でも毎日試行錯誤のようですが、どこまでやったらいいのかわからない状態で、先生方もとても大変だとおっしゃっていました。いろいろご配慮頂いて感謝しておりますが、まだまだ不安は尽きないです。

この施設は週二回の給食があったが、食材はできる限り遠方の業者から取り寄せていることを保護者に伝えていた。心配する多くの親が牛乳の提供中止を求め、水道の水を飲ませないようボトルの水を要求した。このようにして母親たちは、放射線の無害を主張する政府や世間の黙従に対し、微妙に抵抗する小さなスペースを作りだしていた。

母親の質問や懸念は自治体の対応を促すことにもつながった。たとえば、宮城県のある町では公立施設の職員を通して示された母親の要望をもとに、公立学校や保育所等の放射線測定の回数や場所が増加された。保育所の職員は役所の反応が少しずつ良くなっていることを喜んだ。

以前は園庭の真ん中しか測ってくれなかったんですが、今は園舎の裏とか放射能が溜まりやすい所も測ってくれるようになりました。お願いしたので、もっと地面に近い高さでも測ってくれています。

以前より、もっと頻繁に来てくれるようになりましたし、だんだん、良くなってきています。

政府機関の職員はこうした保護者の干渉を必ずしも快く思っていなかったが、母親の要求を無視することはできなかった。その対応は時に、子供への影響を真に心配したためというよりも、母親たちの問い合わせへの対応義務のためになされていると思われるふしもあった。県のある職員はこう話した。「任意のお母さんの会から請願書が出たんです。間違った知識をもっている人もいるので、研修会をやってちゃんと認識してもらわないと。土の入れ替えなどしなければならないことになると、県がしなければいけなくなるので。」しかし、問題は福島からの放射線の安全性に関するどの議論も不確実性を含んでおり、何が「正確」であるかは往々にして議論の対象であったことだった。前述したように、自治体が主催する研修会に参加した女性は、明らかにこの不確実性を知っており、政府が正しいとするものを盲目的に受け入れはしなかった。

津波に襲われた保育園の掲示板。宮城県、2011年5月3日。

これらの母親たちが皆、最初から政府に抗議する意思を十分にもっていたわけではなかったことを指摘しておく必要がある。有志を組織し、質問すらあえてする女性は宮城県の母親のなかでも少数派だった。母親たちはしばしば初め一人で心配し、自分の懸念が回りの人々の反応と一致しないことに狼狽した。ある仙台市の一年生の母親は、息子の小学校が放射線被爆に対して十分な予防措置をとっておらず、まるで何こともなかったかのようにいつもどおりの授業をしていることに対し疑問を感じていた。

学校の授業で「泥あそび」があることを知りました。いつもなら自然と触れ合う貴重な体験と思いますが、今の時期どうでしょう……? 昨夜テレビ特集で、「細かく放射線量を測る必要性」と「プルトニウム汚染地域が拡大している」事実がわかりました。相変わらず周囲は普段どおりの生活です。気にしないでストレスためないで生活すれば大丈夫なのでしょうか? 低線量被爆とはいえチェルノブイリで〇・一六マイクロシーベルトでも被害が出ているとのこと、よくわからなくなってきました。

この母親は、放射線の危険に対して無関心に見える周囲の人々の言動が、自分の感情と矛盾することに驚き戸惑っていた。改めていうが、一般に人々は放射線のことについて話そうとしなかったし、多くの母親は自分の懸念を話すことができずにいた。地震と津波に疲れ、そのうえ放射線の心配の事実まで受け入れられない人もいた。ある教師はこう話した。「もう考えたくないんだと思います。地震と津波でこんなに大変なのに、放射線のことまで考えるのしんどいんですよ。」多くの人々の事実否定と沈黙が、危険を感じ情報を得たいと思っていた母親たちを困惑させていた。

たとえ母親が尋ねてみようとしても、皆が沈黙を守っているなかで懸念について話すのは容易なことではなかった。内部被爆を心配していたある中学生の母親は、学校で水道の水を飲まなくてもすむよう、水筒のお茶を持たせてもよいか息子の先生に聞いてみた。ところが、教育委員会からの返事がないことを理由に、彼女の要求は無視されてしまったのだ。「まったく理解のない担任にもう一度確認するのも精神衛生上よくないので放置しています。放射能を気にしない人に何を言っても、『あなたは神経質なのね』で片づけられてしまうため、何も言わない方向にいくしかないのが残念です。」結果的にこの女性は、自分が安全だと考える飲み物を子供に与えることを事実上阻止され、危険性の疑いのある水道水を子供に飲ませつづけることを強要されたわけである。このような苦境におかれた母親は他にも大勢いたが、放射線の心配を質問した母親は、学校の先生から神経質でうるさい母親のばかげた恐怖心だと片づけられてしまうことが多かった。

理解しない夫たち

孤立しがちな心配する母親は、しばしば、夫さえもが自分の懸念を理解せず、大丈夫じゃないかと言って相手にしないことを嘆いた。真剣に安全な場所へ子供を避難させることを考えている母親もいたが、夫が納得しないため行動に移せない人も少なくなかった。母親の会に参加していたある女性はこう語った。「なんでか、私の言うことは右から左に抜けていくようで。やはり、家庭でママだけが頑張っているのは辛いものがある。パパにも理解してもらわないと……。最近、それを実感しています。そういう家庭、多いと思います。」この問題に対する父親の沈黙を指摘する者はほかにもいた。中部大学の武田邦彦教授は、放射性物質を含む可能性のある食材を子供たちに「政府ぐるみ」で強要している事態に対し、父親たちに立ち上がり母親の抗議に参加するよう自身のブログで促していた。「お父さん、不思議なことに子供の健康には興味がない……。生産者も流通も、そしてマスコミも実に『堂々』として いて悪びれた様子もない。逆に『放射性物質が入っていない食材』を探すお母さんを『ばかやろう！』と呼ばわりするのだから、日本社会の倫理はどうなっているのだろうか？　再度、呼びかけたい。お父さん、せめて戦線に復帰してください。」（武田 二〇一一）しかし、教授の呼びかけに応じる者は少なかった。一部の父親、特に時間に柔軟な職をもつ男性以外の参加は少なく、明らかに放射線抗議行動は女性によって導かれたものが多かった。

その男女の違いを象徴するような事態が二〇一一年一〇月二七日に起こった。東京の経済産業省庁舎の前で「原発いらない福島の女たち」と名のるグループが、全国の賛同者とともに一〇日間の座り込みを始めた。講義行動が行われるなか、代表者、賛同者役三〇人が入庁を許され、放射線量の高い地域に住む子供たちの避難や原子炉の永久廃炉など具体的な要求が伝えられた。通された会議室で七人の男性職員を前に抗議する三〇人の参加者はほとんど全部女性であった。その光景は、思いを必死に訴えかける女性たちを前に、抗議が終わり母親たちが黙るのをひたすら待つ、無表情を誇張したスーツ姿の男性役人がずらりと並ぶという非常に印象的な映像だった。

原子力の安全性に対する父親の楽観主義は、父親を原子力エネルギー支持者に変えてゆくという政府の意図的な努力と関わっていることも考えられる。一九九一年に旧科学技術庁（現文部科学省）が発行し、震災後、『西日本新聞』（二〇一一年七月二〇日付）によって公表された原子力広報のガイドラインによると、「父親層がオピニオンリーダーとなった時、効果は大きい。父親層を重要ターゲットと位置付ける」と父親を重視していた。皮肉にもガイドラインは、主婦層に対しては「自分の周りに原発がなければ、他人事としか受け取っていない」などと説き、女性を重要性の低い人口として扱っていた。

ロビン・レブランクによる日本人男性の政治参加の制約としてのマスキュリニティの分析は、父親の無関心の謎を解く別の手がかりとなりうる。筆者は、非エリート男性のほとんどは、家庭の大黒柱として働くという期待される性別役割分担のために、地方政治への積極的参加から女性同様に阻止されていると指摘する。仕事に身を捧げ働くことが当たり前とされる男性は、「雇用者や社会規範と戦わなければ、父親という当然の権利と思える人生の側面に関わることさえできないほど、人生の選択肢を制約されている」（LeBlanc 2010:43）と。非エリート男性が地方政治から除外されているのと同様に、男性の市民社会への参加もまた阻止されていると私は考察する。子供の健康を守る役目は一般の社会規範では男性の役割領域外とみなされているため、多くの父親は仕事をおいて放射線から我が子を守る行動に参加することができない。良い父親とは良い労働者であるという国家公認の性別役割分担が、日本において男性らしさとは何かを強力に制約し、子供の命を守るという親として最も基本的な責任を果たすことさえ不可能にしている側面がある。

避難所と並行して再開した小学校。その混乱とは対照的な靴。秩序・安定・子供の命。宮城県、5月10日。

男性とは対照的に、女性にとっては影響のある地域に住む子供の母親であるという事実自体が、抗議を組織化し子供を守るため政府にできないこともやりうると信じる十分な根拠となった。母親のグループの一人は、「多くの人が放射能の恐怖に怯え、静かにそのストレスに耐えていることを知りました。まずは声を上げ心配を話しましょう。そうすれば、政府よりももっと子供を守れるはず」と語った。学校、インターネットなどを通して同様の懸念を持つ人々に出会った母親たちは、少しずつ自分の考えに自信をもつようになり、考えていたほど政府が信頼できるものではなく、自分自身で問題に向かっていかなければならないと実感する女性が声をあげはじめた。三歳の幼児の母親大槻恵子さんはこう語った。

今回の地震で、行政にできることは限りがあると目が開いたんです。放射線のことでも測定さえしてくれないじゃないですか。保育所なんかでも自分たちでやりはじめたんですよ。やってみたら、すべり台の下なんてすごかったりするので、そしたら、掘り返してもらったりとか。実際に何かできることもあるってわかりはじめたんです。

母親たちは声をあげ行動をとることによって、同じような思いの人が他にもいることがわかり勇気づけられた。「私の息子の幼稚園でも放射能測定を実施します。立ち会いしてきます。関心のある親が私の他にもいるってこともわかってきました」と、仙台市のある母親は意欲を示した。「さっそく、あいコープ企画の田中優さん講演会チラシの掲示を園にお願いしてきました。」講演の副題は、「原発に頼らない社会へ」だった。ポスターの掲示を頼むという単純な要求は、他の状況では取るに足らない行動だったかもしれないが、国民の多くが口を閉ざしているという社会環境では勇気を必要とする行動だ。原子力エネルギーについて政府と異なった考えを示し、人々に講演の参加を募るという小さな行動でさえも、若い日本人の母親にとっては大胆な行動だった。

性的役割分担——女性の政治的行動と制約

女性はしばしば、特に日本人女性は、非政治的に描写されることが多く、いくつかの注目すべき著作（Pharr 1981; Bernstein 1991; Uno 1993; LeBlanc 1999）を除き、社会的、政治的変化における女性の役割は、前線で活動する男性の影で従的にみられる傾向がある。一般的に女性は政治に無関心とみられ、社会的抗議行動への参加は不自然とみなされる。西洋の状況でさえ、女性の貢献はその抵抗の歴史的事実にもかかわらず「無視されるか、誤伝されるか、もくは、男性支配の世界歴史から抹消されていまっている」と、ウエストとブランバーグ（West and Blumberg 1990）は説き、政治活動が正式な「上からの力」への参加と狭義に定義されている限り、女性の社会運動や抗議活動への関与は見落される可能性があると指摘する。非エリート日本人主婦の日常生活と政治との関係を調べたレブランク（LeBlanc 1999）は、地方政治や地域社会において「主婦」とは公的肩書きであり、共通の認識と団結の正当性を提示しうるアイデンティティであると主張する。母親は往々にしてこれらの女性の地域活動の中心に位置する。福島原発の放射線災害に対する母親の行動は、長期的な影響を及ぼす可能性をもつ、日本人女性の草の根活動の「下からの力」を表すものである。

日本の一般女性の政治影響力は、母親であり妻であるという国家承認を受けた女性の役割をもって道徳的正当性を得ている。女性の第一の社会的責任は、家事を行い、家族の健康を守り、子供の教育をするという家庭内を中心とした領域に、社会規範により制約されている。アンドリュー・ゴードン（Gordon 1997）は、国家と企業が男女の役割分担を積極的に構築し、男性が労働力を提供し経済活動に専念できるよう、家庭内は女性が管理するという体制を作ったと力説している。ゴードンは、一九五〇年代、六〇年代の新生活運動のような社会的キャンペーンを通じて、階層にかかわらず女性が家を管理し、男性は職場を管理するというジェンダー関係のモデルを社会に浸透させたと主張する。近代の歴史を通して、婦人の声は国家利益促進のための統合努力の一環として組みこまれ、婦人会の一般女性を質素かつ合理的主婦に育成するキャンペーンなどは、貯蓄を促進していた国家政策に積極的に取りこまれていった（Garon 2000）。しかし、女性もただ受動的に国家政策の道具とされていたわけではなかった。戦後を通して女性自身が、与えられた良妻賢母の理想を自分なりに解釈、再解釈し、女性の家庭外での活動の意味と正当性を作りだしてきた（Uno 1993）。

国家による積極的な男女役割分担構築は成功したが、家庭管理の責任を女性に委任したことにより、意図しなかった結果が生みだされたと私は考察する。女性が、労働者と子供の健康を脅かす企業とそれを追従する国家の無責任を追求する先導の声となっていったのだ。非政治的で追従的という日本女性のイメージとは逆に、主婦や母親は日本の社会運動の隠れた、そして時には表立った原動力となってきた（McKeen 1981）。たとえば、一九六〇年代の水俣病の原因となった化学薬品会社チッソを相手取った訴訟は、国の援護を受けた企業に挑む勇気をもった原告の女性たちなしには不可能だったはずである。その法的勝利は、一九七一年に総理府に環境庁を設置させ公害汚染者に対し厳しい罰則を設定させた。最近の例では、「過労死」という言葉を家庭用語にした反過労死運動がある。過去二〇年間、過労死被害者の母親や妻たちは原告として長期にわたり政府と企業への抗議を続け、労働者災害補償保険法や労働に関する法律を改正させてきた（Morioka 2008）。子供を守る道徳的権限をもつ母性は、女性が自分の本質的理解力を信じ、政府や企業の権威への従順を当然とする文化的、社会的規範への挑戦を可能にする。国家が母親に保護者の役割を放棄し、国のために子供を犠牲にすることを強いた第二次世界大戦中とは違い、母性保護の正当性を脅かすイデオロギーは現代日本においては存在しない。社会抗議をなす女性たちは意識的または無意識にも、女性、特に母親を、自然な保護本能をもつ無私な育成者とみる一般的文化的大前提をうまく活用してきたのである。

しかし、この母性を前提とする女性の社会的影響力にも重要な制約がある。彼女たちの抗議の声は、家庭運営に限定され従属的地位にある主婦、母親であるからこそ耳を傾けられるのであり、その結果、子供と夫の健康といったような伝統的に女性の領域とされる問題にしか、効果的に影響を与えることができない。たとえば東北の母親たちが、地方政治における極めて少ない女性議員の数を訴えても、おそらく真剣に取り合ってはもらえなかっただろう。これは、政治的行動の正当性を母性の道徳的権威から得るという方策の影の側面であり、皮肉にも、主張を支える女性としての社会的役割が同時に、一般女性の政治参加の領域を家庭に関わる問題に制限させてしまっている。

しかし、あらゆることを考慮しても、あえて声をあげる母親の存在は日本における民主的社会変化を期待させる。母親の抗議は、その圧倒的な権力をもって日本の文化的規範や社会常識まで作りあげる政府や企業に抵抗しうる市民の意思を意味する。宮城県では、民衆のほとんどが放射線の影響を否認し、政府が正常の生活を取りもどしてくれるのをただ待ちつづけていた。その一方で、中央政府は災害がまるで地方の問題であるかのような態度をとり、苦闘する地方自治体は緊急対策に追われ、官僚的手続きによって身動きがとれず、放射線への懸念には積極的に対処できずにいた。もし、地域で心配の声をあげ、政府の対応に不満を表明した母親たちがいなければ、福島災害後地方自治体に出された要請や抗議行動の多くは行われていなかっただろう。二〇一一年九月一九日に東京で行われた戦後最大の反核デモ、一一月の「原発いらない女たち」によって行われた一〇日間の座り込み、その後抗議行動の拠点となった経済産業省前に立てられた「テントひろば」、そして二〇一二年六月、七月には数万人の支持者が集まった首相官邸前での毎週金曜の抗議運動は、地方での母親の懸念が若者や反核運動家の抵抗と集結したものだ。

東北の母親たちがとった行動は、日本政府や企業のアカウンタビリティ、核災害に対する責任を求める女性たちの勇気を表すものであり、このような勇気と行動が今以上に必要とされることはめったとない。

注

（1）この章に使われている個人、団体名はすべて仮名である。

（2）日本政府は東北大震災後、放射線汚染の最大許容量を毎時〇・一九マイクロシーベルトから毎時三・八マイクロシーベルト（年間一マイクロシーベルトから二〇マイクロシーベルト）へ引き上げた。この暫定基準は、改定を「不道徳（Unconscionable）」と非難したカナダ医学会ジャーナル（*Canadian Medical Association Journal*, 21 Dec. 2011）をはじめ多くから批判を受けた。

参考文献

Bernstein, Gail L., ed. 1991. *Recreating Japanese Women, 1600-1945*. Berkeley: University of California Press.

Garon, Sheldon. 2003. 'From Meiji to Heisei: The State and Civil Society in Japan.' In F. J. Schwartz and S. J. Pharr（eds.）*The State of Civil Society in Japan*. Cambridge: Cambridge University Press.

Gordon, Andrew. 1997. 'Managing the Japanese Household: The New Life Movement in Postwar Japan.'*Social Politics*（Summer）:245–283.

LeBlanc, Robin M. 1999. *Bicycle Citizens: The Political World of the Japanese Housewife*. Berkeley: University of California Press.

——. 2010. *The Art of the Gut: Manhood, Power, and Ethics in Japanese Politics*. Berkeley: University of California Press.

McKean, Margaret A. 1981. *Environmental Protest and Citizen Politics in Japan*. Berkeley: University of California Press.

Morioka, Rika. 2008. 'Anti–Karoshi Activism in a Corporate–Centered Society: Medical, Legal, and Housewife Activist Collaborations in Constructing Death from Overwork in Japan.' Ph.D. Dissertation, Department of Sociology, University of California, San Diego.

Oliver–Smith, Andrew, and Susannah H. Hoffman, eds. 1999. *The Angry Earth: Disaster in Anthropological*

Perspective. New York and London: Routledge.（アンソニー・オリヴァー＝スミス、スザンナ・ホフマン『災害の人類学――カタストロフィと文化』若林佳史訳、明石書店、二〇〇六年）

Pharr, Susan J. 1981. *Political Women in Japan: The Search for a Place in Political Life*. Berkeley: University of California Press.

Richardson, Gardley, and Scott C. Flanagan. 1984. *Politics in Japan*. Boston: Little Brown.

Uno, Kathleen. 1993. The Death of the 'Good Wife, Wise Mother? In A. Gordon (ed.) *Postwar Japan as History*. Berkeley: University of California.

USTREAM　二〇一二「原発いらない福島の女たち」二〇一二年一〇月二七日経産省交渉。〈http://www.ustream.tv/recorded/18140229#utm_campaign=synclickback&source=http://blog.livedoor.jp/amenohimoharenohimo/archives/65772087.html&medium=18140229〉二〇一二年一月三一日アクセス。

Vogel, Lauren. 2011. 'Public Health Fallout from Japanese Quake'. *Canadian Medical Association Journal*, December 21, 2011. Retrieved January 9, 2012. 〈http://www.cmaj.ca/site/earlyreleases/21dec11_public-health-fallout-from-japanese-quake.pdf〉

West, Guida, and Rhoda Lois Blumberg, eds. 1990. *Women and Social Protest*. Oxford: Oxford University.

警察庁緊急災害警備本部　二〇一一　『平成23年（2011年）東北地方太平洋沖地震の被害状況と警察措置』。〈http://www.npa.go.jp/archive/keibi/biki/higaijokyo.pdf〉二〇一一年九月二三日アクセス。

武田邦彦　二〇一一　「倫理の黄金律と牛乳・粉ミルク」、武田邦彦（中部大学）ブログ、二〇一一年一〇月三日付エントリー。二〇一二年一月二三日検索。〈http://takedanet.com/2011/10/post_d5f2.html〉

Ⅲ　被災者たちの日常

「皆一緒だから」
――岩手県山田町の津波避難所における連帯感

ブリギッテ・シテーガ
（池田陽子訳）

避難生活が始まって一〇日目に、ここから峠を超えたところにある豊間根地区の鉱泉の経営者の方が被災した人たちのためにお風呂を開放してくれたんです。送迎バスが出て。思っていたより早くお風呂に入ることができましたね。もっと、もっとお風呂に入れない日々が続くのかなと覚悟していたので。お風呂はすごく気持ちよかった！　本当にほっとしました。その後しばらくして、避難所にも電気と水が来て。手を洗えるようになって、お水が飲めるようになって初めてひと安心したというか、生活面が少しずつ良くなっていきました。（戸田晴子*(1)、三六歳、南小学校避難所、避難中）

人は大きな危機に直面した時どう反応するのか。どのように助け合い、どんな時に協力を拒むのか。さまざまな人々が、暮らしてきた共同体を一瞬にして失い、家を破壊される過酷な体験を共にした時、ジェンダーの関係や役割を含め社会の序列や力関係はどう変化するのか。

岩手県沿岸の山田町《やまだまち》(2)で、津波後、家も失い、避難所暮らしをしていた人々が、自分たちの暮らしを取り戻すためにとった重要な行動の一つが、身体を清潔にし、避難所の環境をきれいにすることだった。戸田晴子さん[*]の言葉から、三月一一日の大震災後初めての入浴は、溜まった汚れを洗い流しただけでなく、生活上の秩序と安定の再建の始まりだったことがわかる。この章では、基本的な設備が整っていない、人で溢れかえった避難所でどんな問題が浮上したか、そして感染症による汚染はいかに予防され解決されたかについて明らかにする（山田町で放射能の恐怖を話題にする人はあまりいなかった。原発事故現場から約三二〇キロメートルほど北に位置し、山に守られたこの町では、他に喫緊の懸念があった）。また、ほとんど機能していない汚れ切ったトイレが、避難者の気持ちの安定や羞恥心に及ぼした影響について論じる。災害に見舞われ、清潔さを保つことが困難な状況に人は動揺していたが、洗っていない服や体臭には容易に耐えることができた。汚れまみれの状況をともに経験した人たちのあいだには、逆境にあるのは「皆一緒」という思いが生まれ、その状況は団結のきっかけともなり象徴ともなった。避難者たちは学校で慣れ親しんだ班の制度を避難所で取り入れ、すぐに衛生状態の改善に取り組み始めた。清潔な環境作りに向けて協力し合うことで自分たちの境遇に立ち向かい、重くのしかかる不安を拭い去ろうとしていた。

大災害による避難所生活に関する人類学の研究は数えるほどしかなく（例えばBlinn-Pike 2006）、基本的な問題である清潔や衛生に着目したものはないため、今回の例と比較できる国際的事例は限られている。しかしながら、災害後の社会規範、特にジェンダーの役割の変化については過去にも研究されており、見解が分かれていて興味深い。一九九七年、カナダのレッド川流域の大洪水について研究したリンダ・ジェンクソン（Jencson 2001: 15）は、災害に遭い復興した地では、コミュニティの特性がより豊かになり、男女の格差は霞んだとしている。被災者の話は「ジェンダーが対等なことや男女の役割が逆転したことを反映していた」。それとは対照的に、スザンナ・ホフマン（Hoffman 1999: 174）は、一九九一年のアメリカ西海岸オークランド大火災の後「被災者が最初にとった行動は（……）大火災の直前までしていた生活様式を再構成することではなく、古く深く根づく文化様式に頼ることだった」と論じている。その傾向は男女の役割と役割分担に対して特に顕著で、それは公と私を分けて考える文化とも密接に関係している。多くの女性が職を失うか諦めるかし、できた時間を家族の世話や家庭の日常を取り戻すことに費やした。

ジェンクソンは、災害によって、新しく、革新的ともなりうる生き方を模索せざるをえない状況が生まれると見ている。ホフマンは、災害によって、男女格差が大きかった時代の昔の慣習が見直されると考えている。これら北アメリカの例を心に留め置きつつ、東北ではどうだったかに目を向けてみる。片付けやそうじは日頃から男女の役割がはっきり分かれている事のため、避難所の清潔さに着目することで、大きな災害が、社会構造、特にジェンダーの関係と役割分担に与える影響を知ることができる。

山田町と3・11の大震災

山田町の中心部や海岸沿いは、震災により甚大な被害を受けた。計三三四六棟の住宅（全体の五五・五％）が津波とその後発生した火災で壊れ、うち二七八九棟は全壊または完全消失した。死者の数は七三四名に上った。(3) 避難所でエスノグラフィー調査を行うため、二〇一一年の六月一日から一三日までと七月一五日から二五日の間、山田町に滞在した。(4) 曹洞宗龍昌寺の住職、清水誠勝さん（六八歳）と妻典子さん（六〇歳）のご好意で寺に泊めていただいた。すんでのところで津波と火事の被害を免れた龍昌寺では一二〜一五人の被災者が避難生活を送っており、私はしばしの間彼らと生活を共にした。住職には、いろいろな人を紹介してもらい、必要な時には運転手の手配、インタビュー用の静かな部屋の提供までしてもらった。家を失った人とのインタビューのため、そういった場所が必要不可欠で、部屋があったのは大変助かった。もう一ヶ所、南小学校でも調査を行ったが、約一〇〇人が寝泊まりしていた体育館に入る許可までは下りなかった。他の避難所も何ヶ所か訪問した。知り合いになった元高校教師の松本トミさん（八一歳）の人脈を辿れたこと、さらに今回の調査プロジェクトが地元紙の『岩手日報』（二〇一一年六月四日付）に紹介されたこともあり、インタビューを快く引き受けてくれる人は容易に見つかった。避難所で暮らす人を中心に、津波で壊れた自宅を修復し、避難所生活の後、家に戻って暮らしていた数人も含む三〇件の綿密なインタビューを行った。一件につき一時間から四時間かけたこれらインタビューに加え、滞在先の寺や、同行させてもらった医師の往診先、また市内を歩いて出会った多くの人たちとたくさん会話をもった。人々は胸の内を気さくに話してくれ、話をしてすっきりしたと言った人もいた（Steger 2011 参照）。避難生活中で普段より自由時間があったこともあるが、

龍昌寺で協力者たちとともに。

それ以上に、震災以降たくさんの人に支えられてきた恩返しに人助けをしたいという思いからかもしれない、私の調査に喜んで参加してくれたように思う（本書、スレイターの章参照）。

予想外だったのは、ほとんどの人が、一定期間の「記憶を消失」していたことで、調査に工夫を要した。皆、地震、津波発生時からの数時間をどう過ごしたかについては詳細に語ったが、その後の数日間、場合によっては数週間のことについてはよく思い出せなかったり、覚えていなかったりした人がほとんどだった。時間の感覚が著しく曖昧で、記憶の欠けている部分を他人から聞いた話や新聞で読んだことで補っていたようだった。住職の清水さんは、被災者のなかには、他人の出来事をまるで自分に起こったことのように話してしまう人もいるから気をつけてと教えてくれた。そうした現象は、精神的衝撃が大きい出来事に直面した人に一般に見られるが（Elzinga and Bremner 2002）、その現象ついては、今後出版予定の、避難所生活に関する自著でさらに探究する予定である。今ここでは、そうした現象があるため、人々の記憶を辿りながら避難生活の様子や出来事を描きだし解釈する作業は複雑であり調査法の難しさがあったことのみ強調しておく。質問を繰り返しても、どうしても被災者が思い出せず、埋めることのできない空白もあった。

靴を脱ぐこと——避難所を「うち」にするために

テレビ報道で映し出された避難者たちは、避難所の入り口で靴を脱ぎ揃えていた。外国のメディアはこの様子を、日本の秩序と沈着を象徴する光景として賞賛した。しかし、最初は不安と混乱が広がっていた。津波を逃れて南小学校の校庭に集まっていた人々は、三月一一日の夕方、体育館に入るよう指示を受けたが、靴を脱ぐことなど誰も考えてもいなかった。実際なぜ靴を脱がなかったか理由は明らかだった。暗く混雑した建物内で靴を一度脱いだら見つけられなくなるし、体育館は裸足で歩くには寒すぎたからである。しかし、それだけではない。さらに指摘すべき重要な点は、当時、避難者が、体育館を「家《うち》」と見なしていなかったということである。まだ誰も、その体育館で長期間暮らすことになるとは想像もしていなかった。話を聞いた人は皆、数時間して津波が収まったら、家に帰って後片づけに追われ、その後日常生活に戻れるだろうと当然のように考えていた。

しかしながら、時間がたつにつれ、南小学校に避難していた人々は、この体育館での仮住まいがしばらく続くという現実を受け入れざるをえなかった。南小学校で数週間過ごしたのち、床の張り替えや掃除、修復を終えた自宅に戻った松本トミさんと避難所生活をしていた稲川夫妻はインタビューの中でこう語った。

　最初、南小学校には一八〇人くらいが避難していて、埃《ほこり》っぽく、通路もないくらいで大変だったんです。医療支援があって学校に病院のお医者さんたちがいたんで、診てもらいに来る人が大勢いたけど、土足で、スリッパに履き替えないから埃がひどくて、すごく汚くなりました。今は皆の分スリッパがあるから。多分どこからかの支援のおかげで。この間、誰かが外でスリッパを履いていて、「あの方、外でスリッパ履いてる」とショックだったけど、よく見たらスリッパに「外用」って書いてあって、ああ、外用のスリッパだ、って。

その話をしてみんな声を出して笑った。内履きのスリッパを外で履いている人を見かけ、そのスリッパに付着した泥が室内に持ちこまれることを怖れる気持ちが、外専用のスリッパだったというわけで、問題なかったねと安堵の笑いに変わった。

人類学者メアリ・ダグラスは、内・家はきれい、外は汚いとする区別はどの文化にも見られる基本の分類と指摘する。内は、靴や洗っていない手に付着して外から持ちこまれる泥など不潔なものに脅かされる（cf. Douglas 2002［1966］; Ohnuki-Tierney 1994: 21-50）。南小学校で避難生活を送る三浦美智子さん（五六歳）はこう話した。

他の場所では病気がはやったけど、うちでは蔓延しないんですね。風邪を引いても早くに隔離した。あと、流行性の胃腸炎がはやった時もいち早く隔離して治療したから。衛生の面では、南小学校は一番しっかりしている所じゃないのかな。体育館は、土足はもういち早く厳禁にしたし、入るときはアルコール消毒するように徹底している。（……）保健師さんとか看護婦さんがそういうのをちゃんとしましょうねとアドバイスしてくれて、自分たちでも考えていた。避難所の理事長さんを決めて、その人たちと班長さんたちが話し合ったりして、土足はだめにしたんです。（……）最初の頃はみんな（壊れた自宅を見に）町に出たりして汚れて帰ってきたので。そのまま入ってたんでは病気が蔓延するから。

三浦さんは、掃除できれいにする取り組みと、菌や泥が外から持ちまれることを防いで病気の蔓延を予防する必要性を関連づけて説明している。しかし、それだけではない。きれいにしておくこと、特に床をきれいにすることは、体育館をもっと根本的に安全な場所として区別するためでもあった。

最初はボランティアや災害支援で来た人たちの助けを借りて、学校の床掃除が始まったようだ。まだ電気も水も復旧していなかったため、「昔ながら」の方法が頼りだった。細くちぎって濡らした新聞紙を床に撒き、それをほうきで掃いて埃《ほこり》を絡めとった。この掃除方法（もとは使用済みの濡れた茶葉を使用）は掃除機が一般に普及する（一九六〇年代から七〇年代にかけて）以前の日本で一般に見られたものだった。埃がなくなると、いくらかは快適になった。しかし濡れた新聞紙とほうきでの掃き掃除に除菌効果はあまりない。埃は実際に見える汚れだけでなく、そこに、菌だけでなく、見えない、臭いも無い、感じることのできない汚染があるかもしれない汚れとして感じられているように思われる。また霊的、精神的次元で語られる埃もある。例えば、新興宗教の天理教では、身勝手で自分中心なことを「心のほこり」と表現する。(5) 人々は、ほうきの力を借りて、埃を掃くことで、これらもろもろの危険な汚れを一掃しようと努めていた（Hildburgh 1919によれば、多くの文化圏でほうきは力と支配を表す道具とされる）。

エリザベス・ショヴは「掃除の本質は、社会の中にある境界線を監視し、秩序を取り戻すことにある」と考えたが（Shove 2003: 84）、そのとおり、靴を脱ぎ履きし掃除に工夫を凝らして、汚れた外と内《うち》とを区別することによって、避難所が、仮り住まいとはいえ、自分たちの家と思える場所になった。これが校内に、部外者が容易に入れてもらえなかった理由である。山田町を二回目に訪れた際インタビューした、町の危機管理室長の白土靖行氏は、たとえ善意の目的でも、研究者やジャーナリスト、ボランティアなど誰もが避難所に自由に出入りしたのでは、避難所にいる人たちを病気や犯罪から守ることができないと指摘した。このことからもわかるように、学校の体育館をきれいにするのは、感染症による汚染を防ぐなど単に衛生面のためだけではない。より大切だったのは、余震が多発するなか、愛する人、家、仕事、住んでいた町を失って心癒えない人々が暮らすこの場所を、できるだけ快適で安全と思える室内空間にすること、さらには家《うち》にすることだった。津波を経験した人々は、自分の命や生活が脅かされていると感じていた。それでも、今、身を置いている環境の泥や汚れを管理することで、ある程度、気持ちの安定をとり戻すことができた。メアリ・ダグラスは、「埃や泥を払い、壁紙を貼り、部屋を飾って整頓するのは、病を防がなければという心配に突き動かされてとる行動ではなく、前向きに環境を変え、趣向に沿うようにするためである」(Douglas 2002: 2) と説く。が、これに完全には同意できないところがある。山田町で、皆が、泥や不潔にすることを避けた主な動機は、病気感染を心配していたためだった (Kirby 2011: 115も参照)。ただ、身の回りの環境に秩序を見いだすだけでなく、病気を避けると同時に、社会的秩序を再構築することも掃除の主な目的の一つだったと思われる。

どの家族も部屋の隅に持ち物を集め整理整頓に努めていた。

龍昌寺では、避難してきた当初から皆、建物に靴を脱いで上がり、土足になることはなかった。汚れて濡れた服のままで畳の本堂に入ることを躊躇し、申し訳なさそうにした。パニックの状況でも、個人宅にお邪魔するのと同じ気持ちで寺に来たため靴を脱ぐのは当たり前で、そうしない人は誰もいなかった。

水と食の衛生

衛生状態と清潔さを保つにあたって、断水と停電が問題の中枢となった。がれきで道が埋もれていた時は自衛隊の給水車すら来なかった。南小学校では、町内でもいち早く、震災発生からわずか八日後の三月一九日に水道が復旧した。(6) しかし、人々は、復旧までにもっと長い日数がかかったように記憶していた。日々をどう乗り切るかに精一杯で、時間がなかなか進まないように感じていた。幸運なことに、裏山に沢があり、そこで水を確保することができた。龍昌寺で避難生活を送る若き漁師の白野貴さんにとって、震災直後、この水汲みが最も重要な仕事だった。彼の父親は、同じく漁師だが、消防士でもあり、がれきの中で行方不明者の捜索にあたっていた。

水道が止まってたんで、水の確保が重要な課題の一つでした。山田町の周りには、沢水が流れているところが数カ所あるんです。道は悪いんだけども。沢水を運んだんですよ。とにかく一所懸命でした。最初は一人でやってたんですけど、そのうち二、三人手伝ってくれるようになって。いつでもリュックには空のペットボトルを入れてました。だんだんと道路も片づけられて、自衛隊の給水車が寺の門まで来るようになって、そこで水をもらえるようになりました。(白野貴、二九歳)

南小学校へ通じる細い山道は無事だったため、自衛隊の給水車は、大震災から二日経つか経たないかのうちに南小学校に来たようだ。自宅に残っていた人々のなかには、長年使っていなかった庭の井戸から水を汲むなどしていた人もいた。数十年も使っておらず、水質検査もしていなかったため、飲むことはためらわれたが、少なくとも飲料用以外の水は井戸水で賄うことができた。砂と海水と汚泥にまみれた家を掃除する骨の折れる作業や洗濯に井戸水は大変重宝した。飲み水は貴重で、入手に労力を要したので、少しずつ大切に使うことと、飲む前に沸かすことがとても大事だった。貴さんの母、白野美貴子さん(五一歳)はこう説明した。

最初は水を少しでも無駄にしないようにほんとに気をつけました。食事にはラップを敷いたお皿を使い、それをうっかり破いて皿が汚れたとき以外は水で洗うことはありませんでした(7)。箸は割り箸で、紙コップにはそれぞれ名前を書いて、マイカップにして、繰り返し使いました。今(六月)のように、料理を小鉢にそれぞれ盛り分けることなどできず、大きな鍋をテーブルにそのまま置いて、そこから魚や野菜を自分の皿のご飯の上に取り分けていました。できる限り皿を洗わなくて済むようにと。まだ寒かったのは助かりました。冷蔵庫がなくても腐りにくい時期だったので衛生管理がまだ楽でした。普段お茶を飲んでましたが、沢の水を飲む時も必ず沸かしてから飲むようにして、お腹をこわさないように気をつけていました。

山田町のまだ新しかった県立病院は浸水したが、町役場と大きな避難所には、災害発生後間もなく、医療所が設けられたため、町で診療を受けることができた。ただ、水や電気が通らず、医療用品が不足

女性たちがおにぎりを準備している。マスクを付けている人もいない人も。龍昌寺にて。

するなか、できる治療は応急処置、消毒、心のケア、それに予防ケアに限られていた。感染症にかかった人、重篤な患者、慢性疾患のある人は他の地域に送られた。すぐには病院に行けないことがわかっていたため、皆感染症には特に気をつけていた。最初のうちはたき火で、それ以降は主にカセットコンロでお湯を沸かしていた。話を聞いたうち何人かは、保健師や看護師が、食物の衛生管理についてアドバイスしたりするため頻繁に訪ねていたとふり返った。除菌用手指消毒液も持ってきてくれたという。清水典子さんは、龍晶寺住職の妻として、避難者を受け入れていることへの責任感から、特に台所の衛生管理に力を入れていた。国際比較的には、日本では公衆衛生教育と実践が行き届いており、幼児でさえも、子供に人気のアニメ主人公アンパンマンを使った様々な取り組みを通じて、清潔にして菌から身を守る大切さを知っている。お湯は沸かして飲む、食べ物にはラップをかける、手洗いと消毒をきちんとするなど衛生上の約束事を守ってもらうことは、そういう意味で難しいことではなかった。多くの人は言われなくともすでにそうしていたし、調理の際にはマスクや手袋の着用を心がけていた。

マスクの着用は人によってまちまちだった。マスクは避難所で配られ、利用が奨励されていたが、おにぎりを作っていた女性たちのなかにも、マスクをしていない人はいた。料理の時マスクをしていた同じ人が、次の料理の際にはしていなかったりするなど、着用は徹底されていなかった。住職は、私には、外は埃っぽいので外出時にはマスクをかけるようにと勧めていたわりに、本人は一度もマスクをしていなかった。一般的に、マスクは、菌や埃などから身を守るため、そして、自分が食べ物に菌を撒き散らさないようにする目的で使用されていた(8)。

トイレ問題

公に語られることはほとんどないが、津波で被災した人々にとって、トイレは、非常に重要で大変な問題だった。インタビューでもトイレ問題を話題にする人が多かった。避難所になった学校のトイレは、そもそも、あれほど大人数が利用する想定で作られておらず、断水と停電がそれに追い討ちをかけた。小学校のトイレは子供用のため、小さめでもあった。幼児と小学生の子を持つ戸田晴子さん*（三六歳）は先の見えない状況について詳細に述べた。

断水が続いて、南小学校がどんどん不衛生な状態になってきたんです。まずトイレが本当にもう汚くなったんです。トイレを流すのに、プールの水を使ったんですよ。何度も水を汲みに行って、トイレのタンクに入れて流したりはしてたんだけど、それでもやっぱり流れなかったりして。電気がないために、浄化槽の機械が機能しなくて溢れてきたんです。で、トイレがもう使えないとなって。便をする人は、裏山や中庭に穴を掘ってトイレを作って、そちらでやってください、ということになりました。でもその後に手がちゃんと洗えなくて。バケツの水はあったんですが、その水も汚いくらいで。子供のおむつを取り替えても手が洗えないし。本当に、本当に汚いんです、手が。たまにウェットティッシュで拭いてはいたんですけれども、ウェットティッシュが本当に貴重だったので、無駄に使うことはできなくて。しまいには、感染性胃腸炎になって、救急車で宮古の病院に搬送されました。入院というか、治療を受けたのはひと晩だけで、翌日には良くなったんですが、病院でさえも使える水には限りがあったので、そこでもシャワーを浴びることはできませんでした。

いつまでこの状態が続くのか、この先どうなってしまうのか、次から次とトラブルが襲ってくるので、本当にやりきれない不安な気持ちでいっぱいでした。ストレスと疲労はどんどん増すばかり。やっぱりもう、全然眠れなかったです。熟睡できなくて、眠りについてもまた目が覚めちゃって。不安が頭の中をずっと巡っているような感じで、よく考えることができませんでした。

トイレが、懸念の中心となったのは、感染症のリスクのためだけではなかった。戸田さん*は、感染性胃腸炎にかかったことについて、二度目の長いインタビューをした時まで打ち明けなかった。不衛生な状況は避けようもなかったのに、それが原因で感染したことを、明らかに恥じていた。自分の家も、持ち物も、親しい家族や友人の安否も、自分の力ではどうすることもできないでいるところに、余震も頻繁に起きていた。それらすべてのことが、不安と不眠の原因となっていた。排泄さえも思いのままにならないような状況が、個人の気持ちを不安定にした。自分の生活や身体のことが、思いどおりに十分に管理できないことを恥じているようなところがあった。

地域の治安は、早い段階から当局により守られていたが、最初の数日間はほとんど眠れなかったという人ばかりだった。強い余震が多く、親類や友人のことが心配で、将来に対しては不安な気持ちで、見知らぬ大勢の人がそばにいたうえ寝心地も悪かったので、とても安眠できる状態ではなかった。結果として、夜何度もトイレに行く人も多かった。知らない場所にいて、外は暗く寒かったため、気が重いと感じている人もいた。そんな不安な気持のせいで、おねしょをする子供もでてきた。*山西志保さん（三六歳）は、避難所で、八歳の息子がおねしょをしだしたことについて話してくれた。おねしょをするような歳ではもうないのにと、母親も息子本人も当惑していた。洗濯機も使えず、シーツを洗ったり、ふとんを干したりすることが現実的に難しかった。母親は苦肉の策として、二歳の次男のおむつを、八歳の息子のためにこっそりふとんに敷いていた。

日本の若い女性に公共のトイレを使うのをいやがる人が多いことを考えれば、南小学校のトイレ事情が、苦痛の種、そして、ストレスの原因となり、避難していた人々を動揺させたことは容易に理解できる。龍昌寺のトイレが、電気や水のいらない汲み取り式だったことは、避難していた人にとって幸いだったという。佐藤辰也さん（四三歳）は下記のように語った。

お寺のトイレが水洗じゃなかったんで、トイレに関しては「平和」だったんですよ（笑）。ほかの場所では、水洗トイレが流せないのでかなりすごい状況になってしまったみたいです。別の避難所を訪ねていった時、そこのトイレに使い方を書いた貼り紙があって「『用』を足すときは紙を敷いてその上に出し、それを包んでゴミ箱に投げてください」と書いてあったんです。「大変だなぁ」と思ったんですよ。毎日のことですからね。そこの避難所には何百人も避難していたので、貼り紙が貼られる前は、かなりすごいことになってたんじゃないかな。でも、寺のトイレは震災に強いトイレです。それだけで皆気持ちが全然違うじゃないですか。毎日のことだし、清潔にしないとだめだというのがあるから。

トイレ事情も含め、様々な理由で、龍昌寺に避難した人々より、南小学校で避難生活をしていた人々のほうが、お風呂で身体を洗えない状況をより大きなストレスとして感じていた。そのため、震災後、南小学校のほうが、最初のお風呂に入れたのは龍昌寺より先だったが、その出来事を重要視する気持ちと感情的思い入れはより強かった。

風呂

被災後最初の入浴は、人々の胸に、特別意味のある出来事として刻まれており、マスコミも大きく報道した。日本人がお風呂を愛しているのはよく知られているが、津波から命からがら逃げて以来、最も鮮明に記憶に残っている出来事がこの最初のお風呂という人も多かった。この章の冒頭の引用でも明らかなように、最初のお風呂は、特に南小学校にいた人々にとって、やる気が起きない、記憶がはっきりしない、眠れない、不安だという気持ちに苛まれる状態から脱して生活を取り戻そうとするきっかけとなった。その最初のお風呂まで時間の感覚が曖昧な人が多く、年齢にかかわらず、ほとんどの人が、実際よりもっと長い日数待ったと勘違いしていた（前出の戸田*さんの言葉がその一つの例である）。最初の入浴までは、気が張っていたせいか、人の体臭をあまりに気に留めることもなかったという。人々は、衛生状態や感染症予防には気を使っていたが、体臭や洗ってない服については、常日頃からは考えられないほど無頓着になっていた。インタビューした人々は、「もしこれが夏だったら、汗ももっとかくし、清潔を保つことがより難しく、さらに多くの問題が生じていただろう」と語っており、季節も幸いしたといえる。が、それ以上に、被災のトラウマで、時間の流れや出来事を忘れるほどの猛烈なストレスに晒されていたことで、感覚や感情が、体臭や汚れに対してもある程度無関心になっていたと考えられる。

上野のり子さん（七〇歳）は、普段、毎日髪を洗っていた自分にとって意外なことに、一週間以上洗髪できなくても痒《かゆ》いとすら感じなかったと話した。インタビューした人は口々に「皆一緒」、あるいは「皆同じだった」と言った。例えば白野美貴子さん（五一歳）はこう回想した。

皆同じですから。幸いにも私の家族は全員無事でしたし。でも、やっぱり、家がある人に、家がなくなった人の気持ちはわからないだろうなという思いはありますよ。津波からあまり日にちが経っていなくて、皆、着の身着のままお風呂にも入らないでいた時、お化粧もきちんとしている女性がお寺に来たんです。それで「嘘でしょ！」って思ったことはね、ありますよ。

白野さんは、大災害に襲われていた地区で、普段なら当たり前の、化粧をした顔を見せつけることは、津波被災者を侮辱するようなものと強く感じていた。汚れを気にしていられない状況を共にすることが、苦難を分かち合い理解し合うことの象徴となり、それが共同体としての連帯感を生んでいた。

清潔さと秩序を取り戻すこと

南小学校のトイレの衛生状態を回復させることは、日々の暮らしに自信を取り戻すための大事な一歩だった。トイレ問題の解決は、文化的ノウハウや社会構造を利用して、人々がいかに衛生と秩序と、ある程度の安定を取り戻したかを示す良い例である。当初、被災者は皆生きることに精一杯で、掃除は、ボランティアや町役場の職員、自衛隊などに任せた。しかし次第に、自分たちのことは自分たちでしようと思い始めた、と佐藤勝美さん（六一歳）は説明した。

うちらの場合は、その、全体をまとめようっていう意志があったもんだから。それで四月一日には俺が（南小学校）避難所の理事長になって。皆で班を作って、お掃除当番、炊事当番って、週で交替してやりました。

掃除などの役割分担のため班を作ることは、日本では、学校やその他機関でお馴染みの方法である。南小学校では、人々が寝泊まりしている体育館のスペースを縦長に四列に分けていたが、班を作るにあたり、その列をさらに二分し、計八つの班を形成した。(9) さらに、列から外れ、壁際に暮らしている人は性別で所属班が決められた。そうした理由について、佐藤さんは、男性がほとんどの班が料理当番になったら、食事がひどいことになると思うからと説明した（滞在中、避難所で男性が料理に参加したという例はどこでも聞いたことがなかった)。各班には班長と副班長がおり、班の中の役割分担を決めたり、班を代表して、避難所の責任者や町の役人らと毎日ミーティングを行ったりしていた。班長はたまに替わったが、聞いたところによると、選挙や多数決で決まるのではなく、誰かが名乗りを上げることで「自然に」決まっていた。目上の人に促されて班長を引き受ける人が多かった。班長になることは相当の時間と労力を使うことを意味していた。最初のうちはほとんどの班長が男性だったが、仕事に戻る男性が増えるにつれ、女性がなることも多くなった。

インタビュー時、自身も班長を務めていた三浦美智子さん(五六歳)は、それぞれ矛盾する人々の要望に応え、皆のストレスが減るよう、班長たちは皆最善を尽くしていたと話した。避難生活は、多くの人にとって、我慢の限界を試されているようなものだった。東北の人は我慢強い、とよく聞くが、実際には、どれくらいのことを無言で我慢し、どんな時に班長に助けを願い出るかに関しては、個人差が大きかった。三十代のシングルマザーで、二〇一一年三月に、子供がまだ六ヶ月だった野田登紀子*さんは、高齢者と同様に、料理や掃除の担当を免除されていた。授乳室を作ってほしいと申し出て、乳児を持つもう一人の女性とともに、自分たちだけのための教室を与えられていた。それとは対照的に、山西志保*さん(三六歳)は、大家族の一員として体育館で寝泊まりしていた。彼女は、仕切りもないぎゅうぎゅう詰めの場所で寝ることに大きなストレスを感じていた。仕切りがないために、山西さんは、よちよち歩きの自分の息子が他人の邪魔をしないよう常に注意を払っていなければならなかった。彼女に一番ほしいものは何かと訊ねると、「壁」と答えた。しかしながら、山西さんは、自分の父が班長だった時でさえ、それは頼めないと感じていた。ほとんどの大きな避難所は、専門家のアドバイスに従い、それぞれの寝床を分ける仕切りを設けた。最近改正された二〇〇五年の災害基本法にも、女性のため、着替えの部屋や授乳室を設け、生理用品を配り、プライバシーのための仕切りを設けることが明記されていたにもかかわらず対応は遅れた（Saito 2012: 267）。南小学校でも仕切りが設けられるはずだったが、この避難所の理事長の佐藤勝美さんは「私たちは家族のようなものだから」そのような仕切りはいらないと自分が判断して、独断で決めたと私に語った。町役場の白戸さんにも確認してみたが、やはり、仕切りを設けることを提案したものの避難所の人々にそれを断られたとのことだった。白戸さんは、プライバシーがないことが、逆にセクハラ防止に役立ったというプラスの面もあったかもしれないと考えていた(10)。

山田町の避難所の台所は女性のみに任されていた。女性も男性も、女性が料理を担当することを至極当然と考えていた。それは他の避難所でも見られたことだった。話をした女性のなかには、このことについて文句を言う人はいなかったが、他の避難所では、皆のためにと、料理など家事のような仕事を無給でさせられることに不満を抱いている女性たちもいたという（Saito 2012: 269 を参照）。三浦さんは、ボランティアで調理の仕事をしていたことのある自分の母を、班の「料理長」にした。町役場から届く支援物資の食料にもとづいてメニューを決めるのも女性たちの仕事だった。すべての避難所で、メインとなっていた食事は朝ご飯で、午前六時くらいに食べ始めるのが通常だった。そのため、料理班の朝は早かった。それでも、三浦さんによると、皆、調理場を明るい雰囲気にしようと心がけていたという。同じ班にいた戸田*さんも、作業は大変だったが、女性たちは一緒に料理をする時間を楽しんでいたと教えてくれた。男性たちは、重い鍋を運んだり、水を運んだりする力仕事を任され、龍昌寺のような小さな避難所ではさらに、町役場に食料を取りに行く役割も担っていた。

学校では、男子も女子もそれぞれトイレ掃除をするのと同じく南小学校でも、男性が男性用トイレ、女性が女性用トイレの掃除を担当していた。避難所理事の佐藤さんも、日本の昔ながらの典型的な亭主として、家ではそれまでまったくトイレの掃除はしたことがなかったが、避難所ではトイレ当番をしたと話した。彼は、汚れを減らす秘策を教えてくれた。

今は普通、一般の家庭は洋式トイレを使ってるんです。ところが、ここは小学校だから、そういうトイレがないわけですよ。年寄りは足腰が弱っていて、トイレでしゃがむのが大変なんです。それでね、どこでもみんな汚すの。俺はトイレ掃除してるから、それに気がついていて、それで元相撲部の顧問だった先生に、スクワット運動を取り入れようと言ったわけ。そんで、うちの避難所では、ラジオ体操が終わった後にスクワットをやろうということになったわけ。したら、その、おばあちゃん連中がね、一所懸命やりだしたの。トイレも上手に使ってもらえるようになったし。そしたら俺も、その、トイレ掃除から解放されたわけですよ。

こうして、トイレの危機を乗り越えるため、皆の協力が不可欠な予防の取り組みが始まった（そして続けられた）。ここで挙げた例では、掃除をとおして、汚れを防ぐよう協力し合い、規則正しさと秩序を築き、個人の快適さ追求したことで、共同体としての連帯感が強まったことがわかる。さらに、問題解決にあたって、クリエイティブな思いつきもあったが、たいていは既存の社会構造や習慣に頼った案が用いられた。公衆衛生に関しては、今回の大災害が起こる前から、人々はよく教育されており、またその教えを守っていた。

龍昌寺でもまた、南小学校と同じように、家事の分担が、共同体形成にひと役買っていた。寺は当初、正式な避難所と認められていなかったため、ここに避難している少人数の人をサポートする町の担当者やボランティアがいなかった。住職と妻は食べ物や生活用品が足りているか気を配っていたが、家族を亡くした人にカウンセリングをしたり、葬儀を執り行ったり、地域のためにいろいろ活動しており多忙だった。そこで家事などは避難していた人々が最初から自分たちで行っていた。

ここは人数が少ないし、皆いい人たちだから。何か決めるときは、誰かが提案したことに、じゃあ、そうしますか、という感じで、皆で賛成したりしてやっていました。私の聞いた話だと、他の避難所では、班が作られて「あれもだめ、これもだめ」というのがあったみたいですけど。ここは皆仲良くていいんじゃないですかね。ここは珍しいかも、避難所のなかでも。(……)昼間は仕事に出かけるから、料理や掃除はあまりできない。朝は洗い物したりとか、おにぎり作ったりだけで。後のことは昆留美子さんと白野美貴子さんにお願いしてます。お二人は大変だと思います。私が三ヶ所あるトイレは全部掃除しているんですけど。タイミングを見て、誰もいないうちにさーっとやっています。朝早くにやっておけばね。一階と本堂はだいたい一週間に一回か二回ぐらい。お葬式がある時はもっと掃除します。二階のトイレは一日おきに。いつもきれいにしておかないと。(佐々木真実、三七歳)

この、「家庭」のような規模の避難所で、皆が、役割分担はごく自然に決まったと感じており、掃除はほぼ女性の仕事となっていた。しかし例外もあり、白野貴さんは（母親に促され）毎日、お風呂掃除を担当していて、彼が出かけていたある週末には、彼の父が代わりに掃除をした。

集団生活ですから、いろいろ参加しなきゃ。最初はまあ、水を運んで。その必要は今はなくなって。女の人がご飯作ってくれるんです。それをテーブルに運んだり。風呂掃除も毎日します。まあ、自分の家でもそうだったんで。（白野貴、二九歳）

龍晶寺ではゴミ出しも男性の仕事で、退職していた斉藤さん（七三歳）が担当し、お休みのときは、孫がいる佐々木さん（六五歳）も手伝っていた。寺では、たまに問題が起きることもあったが、皆が、迎え入れてくれた住職と妻典子さんに感謝の気持ちを表しながら、集団生活に貢献するよう、そして争いを避けるよう努力していたのは明らかだった（Steger 2011）。一方、南小学校の人々の話の端々から感じたのは、大きな避難所では、龍昌寺の人々のように、招き入れてもらった恩に報いようという気持ちで過ごしている人ばかりではなかったということである。

どちらの避難所でも、洗濯は、家族単位でそれぞれがやっていた。独身男性は自分でしていたが、家族のあいだでは女性の仕事となっていた。電気と水が復旧した後は洗濯機を利用できたが、一〇〇人いる南小学校の避難所に、たったの三台しかなかった。*山下志保さんは、洗濯物が多すぎるからと、夫に運転してもらい二〇キロメートル以上離れた宮古のコインランドリーによく通っていた（持病のてんかんがあり彼女自身は運転しない）。子供のおねしょのこともあったので、避難所で洗濯して干すよりも、

避難所前の洗濯物。県立青少年の家にて（山田町）。

どこか別の場所で洗濯して乾燥も済ませたかったのかもしれない。日本の若い女性は、直接肌に触れる下着を男性に性的対象として見られたり、下着泥棒に狙われたりするのを懼《おそ》れて、目につくところに下着を干さない人が多い[11]。インタビューでその話題に直接触れた女性はいなかったが、会話を書き起こしたものを読み返しているうちに、四〇歳以下の女性は皆、洗濯は避難所ではなく、友人や親類のうち、またはコインランドリーでしていると話していたことに気がついた。東京を拠点とする特定非営利活動法人（NPO）のヒューマンライツ・ナウ（HRN）は二〇一一年四月から五月にかけて行った現地調査で「いまだ洗濯をすることは難しく、女性の下着を干せる安全な場所がほとんど設けられていないため、下着の数も限られているというのに、女性は一度身に付けた下着は捨てざるをえない状況になっていた」（Human Rights Now 2011）と報告しているが、これは、避難所で、女性の下着を目につく公共の場に干すことが問題だったことを表している。結局は「家族のように一緒に暮らしている」と言ってみたところで、時間がたつにつれ、避難所でのプライバシーの確保が重要視されるようになっていた。だんだん片づき、清潔になり、秩序も生まれてくることで、今度は社会分化も進んでいった。

子供が避難所生活で家事に関わることはほとんどなかった。大人は、子供たちが大災害で受けた精神的ストレスについて大変心配しており、得てして、子供たちに寛大になっていた。中高生は、勉強に集中するようにと言われていたが、静かな場所を見つけ、消灯時間の九時前に勉強を終わらせることは容易ではなかった。こうして、男性、女性、子供、皆が、震災以前の、日頃の役割や経験をわきまえ、自分のすべきことを考え、それをこなすことに専念していた。

まとめ

避難者にとって、整理と清潔さを取り戻すことは、大災害の後に自分たちの状況と向き合うための、大きな手段となった。それによって、暮らしに規則性が生まれ、日常の感覚が甦り、気持ちが落ち着き、安心できた。きれいで安全な「内」と、汚くて、危険な「外」の線引きをはっきりさせることで、避難所は、仮暮らしの場ではあったが、家《うち》になった。安全で、きれいな場所であることこそが、家《うち》の家《うち》たるゆえんである。言い換えると、緊急の避難所を、家《うち》と思えるようにするためには、そこを清潔できれいな場所にしなければならない。

避難所では、衛生問題を共に経験し、解決したことが、人々の団結とコミュニティの形成につながった。大災害直後、風呂に入れないままでいる身体や、洗濯していない服は、苦労を共にしていることの象徴でもあった。避難所に暮らしていた人々は、時間がたつにつれ、その生活空間を快適に安全にするために協力し努力することで団結していった。同じように、避難所の衛生状態を良好に保ち、家事などの役割分担を決めることで、社会構造ができ、避難所に共同体としての一体感が生まれた。手を洗う、靴を脱ぐ、マスクをかける、トイレや風呂掃除をする、食中毒の予防をするといった行動をとおして、何が好ましく、またどういった行動を避けるべきかを、避難者たち自らが明確にしていった。

同時に、昔ながらの男女の役割が強調されることにもなった。料理と掃除は、女性がほぼいつも担当していたことを皆当然と思っていた。白野美貴子さん（五一歳）は、皆、料理や家事を手伝っていたと言ったとき、私が、「皆」とは「女性全員」の意味なのか「避難してここにいる全員」なのか尋ねると、まるで、わかりきったことを質問して、というふうに笑って答えた。もちろん、台所仕事をするのは女だけですよと。女性同士助け合って仕事をこなすことで連帯感も生まれ、平時の感覚も戻ってきた。

東北の田舎では、震災以前ですら、都会に比べてジェンダーによる役割分担がはっきりしていたようだった（Saito 2011: 267 参照のこと）。この章の冒頭部分で紹介したホフマンの研究結果のとおり、そしてジェンクソンの結果とは反対に、ジェンダーの役割が大きく変わるどころか、その役割分担も、社会構造も、昔ながら深く根づくパターンに逆戻りしていた。三月一一日以降に職を失った人は、男性も女性も多かったが、再就職先を見つけるのは女性のほうが難しいため、二〇一一年の夏の時点でまだ失業中だったのは、女性がはるかに多かった[12]。就職していない状況では、女性だというだけで、家事全般を（そして世話も）主力として当然のごとく任されてしまう。

避難所のきれいさと秩序は、社会の規範とモラルを反映していた。トイレ問題からもよくわかるとおり、自分や家を清潔できれいにできないことは、恥辱と考えられている。避難生活では、女性のほうが、男性よりさらに大変そうだった。女性は下着を男性の目の届かないところに干さなければならなかったし、公共のトイレを利用することにより抵抗を感じていた。震災後最初の入浴まで、皆同じように汚れたままでいたことから連帯感が生まれたが、ふたたび、清潔できれいな暮らしに戻るにつれ、避難所内でのそれぞれの社会的立場の相違もまた明白になってきた。数ヶ月たつ頃には、避難所生活の初期に築かれた連帯感は次第に薄れていた。避難所にいた多くの人は、自分や家族と他人の間に仕切りが必要だという思いを強くし、仮設住宅に移ることを待ち望んでいた(二〇一一年六月の後半から八月の後半頃入居予定の人が大半だった)。プライバシーを求める声も高まった。最初は、衛生に対する共通の意識が、避難所の人々を一つにし、集団生活を可能にしたが、その同じ、きれいさや清潔さを求める気持ちや、プライバシーを望む気持ちが、後には、共同体の規範の追求より重んじられるようになった。清潔でいる必要がある、清潔に見える必要がある、共同体の他人の目が気になるといった理由で、避難所の衛生基準は保たれてきた。しかし、そうした基準を保ち続けることも大変で、摩擦も生じ始めていた。二〇一一年八月にやっと仮設住宅が完成したから良かったようなものの、それ以上長引けば、共同体の維持は難しくなっていたかもしれない。

注

(1) *を付したインフォーマントの名前は仮名である。

(2) 山田町の人口は震災前約二万人だった。二〇一一年一〇月一日現在、一万七七三五人。〈http://www.town.yamada.iwate.jp/01_gaiyou/jinkou/2011_1001jinkou.pdf〉二〇一一年一〇月七日アクセス。

(3) 二〇一一年一二月一九日現在。このデータは、一九五五年に山田町と合併した内陸部の豊間根地区は含まない。〈http://www.town.yamada.iwate.jp/saigai/kouhyou12-19.pdf〉二〇一一年一二月二八日アクセス。

（4）〈http://www.ryushotemple.sakura.ne.jp/index.html〉二〇一二年七月七日アクセス。

（5）天理教の英語の公式ホームページでは以下のように説明されている。「親神様の思召に沿わない心遣いを『ほこり』にたとえてお諭しくださいます。ほこりは吹けば飛ぶような些細なものですが、油断をしているといつの間にか積もり重なり、ついにはちょっとやそっとではきれいにならないものです。」（〈http://www.tenrikyo.or.jp/eng/?page_id=129〉二〇一一年一二月六日アクセス）。〔日本語訳は同日本語ページより。〈http://www.tenrikyo.or.jp/jpn/?page_id=157〉〕

（6）山田町役場からの情報による。〈http://www.town.yamada.iwate.jp/saigai/kouhyou12-19.pdf〉二〇一一年一〇月七日アクセス。現在は閲覧できず。

（7）毎回、食事の後、皿をカバーしたラップを剝がしながら残り物やソースをそのままそれに包んでゴミ箱に捨てるため、皿がまったく汚れず洗わなくてすんだ。

（8）バーゲスと堀井（Burgess and Horii 2012）は、マスクが日本で普段からよく使われるようになったルーツは一九一九年のスペイン風邪の流行だとする。しかし、マスクが伝染病の予防に使われ始めたのはおそらく満州で、マレー半島で生まれ、ケンブリッジで教育を受けた中国人医師伍連徳（Wu Lien-Teh 1879-1960）が、一九一一年、ハルビンで肺ペストが大流行した際に、発明し、使用を広めた。彼は後に、世界保健機関（ＷＨＯ）を通じ、白いガーゼのマスクの使用を唱導した（Wu 1926を参照）。

（9）六月になると、家に戻った、親類と住むことにしたなどの理由で避難所を離れた人が多かったため、八つの班が四つに再編された。

（10）セクシュアルハラスメントの話題を口にした人は何人かいたが、実際にあったという話は山田町のどちらの避難所でも聞いていない。

（11）このことに関するケイコ・モリソンの洞察に感謝する。

（12）女性は地元の山田町で働いていた人が多く、またパートや期間限定の仕事をしていることが多いのも一因である。津波によって山田町では小規模な商売のほとんどが壊滅的被害を受けた。さらに、政府の復興計画で生みだされた雇用は建設関連の仕事が多かった。インフォーマントはしかし、男性は、性別があまり問われない小売業への就職でも優位に立っていたと話した。

参考文献

岩手日報　二〇一一　「山田で避難所生活調査。ケンブリッジ大研究者」『岩手日報』二〇一一年六月四日付。

和田秀樹　二〇一一　『震災トラウマ』ベスト新書。

Blinn-Pike, Lynn. 2006. 'Shelter Life after Hurricane Katrina: A Visual Analysis of Evacuee Perspectives.' *International Journal of Mass Emergencies and Disasters* 24(1): 303-330.

Burgess, Anthony and Horii Mitsutoshi. 2012. 'Risk, Ritual and Health Responsibilisation: Japan's "Safety Blanket" of Surgical Face Mask-wearing.' *Sociology of Health and Illness* 1(15). Published online, 23 March.

Douglas, Mary. 2002 [1966]. *Purity and Danger. An Analysis of Concept of Pollution and Taboo*. London, Routledge.（メアリ・ダグラス『汚穢と禁忌』塚本利明訳、筑摩書房、二〇〇九年）

Elzinga, Bernet and J. Douglas Bremner 2002. 'Review: Are the Neural Substrates of Memory the Final Common Pathway in Posttraumatic Stress Disorder (PTSD)?' *Journal of Affective Disorders* 70: 1-17.

Hildburg, Leo Walter. 1919. 'Some Magical Applications of Brooms in Japan.' *Folklore* 30(3): 169-207.

Hoffman, Susanna. 1999. 'The Regenesis of Traditional Gender Patterns in the Wake of Disaster.' In Anthony Oliver-Smith and Susanna Hoffman (eds.) *The Angry Earth: Disaster in Anthropological Perspective*, pp. 173-191. London: Routledge.

Human Rights Now. 2011. [Statement] 'Regarding the Establishment of Evacuation Centres with due Consideration of the Various Needs of Residents, Including those of Women.' 〈http://hrn.or.jp/eng/activity/area/japan/regarding-the-establishment-of-evacuation-centres-with-due-consideration-of-the-various-needs-of-res/〉 Accessed 11 September 2012.

Jencson, Linda. 2001. 'Disastrous Rites: Liminality and Communitas in a Flood Crisis.' *Anthropology and Humanism* 26(1): 46-58.

Kirby, Peter. 2011. *Troubled Natures: Waste, Environment, Japan*. Honolulu: University of Hawaii Press.

Ohnuki-Tierney, Emiko. 1994 [1984]. *Illness and Culture in Contemporary Japan. An Anthropological View*. Cambridge: Cambridge University Press. （大貫恵美子『日本人の病気観——象徴人類学的考察』岩波書店、一九八五年）

Saito Fumie. 2012. 'Women and the 2011 East Japan Disaster.' *Gender & Development* 20(2): 267.

Shove, Elizabeth. 2003. *Comfort, Cleanliness and Convenience: The Social Organization of Normality*. Oxford: Berg.

Steger, Brigitte. 2011. 'Secrets in a Tsunami Evacuation Center.' *Anthropology News*, November 14. 〈http://dev.aaanet.org/news/index.php/2011/11/14/november-seaa-news/〉 Accessed 16 November 2012.

Wu Lien-Teh. 1926. *Treatise on Pneumonic Plague*. Geneva: League of Nations.

がれきの中の祭壇
——大震災を経験した岩手県での信仰習慣の順応

ネーサン・ピーターソン
（深澤誉子訳）

海處行けば　腰なづむ
大河原の　植ゑ草
海處はいさよふ
——古事記

濁れる水の流れつつ澄む
——種田山頭火(1)

二〇一一年三月一一日に東北地方を襲った津波は、沿岸コミュニティを護るほぼすべての防波堤を凌駕し、かつて津波の被害を受ける恐れがないと考えられていた数キロほど内陸の地域まで水浸しにした。この災害によって、日本の災害対策について長年抱かれてきた憶測に疑問が投げかけられた。人々は、科学者が自然災害の規模を予測する能力、そして市民をそれらの災害から護る能力を疑うようになったのである。前々から政府の非効率さに対して批判的な日本人もいたが、今や、災害のもたらした二四兆円にもおよぶ損害を国がどうやって処理するのか不安の声があがっている（*USA Today*, 31 March 2011）。ベテランのジャーナリストである石塚雅彦は次のように述べた。「先の大惨事によって、過去、現在、未来にわたる国の状態に対する深い内省の洪水が解き放たれた。重要な問題は、この大規模な災害が従来の社会的、科学的な知見の範囲を超えた道徳的、精神的なインパクトをもたらしたことである」（*Nikkei Weekly*, 25 April 2011）。

この災害の影響範囲を測るためには、持続的かつ誠心誠意の熟慮が要求される。津波によって三陸地方全域で地域社会が丸ごと破壊され、人々の日常生活は向こう数年間混乱することとなり、チェルノブイリに匹敵する原発事故が起こった。私のフィールドワークの中心であった岩手県においては、約六五〇〇人の死者が出た。また、この地域で最も多くの死傷者が出た陸前高田市では、一五〇〇人以上もの人が亡くなった。災害から三ヶ月が経過した二〇一一年六月一一日時点でも、県内の三四の市町村の住人のうち約二万一一八三人が避難所または仮設住宅に住んでいた（『岩手日報』二〇一一年六月一一日付）。[2]

三陸地方では、この災害は「平成の三陸大津波」と呼ばれている。そして、多くの人がこの災害を八六九年に発生した三陸地震と津波と比較する（*Nikkei Weekly*, 25 April 2011）。このような自然災害は、「日常生活に埋もれている社会的な構造や過程の側面を検討する機会」（Stallings 2002: 281）を与えてくれる。本章では、この災害から見えてくる現代日本社会における宗教的、精神的信仰や価値観に着目しようと思う。

神社仏閣への参詣といった伝統的かつ宗教的な慣習は、震災後に重要な対処メカニズムをもたらしてくれるが、人々はまた、仮の記念碑を介して感情を表現することもある。もちろん、地域の宗教施設が破壊されたため、それしか選択肢がない場合もある。こうした記念碑に関わる人々は、彼らを取り巻く「物理的、社会的景観の両方を調整する」ことができるのである（Thomson 2011）。震災を偲ぶ様々な方法を観察することで、三陸地方の諸コミュニティにおいて記憶、人生観、社会的役割が順応的なものであることが見て取れる。なお、この地域は、すでに高齢化社会や地域経済の停滞などより広い社会問題と闘っていたが、これらの問題も今回の災害によってさらに深刻になってしまった。

日本においては諸宗教の習合主義によって、人々が信仰を表現する方法には一定の裁量の幅が与えられる。さまざまな信仰が重なり合っているがために、日本的な宗教的諸習慣がどの信仰に属するものか区別するのが難しいこともある。3・11を記憶にとどめる方法も人それぞれであり、彼らの姿勢は儀礼とポピュラーカルチャーの両方から影響を受けているといえる。岩手県の被災者は、この大惨事がもたらした混乱に、宗教習慣を順応させせようとしている。彼らが住む地域では、仏教寺院、神社、墓地などの伝統的な宗教施設が破壊されてしまった。津波は、宮古市の日立浜にある八大竜王神社などを含む岩手県沿岸の有名な神社もいくつか破壊した。

新里まさやは、三陸海岸にある小さな街、釜石市の住人である。三月一一日に彼は市内の尾崎神社に避難した。彼は、近隣地域が一〇年後には復興することを願っている。神社より五〇〇メートル南方にある釜石市港町にて彼の家族が事業を再開した七月八日に、彼は神社に戻り、供え物をした(3)。また、災害の影響を受けた人のなかには、七五歳の関口良和などのようにすっかり意気消沈してしまった人もいる。彼は宮古市鍬《くわ》ヶ《が》崎《さき》下町《しもまち》にあった自宅と靴屋を両方とも失くし、そのまま退職した。七月三日に近所に戻った際に、彼は荒廃の光景に愕然としてしまった。津波発生時に近隣住民の避難先となった熊野神社を除いて、周辺の宗教施設もすべて破壊されてしまっていた。彼らの苦労はこの先何年も続き、津波による影響は彼らを生涯つきまとうであろう。

　通常、仏教寺院や墓地は神社より内陸部の高台に建てられるが、津波がかなり内陸部まで押し寄せたため、寺院のなかには神社と同じように甚大な被害を被ったものもあった。仏教や神道など日本における代表的な宗教は、喪失に対処するための日本的な方法を人々に提供しうる。しかしそのためには、それらの宗教が根差していたコミュニティが荒廃してしまったという事実に対応しなければならない。「新興宗教」も災害に遭った人々にオルタナティブを提示する。岩手県、とくに宮古市周辺コミュニティの人々による宗教面での対応を観察すると、危機に直面した際に宗教的文化がいかに順応性があるかが分かる。宗教的信仰の違いにかかわらず、これらのコミュニティの人々は、美的感覚の影響を受けている。それは、「私たち個々人の関わりが、このような状況の知覚的強烈さに寄与する」（Berleant 1992: 170）ためである。したがって、被災地はコミュニティのなかで聖地のような役割を果たし、人々は供え物をしたり追悼をしたりするためにそこを訪れるのである。だが、コミュニティが徐々に再編され、市が再開発され、将来の世代が見ることのできるような恒久的記念碑が建てられれば、これらの地域は必然的に変わっていくであろう。

神道とコミュニティの関わり

日本の神社は、その地域、コミュニティ、地方の活力を象徴するものである。神社は「社会的現実」(Nelson 2000: 23–24) を組織化し、歴史、政治、経済活動を介して人をつなぎ合わせるための物理的な帰着点の役割を担う。三月一一日、最初の揺れが宮古市を襲ったちょうどその時に黒森神社に参詣していた人が、参拝記帳の中に、たった今巨大な地震が発生して、停電のせいで街が機能不全になって電話もつながらない、と書き込みを残していた。この書き込みは、「ライフラインが途絶えた」と締めくくられていた。この書き込みを残した人は、外界とのあらゆるコミュニケーション手段を失くしたため、神社の神々を引き込む一つの方法として参拝記帳を活用したのだろう。津波について触れていないことから、おそらくこの書き込みは津波が沿岸に達する前に記載されたのであろう。

この参拝記帳は、参詣者が自由に「祈り、願い、思いなど」を書きこんでもよいと明記されている。宮古市の住人と日本中から来たボランティアは、津波が発生した後数ヶ月にわたって、高台の深い森の中にあり市街地から二キロ離れたこの神社を訪れた。震災前と比べると震災後の月平均書き込み数は約二倍に増え、ピークでは、八月一〇日と九月一二日の間に一四件の書き込みがあった。二〇一一年三月一一日から一二月末までの間に、他の地域から来た人によって書かれた五件に対して、地元住人によって書かれた書き込みは二五件以上あった。書き込みのほとんどは、復興期間中の人々の願いやニーズに直接関係していた。たとえば、京都から来たボランティアの小檜山一郎は、五月二一日に神社を訪れて、次のような書き込みを残した。「被災者が、いつの日か元の生活を取り戻せますように。」このような書き込みは、危機に直面した際の対処メカニズムであり、コミュニティの支援システムにおける宗教施設の重要な役目を強調している。

初期復興期における宗教施設

江山寺《こうざんじ》は、宮古市金浜《かねはま》にある仏教寺院である。津波によって仏殿が浸水したにもかかわらず、江山寺はコミュニティの中で未だに寺として機能している。この寺は沿岸から二〇〇メートルも離れていない高台にある。津波によって、寺を囲む内陸五〇〇メートル域の住宅地や商業地区はことごとく破壊された。しかしながら、金浜の住人はこの寺で礼拝を続けている。ボランティアの飯岡道子は、境内を清掃するために一週間に一度ここを訪れる。津波発生時、彼女は宮古市の市街地から逃れて病院に避難した。そして、災害から三ヶ月経った頃に、彼女は江山寺でボランティアを始めた。放棄されて雑草の生い茂った近隣の宅地と比べて、この寺の境内は明らかに違う。道子の兄で寺の檀家である飯岡泰道は、寺の近くにあった自宅が津波によって浚《さら》われる直前に近くの山に逃れた。彼は現在近くの高台にある小さな家に住んでいる。そして、今でも定期的に寺で祈りを捧げ、さらには、住人が金浜に戻って死者を偲ぶことができるように八月にはお盆祭りを企画した。コミュニティが完全に復興するまでには一〇年間かかるだろうと彼は考えている。彼が深く憂慮しているのは、彼の敬愛する寺が完全に復元される前に自分自身が亡くなってしまうことである。

被災地で宗教施設や文化財が破壊されたため、人々にとっての精神的、心理的な慰めの供給源が奪われてしまった。文化財の例として、津波によって危険にさらされた三陸地方固有の儀式に使われる像、覆面、衣装が挙げられる。文化庁は、津波によって五〇〇の国宝や重要文化財が被害を受けたと推測している。三陸地方固有の民間伝承も少なくとも一時的には中断となってしまった（*Mainichi Daily News* 17 May 2011）。さらに、神道の各協会などの宗教グループは、会員、礼拝施設、儀式の資金などを失っている。たとえば、宮古市鵜磯《うのいそ》の黒埼神社の協会は、資金が不足していたため二〇一一年六月に毎年恒例の祭りを中止せざるをえなかった。

震災による文化財の喪失と地域社会の繋がりの崩壊によって、人々の慰めの供給源は奪われてしまった。盛岡大学の民俗学者、橋本裕之は、人々の暮らしにとって重要な民俗文化財の「無形資産」が失われることを憂慮している。彼は自身の著書を通して、国際交流基金から提供される資金を活用し、災害に見舞われた釜石市にて七月一七日に開催された虎舞などの芸能を振興した。このような企画は津波によって引き裂かれたコミュニティの復興の一助となる。

橋本は、災害によってこういった沿岸のコミュニティの慣習が一掃されてしまうことを懸念している。彼は、青森県立三沢航空科学館とともにこの地域の伝統の保護にも努めている。二〇一一年九月四日に宮古市独自の神道舞踊で、地域の神話を物語り、国内でも名高い黒森神楽の上演があったが、彼はこの上演をビデオ撮影した。山口コミュニティセンターにて開催されたイベントには約六〇人の観客が集まったが、これは開催者の予測より少なかった。それでも、音楽家や舞踊家は観客の舞台参加を促した。たとえば、漁業と商業の神である恵比寿による踊りの中で、小学生である中野拓人君とその弟の健太君

写真1　黒森神楽の恵比寿踊り。宮古市山口コミュニティセンターにて。2011年12月4日。

も重要な役を任された。拓人君は捕まえにくい魚を抱えながらステージの前方に走り、その間に健太君は覆面をかぶった舞踊家がその魚を受け取るのを手伝った（写真1）。兄弟の母親である中野雪江によると、津波発生時にいた学校が孤立状態となってしまい、身動きが取れなかったのだという。この兄弟を上演に巻きこむことは、地域の慣習を介してコミュニティ支援システムを再構築することにもつながる。黒森神楽の舞踊家と音楽家は、コミュニティを代表して九月二九日から一〇月五日の間にロシアにツアーをした。さらに、彼らは、宮古市に戻った後一二月四日に山口コミュニティセンターで再び舞台を開催し、七〇人以上の観客に加えてマスコミを引き寄せた。今度は自分たちだけでやって来た中野兄弟は、再びこの由緒ある舞踊に参加することができた。

天理教や創価学会[4]など、「新興宗教」とも呼ばれるオルタナティブな宗教の施設も津波の被害を受けた。これらの宗教は、都市部と比べて東北地方では人気が低く、やや疑いの目で見られている。とはいえ、こういった宗教も被災地域コミュニティのニーズに応えたのである。宮古市にある天理教の支部は、それぞれ平均で一週間被災地に滞在した三〇人のボランティアに宿泊の場を提供した。[5]教会長を務める高橋邦之は、三月一一日以前に宮古市に居住していた人口五万八〇〇〇人のうち、約一五〇人が天理教の支部に所属していたと推定している。宮古市愛宕《あたご》を拠点とする彼の教会の信者のうち、津波で五人が亡くなり、二〇人が生き残った。

「新興宗教」は三陸地方で苦しんでいる人々にいち早く支援の手を差し伸べた。しかしながら、礼拝施設も津波の被害を受けたため、コミュニティの再生や再組織化など長期的な問題に直面している。工藤俊則が率いる宮古市磯鶏《そけい》の天理教会では、礼拝堂が二メートル近くも浸水してしまったため、八ヶ月にわたって礼拝を中止した。同市千徳町《せんとくまち》の創価学会施設に所属する堀内明良は、教会が信者のカウンセリングに終始しているため、コミュニティのイベントを企画する余力がないと説明した。総じて、これらの宗教は津波が発生した直後の数ヶ月間、信者の数を増やすというよりは、維持したか、失くしたのである。これらの宗教のさらなる布教においては、被害によって打ちのめされたコミュニティへのこの先々の関与が重要であり、高橋も工藤も、宮古市における影響力を拡大するために今回の災害から学んだ教訓を生かそうと考えている。とくに、工藤は、今回の災害を受けて、高台に避難所を建てる計画を立てている。とはいえ、宮古市というさらに大きなコミュニティの中では、彼の教会はさほど影響力を持たないのである。

岩手県全域の多くのコミュニティは、三月一一日から六ヶ月経ってもなお非常に支援を必要としている状態にあった。一四〇〇人の死者が出た大槌町《おおつちまち》は、津波が内陸に向かうと同時に火に覆われてしまった。コミュニティ全域において洪水と火災による被害は甚大であり、住人は困難な再建プロセスに立ち向かっている。小川文一は、津波が発生した後、ボランティア活動をしながら大槌町の窮状の認知度を広めるために、名古屋から訪れた。二〇一一年九月に、彼は保険会社の駐車場にて手作りテントで生活

写真2　小川文一の祭壇。大槌町 2011 年 10 月 14 日。

をしていた。彼はここで大きい台風も凌《しの》いだのである。小川は、大槌町が将来どのような津波にも耐えられるように再建することに献身していて、町を護るための新たな津波防波堤の計画を練っている。また、彼は市街地にある自身の野営地に、大槌町の人のために七福神のうちの一神である布袋《ほてい》の像を置いた小さな祭壇を建てた（写真2）。七福神は、日本の民間伝承の中で崇拝されている神々で仏教の影響も受けている。彼は、この祭壇で線香を捧げ、蠟燭を灯し、青森県弘前市で行われるねぶたまつりの絵を模した焼き印が押された供え物を捧げていた。さらに、駐車場の裏に、彼は大槌町の死者および行方不明者のために祈りを捧げるメッセージを貼った座布団を置いた。町内の廃墟の中で生活し作業をする彼は、冬の間どこに住むのか当てがなかった。しかしながら、彼は自分自身のニーズよりもコミュニティを心配する気持ちが上回っていると説明した。そして、二〇一二年二月下旬には、彼は自分の野営地を発展させて、複数の神社に弔《とむ》われている大人や子供の死者を偲ぶため技巧をこらした儀式が行われる場所としていた。彼が滞在し続けられたということは、打ちのめされたコミュニティがある程度彼を受け入れていたということだ。

被災後数ヶ月の間に、福島県、宮城県、岩手県の人口は合計で二五％減少した。被害に遭った沿岸の街においては、四六%の人口減少を経験した（『岩手日報』二〇一一年九月二五日付）。そうしたなか、神社仏閣を任されている生存者は、近隣コミュニティにサービスを提供するために苦労している。大槌町で宮司を務める松橋知之は、港から三キロ近く離れたところにある小槌《こづち》神社に住みこんでいる。彼の自宅と神社はほぼ完全に破壊された。また、本殿の西側にある神聖な木は、火災で焼失してしまった。それでも、二〇一一年九月下旬に開催された神社の祭りには住人が集まった。

写真3　臼沢家跡の記念碑。大槌町、2011年8月9日。

大槌町末広町の江岸寺《こうがんじ》の隣にある墓地は多大な被害を被った。この寺と墓地は小槌神社よりも港の近くにあり、須賀町《すかちょう》にあるさらに港に近い小さな神社に至っては、完全に破壊されてしまった。住人は、これらの宗教施設の喪失に対処するために、自分たちで記念碑を創設している。小槌神社前の臼沢家の宅地には、津波で亡くなった家族を追悼するために、花、石、コンクリートブロックの欠片が配列されていて、近隣の墓地が荒廃しているなか、墓参りをするための墓地の役割を果たしている（写真3）。

被災地における記念碑は、津波で行方不明となった人々に敬意を表すためにも作られる。小槌神社から道を挟んで向かい側にある藤原家にも誰かが記念碑を作っていた（写真4）。そこの家主は生き残ったのだが、近隣住民によると、行方がまった

写真4　藤原家跡の祭壇。大槌町、2011年8月9日。

く分からないそうである。藤原家にある記念碑には、花を生けた花瓶、菩薩像、茶の供え物、そして日の丸の旗がある。この記念碑は、作業員ががれきを撤去している間も、大槌町の住民への声援の役目を果たした。日の丸の旗は、多くの日本人が戦時国家主義を連想し、自身のアイデンティティのシンボルとすることを拒むため、やや論議を醸す存在である。しかしながら、震災への政府の対応に対して広く懐疑的な見方があるにもかかわらず、日の丸の旗は三月一一日以降、おそらく以前よりも頻繁に掲げられ、「がんばろう！　日本」などの若干ナショナリスティックなスローガンが添えられている。同じく戦時ファシズムにおける役割が汚点となっている神道とともに、愛国心は被災者の一部にわずかな慰めを与えたかもしれない。

危険にさらされた地域の神社

大槌町がある上閉伊《かみへい》郡などの被災地に建てられた記念碑は、近隣の宗教施設が破壊されたことが一因となって建てられた。地域の神社仏閣は住人全員を包み込むコミュニティの延長にある。山田町《やまだまち》織笠《おりかさ》に住む藤原律子は、彼女の生まれ育った家の裏にあった家族運営の神社が、「おくまんさま」と呼ばれていたとふり返る。しかしながら、神社は津波からの損害によって神々が棲むには不浄な場となってしまったため、その名「おくまんさま」を失い、名無しとなってしまった。三月一一日から五ヶ月近くたっても、神社の境内にはがれきが散乱している。通常、神社は管理人によって徹底的に清掃されるため、これは珍しい状態である。律子は、津波の後に彼女の家族が去っていったのと同じように、氏神が神社を去っていったのだと考えている。日本にある言い伝えでは、神は周期的に人間を訪問するが、汚染が脅威となる場合には、去る可能性のある「神聖な流れ者」として見なされている（Ohnuki-Tierne 1987）。この小さな神社は、神々が宿る船ではなくなってしまい、そのうえ、以前神社を管理していた彼女の家族が去ってしまったため、修復は不可能となっている。律子は、神々を崇める人がいなくなって、もともと神社だった建物はいまやふつうの建物となってしまい、自分も他のことで手いっぱいで対応することができない、と説明した。三月一一日から九ヶ月たった二〇一一年一二月の初詣の時期になってもなお、この神社は荒廃状態にあった。神社の穢《けが》れと、それを崇めていたコミュニティの解体の両方によって、その神聖さは消失してしまった。神聖な棲み処から世俗的な物体へのこの建物の変貌は、一時的なものかもしれないが、その修復は近隣地域の復興に依存している。しかしながら、住人は沿岸から五〇〇メートル以内にあるこの地の復興に対して慎重であるため、それは永遠に実現しないかもしれない。

打撃を受けたコミュニティにおける親族関係のネットワークの消失によって、家族運営の神社が解体してしまう危険性がある。宮古市鍬ヶ崎下町にある小さな神社も、三月一一日の後、名無しとなってしまった。津波によって鳥居に亀裂が入り、神社の土台の一部は流されてしまった。損傷のため、神社は復興期間中、無期限閉鎖されてしまった。神社の扉を開錠する鍵は、どうも津波によって浚われてしまったようである。神社を運営していたのは沢内家のようなのだが、三月一一日から六ヶ月たっても、近所の人々は誰もこの家族の行方を把握していなかった。二〇一一年の暮れには近接している菱屋酒造が事業を再開したが、それでもこの神社は鍬ヶ崎下町に住むほとんどの住人に無視された。近くの川部酒店を経営する父子は、この神社の名称も氏神名も知らなかった。津波発生前に近くに住んでいた学校の校長である佐々木壽は、損傷のため、今や神社は無名で、無宗教となってしまったと考えている。彼の説明によれば、ここは「個性的な神社」だったが、かつてその氏神を崇めていた家族が亡くなったり移転したりした後に神聖さをなくしてしまったのだという。つまり、物理的・精神的双方の穢れによって、神社のある一角が影響を受けたことが示唆されている。また、ほとんどの人がこの近所に家を建て直すことをためらっているため、彼はこの神社は修復されないだろうと考えている。そして、この神社に隣接する土地の所有権を誰かが主張しない限り、近所の再開発計画が前に進むなか、日影町の金勢社《こんせいじゃ》など近隣の神道の協会によって除名されるであろう。死や腐敗や他の「複雑なもの」による汚染(Boyd and Williams 2005)は、住人にとって不安の種である。この見捨てられた神社は、震災以降にこの地域が経験した社会の繋がりの減退の兆候であるといえ(Kaniasty and Norris 1995: 96)、このような兆候は、災害地域全体のコミュニティを危険にさらしているものである。

仮の記念碑としての家族の祭壇

被災地で祭壇の役割を果たすために建てられた記念碑は、社会のネットワークが弱体化しているさなかにあって連帯感を増進することができる。この記念碑に関わる人々は、これらの場所を「変換、再定義」するが、同時に、これらの記念碑との関わりによって彼ら自身も再定義されるのである（Thomson 2011）。宮古市田老乙《たろうおと》部《べ》にある日蔭勇三の家に作られた祭壇は、人々が死者のために祈りを捧げた場所である。彼らの家は避難所に近かったにもかかわらず、日蔭と彼の妻は、三月一一日に亡くなった。倒壊した家の跡地に建てられた祭壇の土台は六つのコンクリートブロックのみで作られていた。側面のブロックの空洞には花束が添えられた。中央のブロックの上には、蓋の開いた茶のボトルの隣に、水が入った二つのグラスが供えられた。また、楕円形の陶磁器の茶碗が香炉代わりに用いられ、その左側には二本の蠟燭が立てられた。そして、左にある内側のブロックの上には、貝殻で作られた首飾りが置いてあり、一番右のブロックの上には、損傷した大黒天像（布袋と同様に、七福神の一神）と金属の

写真 5　日蔭家跡の祭壇。宮古市田老、2011 年 7 月 15 日。

スプーンが置かれた。なお、中心のブロックは、解体された家の玄関の位置にあった。このように祭壇が内側の位置に作られたということは重要な意味を持つ。聖なる場所が「内なる部分に入りこむ感情」（Tada 1983: 425）を呼び覚ますからである。この祭壇で祭られている死者に祈りを捧げるためにここに戻ってくる人は、津波発生後の数ヶ月間の間、精神的な慰めを得ることができる。

この即席の記念碑は、日蔭勇三と彼の妻の友人や家族が彼らの死と向き合うのを助けてくれた。蠟燭、香炉、花、像はすべて、祭壇に一般的に見られるものである。一方で、貝殻の首飾りを添えることは珍しく、苦しみが津波という形で海からやってきたことを暗示している可能性がある。中学校の教師であり、津波が田老地区を襲った際に姉が生き残ったという大程朝子は、日蔭の記念碑は、神道の祭壇ではなく、仏教の仏壇であると説明した。彼女は、この記念碑が寺で見られる須弥壇《しゅみだん》に似ていることから、日蔭家の亡くなったメンバーのために作られたものであると認識した。一方で、神道の慣習と特定できる品物の置かれている記念碑は、震災を生き抜いた人々のために建てられていると彼女は説明した。被災地にある記念碑は、仏教からの影響を受けたにしろ、神道の影響を受けたにしろ、人々が喫緊の精神的な慰めを必要としているために仮に建てられたものである。たとえば、津波発生後、六ヶ月経って日蔭家の記念碑のうち唯一残されたのは、コンクリートブロックだけであった。こういった記念碑の撤去によって、コミュニティは三月一一日の災害から遠ざかり、復興の新たなフェーズが始まるといえる。

日蔭家から数本の道を隔てたところに、同じく津波の犠牲となった山本智の記念碑が建てられていた。彼は、大程朝子の義兄である田中和七の従兄弟であった。供え物として数瓶の酒が、宅地のそばにある大きい石の元に置かれていた。一つの石の上には、香水の瓶が置かれ、土台にはいくつかの花束が飾ってあった。この山本の記念碑は、災害から四ヶ月後には崩れ去って一見したところ散らかった残骸のようになってしまっていた。記念碑の土台の周りには雑草が生い茂った土が堆積していた。また、辺り一体にはがれきが散乱していた。この時点では、記念碑のために置かれた供え物とごみを見分けるのは難しかった。しかし、それから二ヶ月たった頃には、この地域で作業をするボランティアや清掃隊のおかげで、場所は一変していた。また、父方の従兄弟と思われる親戚が家の土台の周りを清掃したり、古い花束を新鮮なものと差し替えたり、供え物を整えなおしたりして、家の跡地をきれいにしたようだった。山本記念碑の変容から、記念碑がどのようにして災害後も存続する家族やコミュニティの絆を象徴しうるかが分かる。

田老館《たろうたて》が森《もり》にある別の記念碑は、佐々木昭が亡くなった家族のために置いたものである。津波の直前、彼の妻である恵美子は七歳の孫息子の楓太君を学校から家に連れて帰るために漁業組合の建物を出たところであった。しかし、校庭から一ブロックも離れていない道路で彼らは津波に浚われた。数日後、「青い油」と昭が呼ぶヘドロにまみれた恵美子を救助隊が見つけ、二日以上かけて三人がかりできれいにしなければならなかった、と昭は説明した。彼は定期的に、愛する者を偲んで記念碑に花、果物、飲み物を供えている。彼は、災害後の一年間は、毎月一一日と正月に道路沿いのこの場所に供え物を置くつもりだと述べた。「この場所を忘れない」ため、一年経った後には、彼は同じ場所に年に二回供え物を置き続けるつもりだと話した。彼は、これらの供え物に加えて、常運寺の墓地と彼の家にある仏壇にも供え物をしている。この仏壇は、津波から九ヶ月後、恵美子のための贈り物と楓太のためのおもちゃに囲まれていた（写真6）。こういった宗教的な行為を通じて、そしてより広くは、東北地方沿岸の災

写真6　佐々木昭の家族をまつる仏壇。宮古市田老、2011 年 12 月 29 日。

害地域に住む他の人々とともに、阪神大震災の犠牲者の追悼式に参加することを通じて、彼の取り組みは、彼自身の個人的な喪失を他の人の喪失とつなぎ合わされる。彼は、「私たちの状況を理解できるのはほんの一握りの人だ」と認めつつ、自身の喪失について話すことに対してオープンである（『朝日新聞』二〇一二年一月一七日）。

　昭が道路沿いに置いた供物台は近所から歓迎され、時には他の人々も昭の供え物の横に自分たちの供え物を足すことさえあった。森本家は、昭が建てた記念碑から道を挟んで反対側にあるスーパーを経営しているが、店を再開するために休むことなく働いた後でも、昭や彼以外の近所の人々のために花の在庫を残しておくようにしている。また、常運寺の住職である高橋英世は、この間、昭と頻繁に連絡を取り合っていた。そして、二〇一一年一二月三一日には、昭と近所の人々が死者を追悼できるよう法要を行った。さらに、高橋は津波発生時に寺に三〇〇人を住まわせ、一ヶ月のあいだ八〇人を保護したにもかかわらず、お盆中にも行事を開催した。コミュニティの中核となる存在として、高橋は、「津波の前に戻らない」をモットーに日々清掃を続け、少しずつでも前に進むというプロセスこそが復興だと信じている。そして、彼は、寺でエリック・クラプトンの音楽を聴いたことも助けとなって、災害が起こってからのあいだあまりストレスを感じなかったと話してくれた。

がれきと遺物

かつては独立した行政区だったが現在は宮古市に合併された田老では、津波からコミュニティを守るよう設計された護岸壁にほとんどの家屋が近接しており、3・11で壁が決壊したときに家々も倒壊したために、がれきの撤収作業が難航した。避難した人々は仮設住宅から田老までかなりの距離を移動して来なければならない。自宅がまだ住める状態にある住民たちは修復の努力をしている。そのなかで、佐々木英二は復興の過程で孤独を感じるという。毎夕、彼と妻は廃墟のなか犬を散歩させて歩くが、会話の相手になるような近所の人はほとんど残っていない。3・11のあと、田老に建っているものはほとんどなく、ランドマークも探しづらかった。五〇センチほどの高さの観音菩薩像、つまり慈悲の菩薩の像が、田老川向《かわむかい》集落の防波堤の残骸のなかに立っていた。もしかすると自衛隊によって救出されたものかもしれない。人々は近くの常運寺でそうするように、この場所でも賽銭をあげたり、祈りを捧げることができた。住民の腹子長一は自宅から数ブロック離れたところに立つこの観音像の精神上の重要性を認めている。彼は田老の住民、がれき撤去作業を担当した自衛隊員やボランティアの人々など、誰もが観音像に向かって祈りを捧げることができると説明した。被災地の諸コミュニティで見つかる遺物とがれきの区別は複雑であり、「清浄な」物と「汚れた」物のあいだの境界線が曖昧なものであると学者たちは指摘する（Boyd and Williams 2005; Namihira 1987）。この観音像が位置を選んできちんと置かれている様子は、誰かがそれをがれきの山から区別しようと意識したことを示しており、像の意味はこの意識を通じて、またその前に置かれた賽銭によって解釈されていることになる。とはいえ、先に論じた記念碑と同様に、この遺物はがれき撤去作業のあいだの、あくまでも仮の記念碑として使われていた。

津波は田老の波止場に近い出羽神社の隣にある墓地の墓石もひっくり返した。神社と墓地が荒廃するなか、こうした墓石のいくつかがまっすぐ立った状態で集められていた。二本の花立てがこの墓石群の正面の目印となる一方で、おもちゃが割れた石の上に置かれており、花立てが底辺におもちゃが頂点にくるような三角形をかたちづくっている。このおもちゃは日本でもアメリカでも最近放送されたアニメ番組のハム太郎というキャラクターのものだ。このおもちゃを花立てや墓石と一緒にきちんと並べることで、ここで死者のために祈ることができるような記念碑をつくりあげている。このおもちゃは願かけのための像として機能しているといえよう。「たろう（田老）」はキャラクターの名前の一部でもあり、そんな言葉遊びももしかしたら隠されているかもしれない。

おもちゃや人形やぬいぐるみは、仮の震災記念碑においてしばしば重要な意味をもつ。たとえば、宮古市の常安寺では参拝客の誰かが、日本語では賓頭盧《びんずる》として知られるアーハット——仏教神話において、仏陀の教えを広めるために地上に残るよう頼まれる四人の智者のうちのひとり——を祀る御堂の傍らに「くまのプーさん」のぬいぐるみを置いた。このぬいぐるみの優しい雰囲気はアーハットの強烈な睨みと対照的だが、賓頭盧は癒しの力をもっており、また赤ん坊の健康を守ってくれると日本人は信じていることから（Frédéric 1995: 101–02）、これは適切な並置であるといえる。宮古市の別の地域でも、取り壊しが終わる前にぬいぐるみが見られた。二体の人形が港町地区の金澤家の入り口に置かれていた。高校の運動部活動の写真や学生証など、いくつかの遺品も入り口の中心に置かれており、人々は近所の廃墟の中にある神聖な内なる場所にアクセスしたという感覚を抱くことになる。

岩手県の海岸沿いの町々における取り壊し作業のあいだ、作業グループのメンバーたちは倒壊した家々の中で見つけた、個人的に象徴的な意味をもつかもしれない品々に手をつけなかった。写真のアルバムや家族の思い出の記録は、籠に入れられ、家族や宗教組織の裁量に任されることが多かった。がれきをかき分けて象徴的な意味をもつ品々を見つけるのは心身を疲労困憊させる作業であり、こうした遺品を救いだせない人たちもいた。小笠原孝紘と彼の家族は津波の後、盛岡市に引っ越したが、一体の観音像を除いてあらゆる物を宮古市光岸地《こうがんじ》の古い自宅に残してきた。彼らは一四年間暮らした家の残骸を目にする辛さについて話してくれた。自宅のあった場所に残された品々は、不要なゴミというよりもむしろ津波以前の彼らの生活を象徴しているものとみなすことができる。さらに、かつて台所と食卓があったところに瀬戸物を残していくということは、家の神を敬う一つの方法として解釈することができる（Ishino 1992: 199）。七月の半ばまでには、神社の協会のボランティアたちが家屋の跡地に残された品々の一部を片づけたが、多くの瀬戸物が津波から七か月たった後でもまだ家の基礎の上に残されていた。ボランティアの浜崎誠は、神は不浄物のゆえにごみを受け入れないので、こうした品々は燃やさなければならないのだと説明した。こうした不浄物は津波のもたらした死、腐敗、破壊によって生じたものである。記念の品々を処分することはいずれ不可避であるが、焼却してしまうまでは、宮古市の横山八幡宮など神社の協会から来たボランティアたちによって丁寧に取り扱われる。しかし、橋本裕之は、

3・11から半年たち、持ち主の現れない大量の品々に市政機関が苛立ちを感じつつあると述べた。二〇一一年の九月時点で、彼は、こうした所有物を保管し、人々が戻ってきて返却を求められるような仮の保管場所を探していた。あるいは、彼は三沢航空科学館にできるだけたくさん品々を保管しておこうと計画していた。そうでなければ、これらの所有物は日本各地の埋め立て地に廃棄されてしまう危険性がある。

記念碑は荒廃した風景を整え、人々がこうした記念の場にアクセスしてお供えをしたり追悼を行ったりできるようにする。浜崎誠は、これらが私的な寺院であるとさえ考えている。多くの家々の跡地で、供え物するのに使っていた酒瓶や供え物とみなすことができるような錆びついた道具といった品々が見つかっている。こうした供え物や家の神である大黒天が鍬ヶ崎下町の赤沼家で見つかった。しかし、こうした供え物の下にはアダルト雑誌の束も、がれきの撤去作業にあたった人々によって片づけられることなくそのままになっていた。こうした雑誌は、亡くなった家の主にとっての重要性のゆえに、すぐに捨てられずに、四ヶ月近くのあいだ家の跡地に残されていたのである。アダルト雑誌はこのサイトの神聖性を侵すように思われるかもしれないが、聖と俗は「日本社会では対立する概念とはみなされない」(Nelson 1996: 148)。さらに、学者たちは過去において神社の祭り

写真7　赤沼家跡。宮古市、2011年6月17日。

と巫女と売春のつながりがあったと論じてきた（堀　一九八五：中山　一九九三）。赤沼家で見つかった供え物のなかにあったアダルト雑誌は、聖性の冒瀆ではなく追悼の一部とみなされるべきである。これらの雑誌がごみとみなされていたら、撤去作業班の人々はただちに巨大なダンプカーで、宮古市の他の地域にあるリアス式の湾に遺棄したことだろう。

日本の宗教文化は被災地に建てられた記念碑に見られるように、個人の気持ちの表出に価値をおく。こうした記念の場は痛切でまた偽りのないものであることが多いが、田老の三王岩で見られる別の形態の表現は単に公共物を汚損する蛮行と見られるかもしれない。この公園は、訪れた人に幸運をもたらすといわれる三つの巨大な白亜質の岩で有名である。そこの歩道の横の壁に誰かが「がんばろう、田老！」という落書きをスプレイで書いていた。この公園は津波によって大きな被害を受けたために閉鎖されていたのだが、誰かがこの場所に励ましのスローガンを書き込まなければと感じたのだ。落書きは公園の外観を損なうように思われるかもしれないが、しかしやはり先に述べたように、日本の人々は歴史を通じて宗教的な場所に様々な語句を刻んできた。この落書きは黒森神社の参拝記帳に書きこまれていたのと同じ願いを表現している。宗教的な場に書き込まれた言葉を通じて、それを書いた個人は自身の人となりや祈りを表現することができる。したがって、三王岩の落書きは、蛮行ではなく支援の表現とみるべきである。このような書き込みをした人が誰であれ、その人がこのコミュニティの再生を願っていることを示すさらなる証拠は、三王岩から数メートル離れた田老の波止場に書き込まれた「愛してる」の落書きである。

結論

3・11は喪失、経済的問題、インフラの破壊に苦しむ諸コミュニティにおいて、宗教的実践のうえでの困難ももたらしている。宮古市の黒森神社の参拝記帳にみられたように、宗教的実践や儀式的パフォーマンスは三陸地域の文化に不可欠なものである。この神社に棲む神と対話をすることは、地震に対する直接的な反応であった。人々は津波のあと何度もこの神社を訪れ、困難な時期に自らの祈りや願いを表現した。九月七日に鈴木明美は宮古市に戻り、「心配で訪ねてみました。震災の影響がないようでほっとしました。参拝して帰らせていただきます」と書いた。彼女はおそらく、震災より前に宮古市を離れた人だったのだろう。参詣したいという強い願いによって宮古市を再訪したのだった。人々はまた、宗教的な団体が非宗教的な団体と手を組んで主催する行事を通じて復興への希望を表現する。たとえば、二〇一一年の八月一日から五日のあいだに盛岡市で開催されたさんさ踊りは企業、学生組織、神道の団体を一つにまとめた。三ツ石という神が盛岡から鬼を追い出したという神話にもとづくこの祭りは、地元のならわしを挙行するとともに、3・11の影響を受けた人々を勇気づけた。八月二八日の夜に宮古市で開かれた「夢灯り」の祭りは、新しく考えられた式典で、蠟燭を捧げて魂の休息を祈るというものであった。東京に住む藤沼一徳、文子夫妻は古い飲み物の紙パックを使って祭りのために四つの提灯をつくり、そこに宮古市の復興と繁栄を願う祈りを表現するためのメッセージを書き込んだ。彼らの祈りは、『岩手日報』の表現を借りれば「鳳凰のように暗闇から舞い立った」のだった（二〇一一年八月二九日付)[6]。

多くの研究者にとって逆説的に思われるのは、日本には非常に多くの宗教団体があるのに、調査ではほとんどの日本人が自分が無宗教だと答えることだ[7]。日本人の宗教的態度について、3・11からどのようなことがいえるだろうか？　震災のとき神社仏閣に逃げこんだ人々もいたが、こういった施設は住宅地よりも高台にあることが多いので、生き延びるためにそうしたのだということもできる。実際、多くの神社仏閣が避難施設として指定されていた。一方で、震災で打ちのめされた諸コミュニティのアイデンティティがこうした神社仏閣とのつながりに根ざしていることは多い。震災で影響を受けた宗教施設のなかには、人々がかつて住んでいた地域での再建に対して懐疑的なために、そのまま失われてしまうものもあるだろう。このことはゆくゆくは市民社会と宗教社会のつながりを脅かすことになるかもしれない。

写真8　宮古「夢灯り」2011年8月26日。中央のキャンドルスタンドは宮古の人々にとって重要な鮭を模している。

しかし、震災は日本人の宗教性の個人的な、また集団的な局面を浮き彫りにした。被災者の多くが、自分自身の手で記念碑を建てたのだ。時には、地元の宗教的施設が破壊されていたためそれしか選択肢がない場合もあった。しかし、個人的な追悼のほうをあえて選択したように見える場合もあった。こうした個人的な記念碑を通じて人々は、混とんとした空間を家族やコミュニティの記憶を含んだものへと変換し、震災の意味を理解しようとしている。人々が震災のなかで安寧を見つけようと新しい宗教的な意味合いを求めるなかで、「新興宗教」と呼ばれる勢力も苦闘してきた。日本語のことわざで「困ったときの神頼み」という表現があるが、津波によってもたらされた死、破壊、立ち退きは、被災コミュニティにおいて地域社会の宗教活動に参加することを妨げる主な原因となっている。宮古市磯鶏地区にある天理教教会の工藤俊則は、神は津波から逃げだしたのではなく、危機のあいだもその後も被災コミュニティで生きているのだとまだ信じている。震災から「私たちは神さまに助けられた」のだと彼は説明する。この説明は亡くなった二万の人々には明らかにあてはまらないが、極限状態のなかでの宗教的信仰の回復を示す一例である。

日本中の人々が、3・11について内省的な議論を交わしている。震災が現代社会の堕落に対して起こされた「天罰」であるとおおっぴらに述べたのは、日本人の公人のなかではおそらく東京都知事の石原慎太郎だけであった。同様のコメントは外国人のコメンテーターによっても述べられた(8)。被災地では誰もこのような意見を率直に表明したりしないだろう。災害の規模にもかかわらず、存在論的な「なぜ?」という疑問は提示されなかった。苦しみと存在論的不安の只中で、津波に直撃されたコミュニティの伝統を尊ぶ行事によって社会の絆を深めることができる。たとえば、宮古市では黒崎神社協会が再結成し、二〇一二年六月一〇日に、黒森神楽の演奏者たちの力を借りて年に一度のお祭りを挙行した。一年前には漂着したがれきで埋め尽くされていた神社の境内に、地元の漁師や、企業家、近隣の学校の運営者が集まり、祈りの儀式に参加した。この祭りと、宮古市の津軽石地区で二〇一二年の六月一六日に行われた祭りでは、神を乗せた神輿《みこし》を担いで津波の被害を受けた地域を練り歩くという行事が行われた。津軽石の高校や中学から来た生徒たちは、震災以降初めての祭りで伝統的な歌舞を舞い踊った[9]。こうした祭りは東北地方のコミュニティが立ち直りつつあるという心強い兆候である。諸コミュニティが長期的に見てどのように震災に応えていくのか、今後の成り行きを見守る必要がある。

注

（1）冒頭の引用文は、それぞれ八世紀および二〇世紀に発生した日本文化に関わる怒濤の時代と関連している。古事記の本節は、白鳥に化した亡きヤマトタケルの後を追いかけて、哀惜者たちが海に駆け込む様子を描いている（Philippi 1968: 252-53. Akima 1982: 492-93）。一方で、僧であると同時に俳人である山頭火は、乏しい食糧と不十分な宿しかない状態で地方を放浪していた際、自然のなかに慰めを見いだしたのである（Abrams 1977: 274）。

（2）三陸地方は二〇一一年の悲惨な津波が発生する前も何度も壊滅的な地震や津波に襲われてきた地域である。もっとも有名な災害は、一八六九年、一八九六年、一九三三年に発生したものである。

（3）本章で出典を明記してある場合以外の情報は、筆者が二〇一一年一一月から二〇一二年三月にかけてのフィールド調査のなかで個人的なやりとりにより得たものである。

（4）天理教（慈善行為を重視する一神教）は一八三八年に発足し、大衆仏教の運動であった創価学会は一九三〇年に発足した。第二次世界大戦後に発足した多数の宗教と区別するために、これらの宗教は「旧新宗教」と呼ばれることもある。

（5）この数字は、二〇一一年一〇月三一日時点で宮古市の復興センターに登録されていたボランティア一万八二六四名の数字と比べるとかなり少ない。

（6）「鎮魂と復興へ思いを新たに　宮古、夢灯りの夕べ」『岩手日報』二〇一一年八月二九日付。

（7）たとえば、ベストセラーになった阿満（一九九六）を参照のこと。

（8）たとえば、この二〇一一年三月一八日放映のＡＢＣニュースの報道を参照のこと。〈http://abcnews.go.com/Politics/japan-earthquake-tsunami-divine-retribution-natural-disaster-religious/story? id=13167670#.Txletvn7-N0〉二〇一二年二月三日アクセス。

（9）これらの歌舞や、釜石で演じられた「虎舞」などの歌舞のビデオはasaproabeと名乗るブロガーによってユーチューブに投稿されている。〈http://www.youtube.com/user/asaproabe〉二〇一二年二月三日アクセス。日本語で書かれた彼のブログからは、神道の舞やそのほかの民間芸能のアーカイブをつくろうとする彼の努力についてのまとめが読みとれる。〈http://okuderazeki.at.webry.info〉

参考文献

阿満利麿　一九九六『日本人はなぜ無宗教なのか』筑摩書房。

多田道太郎　一九八三「奥の感覚」、上田篤、多田道太郎、中岡義介編『空間の原型——すまいにおける聖の比較文化』四二三—四三四頁、筑摩書房。

中山太郎　一九九三『日本巫女史』パルトス社。

堀一郎　一九八五『我が国民間信仰史の研究』東京創元社。

Abrams, James. 1977. 'Hail in the Begging Bowl: The Odyssey and Poetry of Santoka,' *Monumenta Nipponica* 32 (3): 269–302.

Akima, Toshiro. 1982. 'The Songs of the Dead: Poetry, Drama, and Ancient Death Rituals of Japan,' *Journal of*

Asian Studies 41 (3): 485–509.

Ama, Toshimaru. 2005. *Why Are the Japanese Non-religious? Japanese Spirituality: Being Non-religious in a Religious Culture*. Lanham, Maryland: University Press of America.

Berleant, Arnold. 1992. *The Aesthetics of Environment*. Philadelphia: Temple University Press.

Boyd, James W. and Ron G. Williams. (2005). 'Interpretation of a Priestly Perspective.' *Philosophy East and West* 55 (1): 33–63.

Frédéric, Louis. 1995. *Buddhism: Flammarion Iconographic Guides*. New York: Flammarion.

Ishino, Hironobu. 1992. 'Rites and Rituals of the Kofun Period.' *Japanese Journal of Religious Studies* 19 (2/3): 191–216.

Isomae, Jun'ichi. 2005. 'Deconstructing "Japanese Religion:" A Historical Survey.' *Japanese Journal of Religious Studies* 32 (2): 235–48.

Kaniasty, Krysztof. and Fran H. Norris. (1995). 'Mobilization and Deterioration of Social Support following Natural Disasters.' *Current Directions in Psychological Science* 4 (3): 94–98.

Namihira, Emiko. 1987. 'Pollution in the Folk Belief System.' *Current Anthropology* 28 (4): 65–74.

Nelson, John. 1996. 'Freedom of Expression: The Very Modern Practice of Visiting a Shinto Shrine.' *Japanese Journal of Religious Studies* 23 (1/2): 117–53.

——. 2000. *Enduring Identities: The Guise of Shinto in Contemporary Japan*. Honolulu: University of Hawaii Press.

Ohnuki-Tierney, Emiko. 1987. *The Monkey as Mirror: Symbolic Transformations in Japanese History and Ritual*. Princeton: Princeton University Press.

Philippi, Donald. 1968. *Kojiki*. Tokyo: University of Tokyo Press.

Stallings, Robert A. 2002. 'Weberian Political Sociology and Sociological Disaster Studies.' *Sociological Forum* 17 (2): 281–305.

Thomson, Charisma A. (2011). 'Roadside Memorials (Re) presented.' *Anthropology News*. ⟨http: //www. anthropology-news. org/index. php/2011/09/14/roadside-memorials-represented⟩ Accessed October 3 2011.

家も、船も、いかだもなくなった

――大震災後の宮城県沿岸地域の人々

アリーン・デレーニ／ヨハネス・ウィルヘルム(1)
（森本麻衣子訳）

本章は、宮城県の七ヶ浜町《しちがはままち》と寄磯浜《よりいそはま》で漁業に携わる人々の現状と漁業コミュニティの復興に関連する諸局面について検討する。二〇一一年三月一一日に三陸海岸を壊滅させた津波の後、当地の人々はいかにして生活を建て直してきたのだろうか。私たちがとりわけ関心を持っているのは、彼らの生産活動への復帰を支援するための政策がどのように展開してきたか検討することである。津波の爪痕と、それに対応して構想された政策が、宮城県の沿岸地域における生活の再建に向けた新しい現実を生みだしているのだ。

人口約二万人の七ヶ浜町は、宮城県で最も土地面積の小さい町であり、県内有数の港である塩釜港の南東に位置し、仙台市街からも二〇キロと離れていない。七ヶ浜町には風光明媚な松林の丘と長い砂浜があり、観光客に人気がある。産業としては、養殖ノリが最も重要であり、ヒラメ類、アワビなどの貝類、その他の魚類がそれに続く。近年では、仙台市のベッドタウンとなっているとはいえ、沿岸地域は

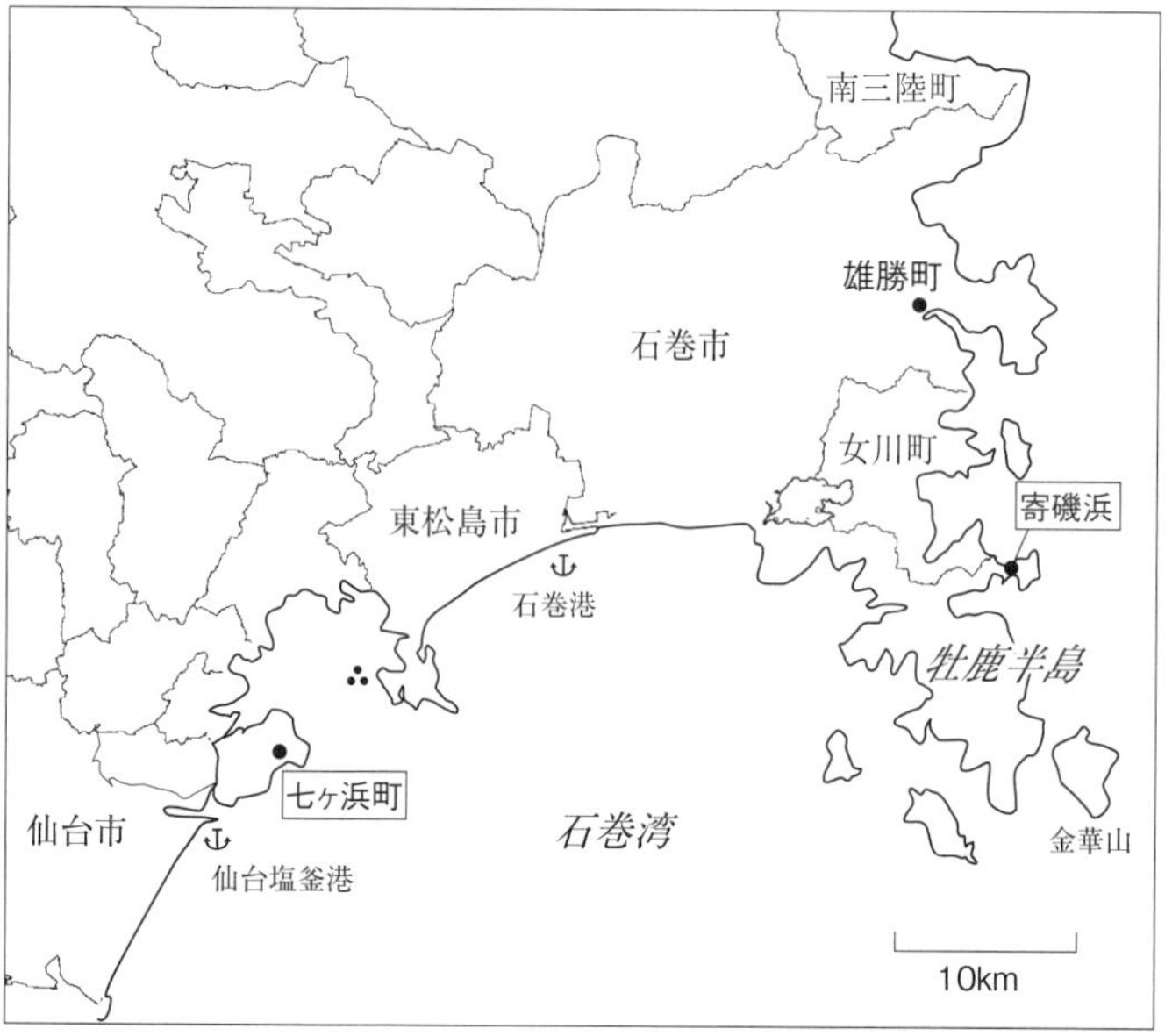

今でも、震災前まで活気のあったその一帯で伝統的に漁業を営んできた世帯が主たる住民である。

一方、寄磯浜は女川《おながわ》原子力発電所の南東側の険しい谷にある小さな集落であり、牡《お》鹿半島《しかはんとう》の東側にある鮫浦湾《さめのうらわん》の北に位置する。二〇〇五年以降、石巻市の一部となっているが、集落の人口としては、一〇〇軒に満たない世帯で暮らす四〇〇人ほどだ。この地域の険しい地形のため、寄磯浜で農業を営むことは事実上不可能である。そのため、地元住民は水産業、とりわけホヤとホタテ貝の養殖を主な収入源としてきた。

七ヶ浜町と寄磯浜（地図参照）は重要な漁業地帯である三陸海岸に位置する[2]。その重要性は地理的要因によるところが大きい。南からの暖流黒潮が北からの寒流親潮とぶつかっているため、宮城県沖は海洋資源の

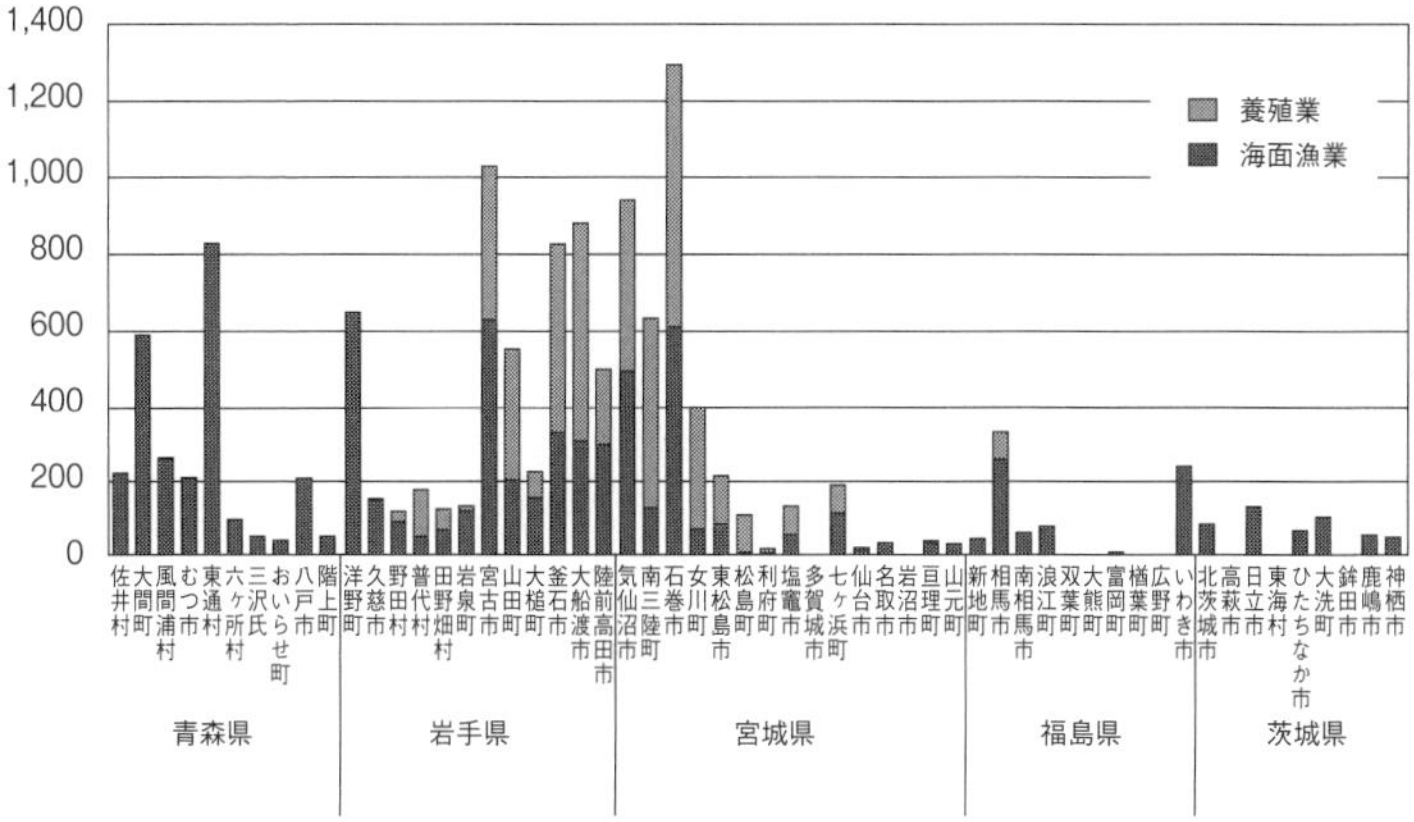

図1　太平洋北区の水産業区分（農林水産省『二〇〇八年漁業センサス』よりウィルヘルムが作成）

きわめて豊富な漁場となっているのだ。宮城県の海岸線のもうひとつの特徴は、七ヶ浜町の南に延びる砂浜と、北部の海藻（特にノリやワカメ）やカキ、ホヤ、ホタテ貝の養殖に適した磯浜で、漁業のあり方が異なっていることである。一方で、寄磯浜は、震災で打撃を受けた三陸海岸沿いの他の多くの地域にもよく見られる僻地で、小漁村の典型例である。三陸の漁業の構造的な特徴は、リアス式海岸の入り江[3]で行われる水産養殖の占める割合が高いことである（図1）。こうした水産養殖は、七ヶ浜町でも同様に見られるように、男性だけでなく女性の働き手を含む漁業世帯によって主に営まれている（Delaney 2011 を参照）。宮城県の漁業人口のおよそ半数が六〇歳以上であることから、労働人口の高齢化はこのセクターのもうひとつの深刻な構造問題といえる。

この章の知見は、これらのコミュニティで津波の後で行われた最近の実証的なフィールドワークのほか、私たちが以前から行ってきたフィールドワークから得た地域的また社会的状況の知識にもとづいている。この沿海地域で研究を重ねてきた経緯により、筆者たちは、震災によって直接被害を受けた人々とのつながりや信頼関係があるが、同時に、そのことで深刻な衝撃を受けてもいる。津波を生き抜いた人々も津波の中で命を落とした幾人かの人々も、私たちは身近に知っていたのだ(4)。

そこで、本章は、七ヶ浜町および寄磯浜の産業、政治、社会的ネットワークに関する私たちの知識にもとづき、宮城県の沿岸地域の人々が生活を再建するうえで、政府の対策がもたらしつつある影響に関する現状調査に焦点をあてる。

震災の諸側面

宮城県の沿岸漁業は東日本大震災の津波で深刻な打撃を受けた。県内にあった一万三五〇〇艘の漁船のうち一万二〇〇〇艘、実に九割が失われた。宮城県漁業協同組合員のうち四五二名が命を落とした。六〇〇〇人以上の組合員の家屋が壊れるか、被害を受けた。これは、全体のほぼ三分の二にあたる。漁業関連の施設や用具に関しては、一六二の加工施設、五万七八八六艘の水産養殖用いかだ、および八三一枚の定置網が津波で流されるか壊され、またノリ、カキ、ホヤ、ホタテの養殖施設は完全に破壊された（船渡　二〇一一：一）。

さらに、太平洋側の海岸線全体が、最大で一・二メートル海面下に沈んだうえ、牡鹿半島の著名なランドマークである金華山は東に五・三メートル移動しており（成美堂出版編集部　二〇一一：一九）、多くの漁港や桟橋が現在は海中に沈んでいる現状である。こうした状況により、大多数（八〇％）の漁師が漁業と震災前の生活に戻ることを望んでいるにもかかわらず、ほとんどは仕事の再開ができないでいる。(5)

もうひとつの課題は、海中にあるとてつもない量の瓦礫である。モーターボートを操縦することは（利用できるボートがあるという稀有なケースにおいてではあるが）、今では困難かつ危険を伴い、地域によってはほぼ一年中不可能である。津波によって海中に押し流されたロープや網にボートが絡まる恐れが大きいからだ。プロのダイバーたちが陸前高田などの主要な港で海中の瓦礫を解体・撤去する作業に全力であたっている。営業している数少ない民宿のひとつで夕食をとった後に、あるダイバーが言った。「水中でやらなければならないことがまだまだある。（……）衣類が瓦礫に挟まっていると仏《ほとけ》なんだなと分かるんです。(6)」

近くでカキを養殖している環境保護運動家は私的な話のなかでこう述べている。(7)

この大参事は千年に一度起こるようなことで、私たちはこの事態を何とか乗り越えなければならない。誰も海を恨んでなんかいないし、海は順調に回復している。だが、原発の方も困ったもんだ。(8)

福島第一原子力発電所のメルトダウン以降の、海産物の安全性をめぐる不安と風評は、多くの人にとって「第四の被害」といえる。海産物の安全性は太平洋沿岸の被災地域の漁師の大きな懸念材料である。彼らは放射能を恐れているが、この風評による第四の危機にいまだ正面から対処できずにいる。毎日を生き抜くために、まず取り組まなくてはならない差し迫った問題が多すぎるのだ。

宮城の漁師たちのなかには（たとえば唐桑《からくわ》や気仙沼《けせんぬま》といった地域で）、震災後すぐに自分のコミュニティを離れたものの、数週間後に昔からの生業を取り戻そうと帰ってきた人たちもいる。しかし、彼らは多くの困難に直面している。最大の論争のひとつが、居住地を高台に移転させるという計画である。これは行政側から提唱されたものだが、土地・建物の権利関係の問題などにより、地元の自治体はいまだ最終的な開発計画を立てられずにいる。この問題は、宅地自体が希少な三陸の諸コミュニティの前に特に大きくたちはだかっている。

七ヶ浜町の一地域は、津波後に完全に瓦礫が撤去され土台が剝き出しになったが、建物の再建はいまだ行われていない。ここでは地盤の沈下により、一帯が海面レベル以下になっている。和田さんは、彼女の家の裏手の高台にこの地域の住民たちの一部が避難した時のことを話してくれた。波が眼下の家々をすべて破壊しながら突進してきたとき、彼女は自分たちが立っている高台が身を守れるほど高くないことに気づき戦慄した。彼女はこう振り返る。「みんなに逃げてと叫びました。丘のもっと上のほうに逃げてと。でも誰も動きませんでした。誰一人として。みんなじっと立っていました。」彼女の家族三人と近所の人たちが波に飲まれた。彼女の家族は波に流された後で奇跡的に助かったが、何人もの隣人が亡くなった。

この地区で生き残った住民のうち、家族の誰かの家に移り住むことができなかった人たちは、七ヶ浜町内の別の場所にある仮設住宅か、町外のアパートに移った。新たに供給された住宅は、プライバシーのない劣悪な避難所の条件に比べてはるかにまさっており、特に、仮設住宅が九月半ばまで入居可能にならず、他の被災地域に比べてさらに長い避難所生活を強いられた寄磯浜ではとりわけ喜ばれた。しかし、仮設住宅の割り当て方式が、沿岸のコミュニティを社会的に分断する結果となってしまった。地元自治体は全員に平等な入居のチャンスを与えるという配慮にもとづき、当初くじ引きのシステムを用いた。しかし、それは以前の地域のあり方にまったく、あるいはほとんど注意が払われなかったことを意味した。もともと隣人同士だった人々が互いに遠く離れて暮らすことになり、古くからある互助のネットワークに頼ることができなくなってしまった。また牡鹿半島の太平洋に面した東岸など、人里離れた地域に住んでいた人々が、二〇キロ近く内陸のより都市化の進んだ地域に移住させられたために、自宅のあった集落に戻って片付けや修理などを行うことがほとんど不可能になってしまった。車は流されてしまっていたし、地域によっては道路も再建あるいは修復を待たねばならなかったからだ。

破壊された岸壁で釣りをする人。フェリーが通り過ぎていく。七ヶ浜町代ヶ崎浜。

震災後長い間、多くの人々が知り合いの安否や居所を知らなかった。二〇一一年一〇月二〇日、我妻さんとデレーニは、一〇年以上前に一緒に訪ねたことのある奥松島のとある地域に車で向かった。行きの車の中で、彼女は真実を知るのが怖くてこの地域にはまだ行っていないのだと語った。車で地域に入っていったとき、彼女は言った。

怖れていた通り、ええ、何も残ってませんね。ゲストハウスがここにありましたよね？　他の家々もここに……今はまったく何も残ってませんね。友達を見つけられなくなってしまいました。電話番号も、もう持っていないし、彼がどこにいそうか、大丈夫なのかどうかさえ分からない。

破壊の跡に目をやって、彼女は続けた。

あのね、「信じられない」という言葉は、もう私の辞書にはなくなってしまったんです。

七ヶ浜町周辺および寄磯浜の破壊は、この奥松島で見たものと同じようにひどいものだった。七ヶ浜町では最大一二メートルの高さの波が町のほぼ三分の一に流れこんだ。高台の多い町であるにもかかわらず、破壊の程度は大きく、津波で一〇〇〇軒以上の家屋が全壊または半壊、三九一七軒が何らかのかたちで被害を受けた。一〇〇人近い住民が亡くなり、六〇〇〇人が三六ヶ所の避難所に分かれ、二〇の独立した防災組織の援助を受けて生活した（Mand 2012）。一年以上経っても、七ヶ浜町ではまだ清掃作業が続いていた。寄磯浜は、険しい地形（七ヶ浜にも見られる）のおかげで、津波による全面的な被災を免れた唯一の湾沿いの集落である。しかし同じ石巻市の雄勝町《おがつ》では、町のかつての中心は完全に破壊された。何らかの建物が残ったのは、水浜《みずはま》地区など、雄勝町周縁の高台にある集落だけだった。

復旧期3年（2011年から2013年）	再生期4年（2014年から2017年）	発展期3年（2018年から2020年）
・漁港・船着き場の集約と再編 ・がれきの撤去 ・養殖業における応急復旧漁船 ・漁具の提供，養殖施設の復旧，種苗の供給 ・魚市場や冷凍冷蔵庫の応急整備 ・新たな経営組織の導入 ・水産試験研究体制の再開 ・原子力発電所事故への対応	・漁港整備の本格化 ・種苗放流体制の再構築 ・協業化による経営体強化 ・新たな漁業許可制度のもと，安定操業に向けた取組を推進 ・養殖施設の改良・高度化 ・魚市場や冷却施設等の本格復旧 ・原子力発電所事故への対応	・「水産業集積拠点漁港」と「沿岸拠点漁港」においてインフラ整備を推進漁業者が自律的に行う資源管理の支援 ・生産物開発を通じた経営体強化 ・水産都市の活力強化 ・水産試験研究の推進 ・原子力発電所事故への対応

図2　宮城県水産業復興プラン（宮城県　二〇一一：三よりウィルヘルムが作成）

回復と再建の戦略

数ヶ月のうちに日本政府は家屋やインフラを再建し、被災した人々に雇用と収入を提供すると発表した。この節で強調するように、こうした政策やプログラムのなかには、生活を建て直そうとする地元住民に非常に役立つものもあった。しかし一方で、人々の失望と混乱を招くものもあった。

宮城県の復興マスタープランの一部として提示された漁業再建計画では、一〇年の期間が復興に必要とされている。この一〇年は三つの段階的な期間、すなわち復旧期三年（二〇一一年から二〇一三年）、再生期四年（二〇一四年から二〇一七年）、発展期三年（二〇一八年から二〇二〇年）に分割されている。三つの段階のそれぞれが明確な目標を持っており、たとえば、第一期では緊急の措置として、がれきの撤去および港湾施設と漁業用具の（暫定的な）復旧が掲げられ、港湾施設の全面的な再建は第二期に計画されている（宮城県　二〇一一：三）（図2）。

しかしながら、水産業復興特別区をめぐる言説の検討から明らかになるように、計画の実施以前にすでに多くの問題が浮上している。

漁業権問題

宮城県の漁業再建の行政的フレームワークが初めて議論されたのは、二〇一一年五月一〇日の第四回東日本大震災復興構想協議会で村井嘉浩宮城県知事が水産業復興特別区[9]の構想（以降、水産特区と呼ぶ）を明らかにした時であった[10]。こうした水産特区は当初、行政が水産養殖の区画漁業権を割り当てる際の優先順位を見直し、地元住民以外の出資者から必要な資本を調達する試みとして構想された。地元の漁業協同組合だけでなく、これまで地元の漁業と歴史的つながりを持たなかった外部の投資家・法人によって運営される「会社」に対しても漁業区画が開かれることになる。しかし、村井知事が会議に先立って不可欠な宮城県漁業協同組合との協議を行っていなかったために、漁協組合員から強い反発を食らい、一万四〇〇〇人の漁師による特区計画への反対署名が集まった。水産特区は国の復興計画にも含められているが、政府と県漁協の交渉は混乱した。県の水産特区構想は、宮城県の震災以前から続いていた沿岸漁業構造の諸問題をふまえた対策として発想されたものと思われるが、特に地元住民への説明に関して準備が不十分だったといえる。

漁業特区計画をめぐる構造的な問題として、区画漁業権の有効期間は五年間であり、二〇〇八年に割り当てがあったことから、新しい特区の漁業権が実施可能になるのは最も早くて二〇一三年九月であることが挙げられる。したがって、そうした特区の権利は復旧のための緊急援助というより、中長期的観点からは漁業構造問題（高齢化）の解決策をもりこんだネオリベラルな政策といえるだろう。いまのところ（二〇一二年九月現在）、水産特区の受け入れを表明しているのは、石巻市桃浦の漁師たちのグループだけである。もし桃浦が二〇一三年九月までに実現する唯一の水産特区となるとすれば、宮城県の海区漁業調整委員会が次の新しい漁業区画を割り当てる二〇一八年までの間唯一のケースとなるだろう。この意味で、水産特区の導入をめぐる意見の衝突は、本来は争点でないことがらをめぐって起きた、いわば幻の論争で、関係部門がより重要な問題に注目するのを妨げたといえるかもしれない。

二〇一一年一〇月に発表された宮城県水産業復興プランは、「水産業復興特区については、漁業者及び県漁協と十分な協議、調整に努め」るとしている（宮城県　二〇一一：六）。おそらく、二〇一二年の夏に新たに任命された宮城県海区漁業調整委員会による二〇一三年の漁業権割り当ては難しいものになり、論争はエスカレートするかもしれない。

漁業インフラ

漁業関連法に関する議論とは異なり、漁業復興の資金繰りのスキームは順調に組み立てられた。このスキームは、二〇一一年一〇月二八日に国会に提出され、一一月二一日に審議通過した一二兆円の第三次補正予算の一部として組みこまれている。

この計画では、漁業の種類ごとに設定された特定の規定にもとづき、生業の再建のために政府が資金を供出することが定められている。事業の立ち上げ資金と一定期間内の操業資金を供給したうえで、何年か後には自分たちで操業できるように、年を経るにしたがって供給を減らす仕組みになっている。たとえば、七ヶ浜町で四人のノリ養殖業者が営む協同組織では、操業再開のために必要な投資が二〇一二年には一〇〇〇万円、二〇一三年には五〇〇万円不足すると見込んでいる。政府はそのそれぞれ九割、九〇〇万円と四五〇万円を補てんし、その間、四人の養殖業者は残りの一〇〇万円（二〇一二年）と五〇万円（二〇一三年）を政府（日本政策金融公庫）と組合銀行（ＪＦマリンバンク）から供給される無利子のローンを通じて調達する。[11] 水産業の復興にかかる第三次補正予算内の予算額は二〇一一年一一月現在で四九九〇億円と見込まれている。[12]

雇用

一定条件を満たす特定グループのみに適用される前述のプラン以外に、震災の影響を受けた漁師たちの大半は、漁業収入なしでどうして生計を立てるのだろうか。たとえパートタイムかつ季節労働として漁業に従事していたような場合でも、漁師とその家族にとって、漁業という収入源は必要不可欠だった。大震災後、太平洋沿岸における雇用機会は非常に少なかった。地元企業のうち、企業活動を再開したのは半数ほどであり、残り半数は再開できないか再開の見込みが不確実だった。[13] 地域からの人口流出を防ぐため、地方自治体は今、雇用機会を創りだすという困難な課題に直面している。

漁師に仕事を提供する一つの試みとして、漁場からがれきを撤収する作業を支援する一時的な措置がとられた。これは、地方自治体から資金提供を受けた漁村を対象とした一種の自立プログラムであった。このプログラムに応募するためには、少なくとも五人の漁師が集まらなければならなかった。選考を通過すると、各メンバーに日給（一万二一〇〇円）が支払われた。また、船舶を借りるための資金援助も提供された（使用される船舶のトン数によって二万一〇〇〇円から九万二五〇〇円の資金）。

この行政プログラムの適用・調整期間中、宮城県漁業協同組合およびその各支部が、相談と支援の窓口としての役割を担った。七ヶ浜町では、漁協組合員が自身の所属する各漁協支部に雇われるかたちで、港湾区における瓦礫の撤去と焼却作業を手伝った。このプログラムには二つの利点がある。一点目は、漁業または養殖が行えないなかで、雇用された人々に最小限とはいえ必要不可欠な収入源が提供されたことである。二点目は、この作業を通じて、将来的に港を利用可能にする取り組みが行われたことである。すなわち、このプログラムは現在と将来、両方のニーズを満たすものであった。沿岸のグループの一部は、こうしたプログラムから一定の恩恵を受けた。水産物の地元販売業者の顧客についても同様である。

一方で、宮城県内のさらに北の地域の漁師や地元の実業家の一部は、宮城県漁業協同組合を厳しく非難した。彼らの目には、漁協支部がＯＢ会のように映っている。実際に働くことで漁業の復興に貢献できないにもかかわらず、多くは年配の正組合員が意思決定権を独占しているのである。石巻市の行政管理下の漁村である雄勝では、若手漁師が「オーガッツ（Oh! Guts!）」というグループを形成し、新しいアイデアで地元の漁業の在り方を活性化し、旧い体制を改めようとした。こうした状況は、高齢者（多くは六五歳以上）が正組合員として投票権をもつ一方で、若手会員（準組合員）が投票権をもたないような漁協支部内の構造的な問題と深く関係している。[14] オーガッツは一口オーナー制度をより包括的なアプローチで採用しており、[15] 支援者が一口オーナーとして出資しながらも積極的に自ら進んで漁業の復興に参加する体制をつくりあげている。彼らが訪れた際に宿泊先やレストランを紹介することで、被災者と外部支援者の関係を強化するとともに、地元ビジネス（ホステル等）の利益獲得にもつなげているのだ。曲がりくねった道に沿った小さな畑で作業をしていたある元漁師が言った。「前は漁協が大事だったけど、漁協の連中はみんな年寄りで、今、必要な新しい考えをなかなか受け入れてくれない。んだから、あの若手［オーガッツ］がやってんのは応援しているよ。」(16)

「自立」グループの発生

定着している農民と異なり、漁師にとって遠く離れた漁師仲間などとつながっていることは特別なことではない。地元で水産物を販売する業者と顧客のつながりについても同様のことがいえる。そういった関係が、災害復興活動ボランティアや支援者の間で数多く復活し、自立グループが形成された。「海友支援隊」もこのようなグループの一つである。海友支援隊は、五十代の高校同窓生たちによって、災害から数ヶ月後に設立された社団法人である。石巻駅前に事務所を置き、鮫浦湾を中心に活動している。

鮫浦湾では、寄磯浜などの小規模港の漁師が国産ホヤの八〇%を養殖している。このホヤは、金華ホヤの名で生産され、韓国と米国にも卸売りされてきた珍味である。海友支援隊は、仙台市近郊の利府《りふ》町《ちょう》に拠点をおく国際的なバプティスト派組織オアシス・ライフ・ケア（Oasis Life Care）から支援を受けている。海友支援隊事務局を運営する稲井さんは、津波の発生当時、石巻市の中心街の地元スーパーで店主をしていた。同じく海友支援隊メンバーで彼の同窓生である渡邉さんは、寄磯浜で三〇〇年続く海産物商カンザヤの末裔であり、現在はヤマボシという会社を経営し、寄磯浜内外で「ホヤ博士」と呼ばれることもある。寄磯浜における伝統的な網元（文字通り網の所有者を意味し、多くの場合、地元の商家

2011.09	2011.07-	2011.09-2014.08	2012.09-	2013.01-
がれきの撤去	基本設備・物資の計画・手配（4か年計画）	各整備の修復作業	水揚げ作業開始	事業として継続
養殖棚海域	養殖漁業資材の手配	養殖業者・各民間業者	重機・資材の追加補充	産品の品質・味の向上
各漁具・倉庫	漁船漁業の設備・漁具の修理・手配	漁業者・各民間業者	製氷・資材の補充	
水揚げ岸壁	大規模岸壁工事調査・仮工事	県・市　発注業者	水揚げ岸壁の完備	水揚げ・仕込み岸壁完備
				観光（民宿など）の取組
水産加工場	製氷工場新設	加工業者・各民間事業者	設備・資材の追加補充	安心・安全の確保
	油タンク復旧・タンクローリーの手配	加工業者・各民間事業者	加工場の作業員確保	品質・味の向上
	水産加工場復旧の為の資材および工場	加工業者・各民間事業者	販売方法の確立	新しい販売手法の取組み

表1　海友支援隊・復興計画タイムライン（2011年9月2日時点）

である）の家系出身の地元実業家として、集落の人々の今後に責任を感じ、海友支援隊に対して計画策定、会計、企業経営などの経営的な手法の重要性を繰り返し説いてきた。海友支援隊員は詳細な資料を作成しているが、なかでも詳しい仕事手順書と計画書には絶えず編集の手を加え続けている（表1）。海友支援隊は二〇一一年八月以来、一六〇〇名以上の一口オーナーを募ることに成功した（無名二〇一二：一二〇）が、時間が経つに連れ、新しい賛同者を獲得することが困難になってきているのも事実である。

　寄磯浜では、住民の三分の二がホヤまたはホタテ貝の養殖によって生計を立てている。二〇一一年九月中旬まで、多くの人が高台にある公立小学校を避難所として利用していた。宅地が限られているため、家を失ったすべての住民が集落内や近隣に仮設住宅を得られたわけではなかった。他方、一〇〇人の住民が暮らす隣の前網《まえあみ》地区では、指定避難所が波に流されたため、被災者は地区内の高台にある一軒家に避難せざるをえなかった。この一軒家は指定避難所ではなかったため、人々は状況を把握しきれない行政との対応に苦慮し、なかなか支援を受けることができなかった。

寄磯浜では、三月一一日の震災で一二名の死者が出た。海友支援隊は、地元の養殖業の復興に尽力する一方、掃除機や灯油の提供、さらにはフォークリフトの貸出などを通じて住民の細かいニーズにも対応している。また、地元社会の基盤となる祭りや行事などの文化遺産が、地域の再生と住民の流出をくい止めるうえで重要な役割を果たすことを意識するようになった。たとえば、地元の「子供組」と呼ばれる少年たちによって新年の祝いの際に行われる大黒舞いは、津波で流されてしまった装束が新しく贈られたことにより二〇一二年に活動を再開することができた。細かい点で興味深いのは、3・11以前は別々のグループで活動していた寄磯浜と前網地区の子どもたちが一緒に舞い、しかも初めて少女たちも参加したことだった。(17) 祭りの関連資料や記録がすべて失われたうえ、子どもたちの以前の指導者も3・11の後に寄磯浜を去ってしまったことから、経験のない新しい人物が責任者となり、ウィルヘルムが以前の調査や観察で収集した行事に関する記述や写真などの関連情報を提供した。

寄磯浜では、漁業の再建を断念している住民もいる。特に六十代以上の年齢層で、復興計画で少なくとも必要であると予想される一〇年後には引退していること、また後継者がいない場合も少なくないことから、その傾向が顕著である。一方で、ホタテや海藻を出荷している若手業者のマルキは、自らリスクを負いながらも震災後一年足らずで事業の立ち上げに成功し、女性を中心に一〇名以上の地元従業員を雇うことになった。養殖に少なくとも三年を要するホヤと異なり、ホタテやワカメは一年で養殖が可能である。震災以降、北海道から稚貝が提供されたおかげで、はやくも二〇一二年の夏にホタテの出荷が可能になった。

一方、寄磯の沖合漁業は二〇一二年三月の操業再開以来、様々な問題を抱えている。まず、オキアミを漁獲したが、暫定基準値（一キロあたり一〇〇ベクレル）を超える放射能が検出された。その後、コウナゴ漁に出たが、原発事故直後に茨城県などで漁獲されたコウナゴ類で高度汚染が見られたとの報道があったことなどから、風評被害により出荷することができなかった。そして、初夏になりイカ漁に出たが、不漁に見舞われた。「イワシで殺され、イカで生かされた」（川島 二〇一二：九五―九七）という興味深い漁師たちのことわざがあるが、寄磯の震災後の状況には当てはまらない。

谷川《やがわ》、大谷川《おおやがわ》、鮫浦など、鮫浦湾の他の集落が完全に破壊され、近い将来、高台か別な安全な場所への移転が行われる可能性が高いなか、大きな被害に見舞われながらも、集落の半分が残っている寄磯浜は今後、鮫浦湾全体の漁業復興へ向けて大きな役割を担うことになる。幸いにも、二〇一一年一二月に宮城県が寄磯漁港を「沿岸拠点港」に指定したことにより、行政側も復興への取り組みにいっそう力を注いでいくであろう。一方、湾内に位置し、津波で全壊した谷川小学校は二〇一二年三月に廃校となり、事実上、近隣の大原小学校に編入された。長い歴史があり、高台にあるため被災せずに避難所として使われた寄磯小学校は、震災当時まで二〇名以上の生徒がいたが、在校生徒数は二〇一二年九月までに一四名に減ってしまった。高齢化が進む三陸の過疎地のなかでも、寄磯浜には若い住民が比較的多く、その将来にとって小学校の継続が大きな意味をもっている。しかし、寄磯小学校の校長は、二〇一二年九月にこう語った。

寄磯小学校の継続は石巻の教育委員会で決められることです。（……）今のところ、教員の宿舎もなく、私は毎日石巻市街地から通っています。震災直前の三月に就任したこともあり、住民ともまだあまり馴染んでいないのです。ここの学校は事実上、集落の皆さんが頑張ってくれたから存在しているようなもんでもあり、住民は継続を強く願っていますが……。

石巻市の水産加工品メーカー木の屋は、販売ができない期間中に長年の顧客を失うことを恐れている。彼はインタビューの中で、自分たちが過去には「一匹狼」のように行動することが多かったが、今は「一人で再建を行うのは不可能です。それで災害後に人々が団結しました。しかし、皆の意見や望みを全てまとめるのはかなり困難です（……）再建の取り組みにはリーダーシップが必要なんです」と述べている。

現在の状況が、現行体制を変える機会を与えていると見なすかと尋ねられ、彼は「再建に貢献する投資システム（一口オーナー制を指す）を通じて、顧客とのつながりを深めることができます。再び水産物を販売できるようになるまで、顧客を失わないように気をつけなければなりません」と答えた。

協力

一方、七ヶ浜町は、共同作業の取り組みを示す良い例である。沿岸地域の住民は、ほとんどが古くから住み着いている漁師、農家、自営業者である一方で、町の中心部は、近年になって、仙台市、多賀城市、塩竈市といった近隣都市の通勤者が住む「ベッドタウン」となっている。

地元の自営農家や漁師は、震災によって著しい被害を受けた。七ヶ浜町内では、農地の九割が海水によって浸水し、すべての港が、護岸の損害または地盤沈下など何らかのかたちで被害を受け、複数の港が海面下に残されている（七ヶ浜町 二〇一一b）。住民にいたっては、六〇〇棟以上の家が全壊、四〇〇棟以上の家が半壊し、さらに四〇〇〇棟近くが何らかの損害を受けた（Mand 2012）。震災直後は人口の四分の一近くが避難所生活を送った。震災から七ヶ月たっても、まだ二〇〇〇人の住民が七ヶ浜町内の仮設住宅か、町外のアパートにいた（七ヶ浜町 二〇一一b）。

破壊されたノリ乾燥機。七ヶ浜町菖蒲田浜。

七ヶ浜町役場の〔二〇一一年一〇月時点の〕公式記録によると（七ヶ浜町 二〇一一a）、津波で九一名の住民と九名の非居住者が亡くなり、二名の死者の遺体の身元が確認できず、五名が行方不明である。この統計結果を見ると、七ヶ浜町が、宮城県の三陸海岸の他の地域と比較して、人口に対する死者の比率が比較的少ないことが分かる。例えば、沿岸にある前述の雄勝町よりは、はるかに良い状況である。地震によって体育館数棟と学校一校を含む市の建築物が破壊されたが、復興作業において決定的な役割を担う町役場は、津波の影響を受けた場所より高台にあり、災害によって亡くなった町役場職員は一人だけだった。結果的に、町の人的資本と記録の多くが残されたため、両方を失った地域と比べて、七ヶ浜町は優位な立場におかれている。したがって、七ヶ浜町は力強く回復する大きな可能性を秘めている。それでもなお、災害がもたらした惨事自体によって、七ヶ浜町のノリ養殖業者は生業様式を根本的に変えなければならないかもしれない。災害以前には、ノリ養殖を営む世帯はそれぞれに強硬な単独行動をとり、協力し合う体制がなかった。津波発生当時、単独でノリを養殖する世帯は七五戸あった。現在残っているのは五戸のみである。養殖を再開する予定の世帯は三〇戸あるが、彼らは単独ではなくグループで再開しようとしている。

漁業のほとんどの分野でそうであるように、津波後、養殖を再開するまでには時間がかかった。ノリ養殖の再開に時間がかかった背景には、見た目に明らかな損壊以外にも、大きな理由がいくつかあった。ノリを養殖するためには、夏期いっぱい、網といかだを用意しなければいけない。その後、九月に種を蒔《ま》き、一〇月に移植を行い、一一月に収穫を始める（詳細についてはDelaney 2011を参照）。機材やボートを失わなかった養殖業者でさえ、ほとんどが種蒔きの開始時期までに準備を終えることができなかった。

そのような状況のなかでも、二〇一一～二〇一二年期には、五戸の世帯でノリを作っている。例として、安藤さんは、夏までに家と作業場を建て直し、新しいボートを手に入れた。また、種が植えつけられた網が冷蔵庫に保存されており、使うことができた。それでも、彼は前年の三分の一しか栽培していない。しかし、安藤さんはまれな例外である。ほとんどの養殖業者にとっては、建て直しや機材の再購入による出費、当局が建て直しを許可しないのではないかという疑念、養殖を行う権利を失うのではないかという不安（二〇一一年末）、また彼ら自身の加齢などが制約事項となっている。

前述のとおり、政府（水産庁）は、特定住民にとって有益となる（他の住民に不利となるかもしれない）方針で一部の課題に取り組んでいる。一方、彼らの取り組みのなかには、強硬な独立路線をとっていた世帯に対して、共同作業やグループ形成を要求するものもあり、七ヶ浜町のノリ養殖業者の橋本さんは以下のように述べていた。

地震以前は、共同作業というのはほとんど見られませんでした。地域の漁師間でかなりの競争がありました。一番を狙うことが最も大切とされていました。が、津波の後に人々は変わりました。一人でやるよりは、皆でやるほうが、早く自分たち自身の足で立てるようになることを彼らは知っているのです。こういった感情は、津波がもたらしたものです。(18)

もちろん、政府主導プロジェクトの共同作業に参加すると、安定した給料が得られるうえに、休暇が取得でき、さらに新しい機器、施設、材料への投資に対して政府から九割の補助金が受け取れることなど、多くの有益かつ実質的な理由がある。

それにもかかわらず、漁協支部組合員のなかには、二〇一一年八月時点で、単独での漁業続行を予定している人たちもいた。松島湾沿岸に住む林さんは、「私は、津波以前は、一切共同作業に参加する気はありませんでした。震災で機器は被害を受けなかったし、ボートも失いませんでした。しかし、単独で漁業をすると、今後サポート（政府からの援助）が受けられなくなります」とコメントした。(19)

彼は共同作業を行うグループにマイナス面があることを認識している。マイナス要因として、特に、均等に割り振られた作業をすべてのメンバーがやり遂げるとは限らないことが挙げられる。しかし、彼は、自身が所属しているグループについては、このような問題を克服できると信じている。津波が発生する前に、町内で唯一形成されていた共同作業グループの運営に問題があったと言う。しかし、彼は「私のグループは大丈夫ですよ。同じ問題を起こしません。みんなで努力しますから」と述べる。[20]

林さんによると、七ヶ浜町には単独漁業を継続するノリ養殖業者が最大で四、五名いる。共同作業に参加していないのは、機器、ボートをまだ所有していて、地元の港が使える状態にある漁師たちである。彼らは協力して働く必要がない。すべてを失ったわけではないので、働き方や生業の様式を変える必要がないのだ。ただ、林さんのように、港が海面下に沈んでしまい、従来の港で仕事ができない漁師もいる。

林さんは、心境の変化によって、グループ作業のマイナス面よりもプラス面について考えるようになり、自分自身の生活は大きく変わらないですむだろうと言う。「出費はグループが負担しますから、個人的な負担は発生しません。また、機器を修理する必要性がなくなりました。そのうえ、料金を払わずに他の漁場に入ることができます」と彼は述べている。[21]

彼はまた、将来的に養殖業者の数が減ることがもたらす良い側面を指摘している。「仙台市沿岸部には誰も残っていません。誰もノリの養殖ができず、海が広く開放されている状態ですから、仙台市の漁協から養殖場を貸してもらうことができる……。そしてこの町の人も減っていますから、我々残っている者はさらに多くの漁場を使うことができます。[22]」

彼と同様に、たくさんの漁師が共同作業に参加することのメリットを認めている。それでも組合員が減ったことは、漁業協同組合にとって何を意味するのだろうか。はたして組合は組織として継続できるのだろうか。七ヶ浜町のノリ養殖世帯で養殖の再開を予定しているのは半数以下である[23]。それで充分なのだろうか。七ヶ浜漁業協同組合の副代表は、「協同組合は、組合員が減っても問題はありません。ノリは、漁師のほうが数でまさっていたにもかかわらず、常に最も貴重な収穫物でした」と述べた。また、彼は、共同作業グループであれば、無収穫日が減るため、単独世帯よりも多くのノリを生産できるだろうと指摘した。

七ヶ浜町の漁協組合員は、悪い状況の中でベストを尽くしている。いったん方向性が決まれば、彼らは全力で飛びこんで最大限に状況に対応する準備ができている。この計画が彼ら自身と地域に対して利益をもたらすと信じる構えができている。かつてそうだったように、「ノリの養殖業者は、『ありうること』を拠り所にして楽しみにしている。どれくらいノリが生産できるか分からないが、いつでも希望や夢をもつことはできる」のだ[24]（Delaney 2003: 216）。

再建

雇用に関する政策提案に加えて、国内では、被災者が今後どこに住みどこで働くかという議論がさかんになされている。多くの復興プラン（例：七ヶ浜町　二〇一一b）は、被災者を従来の住宅から、より安全と考えられる内陸や高台の地域に移住させる提案がもりこまれている。このようなプランには賛否両論あり、承認の可否および時期は現時点で不明である。だが、宮城県はこのような取り組みの前例をもつ。例えば、一九三三年に起きた三陸沖地震の後に、岩手県と宮城県は、県の予算を用いて岩手県で二〇〇〇戸、宮城県で八〇〇戸の世帯を移転させた（Noh 1966: 5）[25]。

こうした復興プランによって、広範囲の沿岸地域が緩衝地帯となる。また、多くの場合、もとは住宅地だった地域が公園や広場となる。七ヶ浜町においては、多くの命とインフラが失われた菖蒲田浜《しょうぶたはま》と花渕浜《はなぶちはま》の地区が最も大きく変わらねばならなくなるだろう。ある女性住民は、自身の家が倒壊したことをはじめとする被害の甚大さにもかかわらず、強制移住を想定して動揺していた。「私には他に行く場所がありません。ここが私の家なんです。いったいここ以外のどこに行けばいいというんでしょう[26]」とあきらめた様子の住民もいる。和田さんは、「ここの土地は海面下に沈んでしまったので、行政はここを公園にしようと言っています（……）私の両親をどこに住まわせればいいのか検討もつきません」と述べた。移住計画がうまく運ぶかどうかは現時点ではまだ分からない。七ヶ浜町でインタビューした住民の意見はかなり分かれていた。一部の漁師は町の再建を望み、実際に既に建物の改築を果たした者も一人いた。一方で移住を望んでいる住民もいる。似たような意見の対立は、三陸沿岸全域で見られる。

結論

宮城県そして東北地方の太平洋沿岸部の諸コミュニティの人々にとって、きわめて困難な課題が残されている。宮城県の三陸海岸の漁師は、従来の生業のあり方や、多くの場合数世代もさかのぼる生計手段を取り戻そうと、最大限に努力している。今回、ほぼ前例を見ない被害の大きさであったとはいえ、三陸海岸の人々は一生のうち約三回の津波を経験してきた。彼らは海で働く危険を知っている。また、水際における津波の危険信号を理解している。このような知識によって、彼らの多くは、波の犠牲にならずにすんだのである。

しかしながら、現在彼らは漁師が「山」と称する状況に直面している（Kalland 1995: 247–249）。問題が「山」積みであり、その「山」を越さなければならない。漁師は海で仕事をしている間、「山」の位置によって方角を確認するため、「山」は彼らの畏敬の念の対象とされてきた。三陸の住民は言う。「山」は動かない、だから人が動かなければいけないのだ、と。

いま本当に動かなければいけないのは、援助の財布の紐を握っている政治家と役人である。彼らが、再建の土台を整え、沿岸部の住民に良い影響を与える新たな法律や政策を整備しなければならない。漁業法を改正するのであれば、純粋に人々の復興の取り組みのために臨時の改正をするべきであり、少数の外部投資家の利益のために、時代遅れかつ経済成長の妨げであると一部の人々に認識されている法律を変える機会として利用すべきではない。混乱が解消され人々が復興に取り組めるように、行政は、復興に関わる法律を明確に提示し、今後何が変わって何が変わらないのかということを、しっかりと説明する必要がある。

再建の各段階で当局が思慮深い決断をできるかどうかが成功を左右する。彼らが単にマスタープランに従って仕事を終わらせようとするのではなく、人々の要求に注意深く耳を傾け、ケース・バイ・ケースで対処することが肝要である。高齢の漁師が再建のリスクを負いたがらないことや、若い人々が地域にとどまるうえで重要な過疎地の学校をどうするか、といった世代の問題も、この地域の漁業部門の全体的な回復と不可分に結びついていることは間違いない。

まけたらあかん。ともにやるしかない！
七ヶ浜町花渕浜。

大震災によって百万を超える人々が直接被害を受けた。また数万人が家や生計手段を失った。被害を克服するためには数年かかると言われている。一〇年以上かかるかもしれないと言う人もいる。現時点では、被害を受けなかった人々が多大な被害を受けた人々に対して共感と同情を寄せることが必要である。

　被災地で大多数の人が強いモラルをもっていることが、私たちにとって最大の励みになった。この地域の人々は、逆境の際に見せる忍耐強さで知られる。数百年にわたって干ばつ、飢餓、地震、津波にさらされたことで、このような性質が培われてきた（例：Hane 1982; 西田　一九七八; Wilhelm 2009 参照）。この性質はステレオタイプのように思われるかもしれないが、災害後の私たちのフィールドワーク経験により、それがステレオタイプなどよりはるかに根深いものであることが確認できた。こうした忍耐強さは、単なる運命の享受ではなく、挑戦への意気込みである。七ヶ浜町の花渕浜地区で、ある壊れた家の窓に掲げてあったように――「まけたらあかん。ともにやるしかない！」。

　このような忍耐強さは、復興への重要な鍵の一つである。もうひとつの鍵は、ともに取り組み協力し合う姿勢である。さらに、政府主導のプログラムや政策が包括的な支援を提供できるかどうかが三つ目の鍵となる。三点目については、政府および行政の関係者が、再建の各段階で三陸沿岸の住民の当地ににおける本質的なニーズを注意深く汲み取り、主要プランの修正さらには撤回が必要となる可能性があることを認識しなければならない。最初の難関となるのは、政治課題としていったん取り挙げられたさいに県庁と宮城県漁協との間で議論の対象となった水産特区問題かもしれない。

注

（1）本章は、デレーニが七ヶ浜町で行った短期フィールドワーク（二〇一一年一〇月）およびウィルヘルムが雄勝町と寄磯浜（石巻市）、唐桑町（気仙沼市）、仙台市で行ったフィールドワーク（二〇一一年七月二一日から八月三〇日までと二〇一二年九月）にもとづきまとめられたものである。旅費の一部を負担したオーストリア・リサーチ・アソシエーション（ÖFG）およびフィールドワークの実現に尽力していただいたすべての関係者に感謝したい。

（2）三つの陸地を意味する三陸は、明治初期の政治・行政の過渡期に短期間存在した陸奥、陸中、陸前の三つの県を指している。この論文で焦点を当てる地域は、和歌森（一九六九）で用いられた陸前北部に対応している。本章では、瀧本と名須川（二〇〇四）のように、仙台から青森県の鮫までの広域を指す。なお、「三陸」という地名の定義に関しては米地と今泉（二〇〇四）を参照。

（3）リアス式の入り江は、河川によって侵食されて形成される細長い入り江を指す。氷河で形成されていない点でフィヨルドとは異なり、フィヨルドより浅くて小さいことが特徴である。

（4）デレーニは一九九一年に地元の漁業協同組合の妻たちを対象としたインタビューを始め、その後、社会的なつながりが海洋資源を入手する際に重要となっていった経緯が海洋環境の健全性とどう結びついているかを論じる博士論文を書いた（Delaney 2003）。一方で、ウィルヘルムは海苔養殖者の漁業権に着目して、一九九八年に三陸でフィールドワークを始めた。その後、彼の関心は、三陸最南端の牡鹿半島の太平洋側に見られる民間風習の歴史的ルーツに移行した（Wilhelm 2009）。

（5）「居住地集団移動や現地集約　仙台東部3ゾーン化　市が検討」『河北新報』二〇一一年五月二九日付。〈http://www.kahoku.co.jp/spe/spe_sys1062/20110529_17.htm〉二〇一一年五月二九日アクセス。

（6）唐桑半島津本にて、二〇一一年八月二三日。

（7）文化人類学の標準的技法に従い、インタビュー回答者の名は守秘義務のため仮名で表記している。身元情報の開示に同意した個人については、氏名を掲載している。また、引用されている発言の一部は、著者の記録した日本語の発言の通りではなく、本稿の英語版原文にもとづき日本語に翻訳しなおされているものがある。

（8）唐桑半島東舞根にて、二〇一一年八月二四日。

（9）通常、水産特区（水産業復興特区）と呼ばれる。指定地域（一一県内の二二二の地方自治体）に対して特例や施策を一括で適用する復興特別特区（復興特区）とは区別する必要がある。ただし、水産特区は、復興特区を介した取り組みの一部として捉えることができる。

（10）東日本大震災復興構想会議は、二〇一一年四月一四日に初回会議を開催した。注目すべきは、諮問機関に指名された特別顧問のうち、漁業の専門家は馬場治（福島県の海洋資源管理に携わる実務の専門家）のただ一人だったことである。メンバーの一覧については以下参照。〈http://www.cas.go.jp/jp/fukkou/pdf/kousei.pdf〉

（11）水産庁が発表した復興に関する補正予算の全概要については以下参照。〈http://www.jfa.maff.go.jp/j/budget/23_hosei/dai3ji.html〉二〇一二年二月六日アクセス。漁業従事者向けに作成された復興に関する補正予算の概要簡易版については以下参照。〈http://www.jfa.maff.go.jp/j/yosan/23/pdf/zenbun2_2.pdf〉二〇一三年二月六日アクセス。

（12）「平成23年度第3次水産関係補正予算の概要」〈http://www.jfa.maff.go.jp/j/budget/23_hosei/pdf/3jiyosan_gaiyo.pdf〉二〇一三年二月六日アクセス。

（13）「震災による被害甚大地域の4割が営業不能＝帝国データバンク」『財経新聞』二〇一一年七月八日。〈http://www.zaikei.co.jp/article/20110708/75608.html〉二〇一三年二月六日アクセス。

（14）漁協支部内の一般的な問題の詳細については、Wilhelm（2009: 96-97）参照。

（15）一口オーナー制度とは、被災地において早期の再建や雇用確保のために設けられた体制である。一般には社団法人であり、一口が一万円となっている。

（16）石巻市雄勝、水浜にて、二〇一一年八月二七日。

（17）前網地区の住民のほとんどが寄磯浜の五梅沢《ごばいさわ》という小さな地域に仮設住宅を割り当てられた。寄磯浜と前網地区の住民で別々に行っていたその他の祝い事や行事も、3・11以降には合同で行われるようになったことは興味深い。二〇一二年九月に行った調査では、両地域の住民のあいだで緊張したやりとりが多くかわされるのが観察された。

（18）二〇一一年一〇月一八日。

（19）二〇一一年一〇月一八日。

（20）二〇一一年一〇月二一日。

（21）Delaney（2003）は、漁場の貸出／交換にかかる地域の慣習について詳細な説明を記載している。

（22）仙台市の閖上《ゆりあげ》地区では、すでに津波以前からノリの養殖業者の多くが引退していたため、七ヶ浜町のノリ養殖者は、昔から仙台市の漁場を借りていた。

(23)漁業協同組合七ヶ浜支部副代表との直接の会話より

(24)かつてノリの養殖業者であった町内会メンバーの発言より。

(25)一九三三年三月三日の津波後の居住地の移転について、柳田国男に学んだ人文地理学者の山口弥一郎が貴重な研究を残しており、川島(二〇一二:三七-五九)が適切に総括したうえでその意義を認めている。

(26)二〇一一年一〇月一八日。

参考文献

川島修一　二〇一二『津波の街に生きて』東京:冨山房インターナショナル。

七ヶ浜町　二〇一一a「東日本大震災被災情報　九五(二〇一一年一〇月三一日)」七ヶ浜町:震災復興推進本部。

七ヶ浜町　二〇一一b「七ヶ浜町震災復興計画前期基本計画[2011-2015]」七ヶ浜町:震災復興推進本部。

成美堂出版編集部(編)　二〇一一『地図で読む東日本大震災』東京:成美堂出版。

瀧本壽史、名須川溢男(編)　二〇〇四『三陸海岸と浜街道(街道の日本史　五)』東京:吉川弘文館。

西田耕三　一九七八『南三陸災害史　津波、火災と消防の記録(気仙沼双書第六集)』気仙沼:NSK地方出版。

船渡隆平　二〇一一「漁業者・地域のための復興を:復興の妨げになる水産特区構想は撤回を」『日本の針路』三三七(二〇一一年七月):一一—一三。

宮城県(編)　二〇一一『宮城県水産復興プラン』仙台:宮城県。〈http://www.pref.miyagi.jp/suishin/plan-honbun.pdf〉二〇一三年二月六日アクセス。

無名　二〇一二「石巻名産のホヤとホタテの復興を目指す」『【縁】ENISHI』三号:一二〇-一二一頁。

米地文夫、今泉芳邦　一九九四「地名「三陸地方」の起源に関する地理学的ならびに社会学的問題」『岩手大学教育学部研究年報』五四（一）：一三一―一四四頁。
和歌森太郎（編）　一九六九『陸前北部の民俗』東京：吉川弘文館。

Delaney, Alyne Elizabeth. 2003. *Setting Nets on Troubled Waters. Environment, Economics, and Autonomy Among* nori *Cultivating Households in a Japanese Fishing Cooperative*. Ph.D.-thesis, Faculty of Arts and Sciences, University of Pittsburgh: Pittsburgh.

——. 2011. 'Algal Management through a Cultural Lens: Examining the Roles of Women and Households in Japanese *Nori* Cultivation.' *CBM - Cahiers de Biologie Marine* 52 : 527-533.

Hane, Mikiso. 1982. *Peasants, Rebels, and Outcastes: The Underside of Modern Japan*. New York: Pantheon.

Kalland, Arne. 1995. 'Culture in Japanese Nature.' In Bruun, Ole, and Kalland (eds.) *Asian Perceptions of Nature: A Critical Approach*, pp. 243-57. Richmond, Surrey: Curzon Press.

Mand, Frank. 2012. 'Shichigahama by the Numbers: Vice Mayor Provides First Detailed Look at 2011 earthquake.' *Old Colony Memorial Newspaper, Wicked Local Plymouth*. August 11, 2012. 〈http://www.wickedlocal.com/plymouth/features/x866123310/Shichigahama-by-the-numbers#axzz23Px2YV8w〉

Wilhelm, Johannes Harumi. 2009. *Ressourcenmanagement in der japanischen Küstenfischerei*. Dissertation, Rheinische Friedrich-Wilhelms-Universität Bonn, Philosophische Fakultät. Norderstedt: BoD.

コラム　「かあちゃん出てこない」

ブリギッテ・シテーガ
（池田陽子訳）

二〇一一年六月五日。山田湾は美しい。しかし、町中からでは、防潮堤に視界を遮られて見えない。山田湾の景色を見ようと、港を散策に来た。人気はほとんどない。男性が二人、港の地盤沈下の度合いを観測している。かつて漁協の建物として賑わっていた場所で、くたびれた感じのする、赤ら顔の中年男性が、硬い表情でがれきの下を覗きこんでいる。「漁師さんですか」と訊いてみた。「はい」と答えた後、男性は「かあちゃん出てこない」と呟《つぶや》いた。返事をしながらも、私がいることにまるで気がついていないかのようでもあり、かといって、見知らぬ人に話しかけられていることに別段驚くふうでもない。まるで自分の感情から完全に切り離されているかのようだ。

家が全壊して、今は姉と住んでいると言った。彼は大地震の後、津波から船を守るため沖に向けて船を出したため、津波襲来時は海上にいた。「船が無事で良かったですね」と言ったら、「いや、あれは親類のだから」と答えた。そして、未だ行方不明の人たちにも、一週間後には死亡認定が出ることになっていると続けた。しきりに辺りを見回しながら、何か使い物になりそうな物がないか探しているんだと言う。私が、今頃になってもまだ何か見つかることがあるのかと首を傾げていると、瓦礫の中から使えるものが出てくることは未だにあるけれど、それを保管する場所がないと彼は言った。そしてまた「かあちゃん出てこない」と繰り返した。明らかに、瓦礫の中に妻を探している。まるで彼には、妻を見つけるまでにあと一週間しか残されていないかのように。

二〇一一年七月一六日。今日は滞在先の龍昌寺《りゅうしょうじ》で二回目の合同葬儀が営まれている。三〇〇人余りが参列しており、本堂に入りきれない人もいる。今日の葬儀は行方不明のまま死亡が認定された人びとのために営まれると住職の妻から聞いた（山田町《やまだまち》では四七七人が亡くなり、二五七人が行方不明である）。遺体の一部のみが見つかり、DNA判定で身元が判明した身内の遺灰を骨壷に納めて持ってきた人もいた。津波で自宅が消失し、遺影にする写真が一枚も手元に残らなかった遺族たちもいる。何とか親類の持っていた写真から故人を見つけ、それをスキャンして遺影にしていた。身内の死を認定してもらうことは、保険や補償の支給のためだけでなく、気持ちや感情の面においても大事なことだった。

愛する家族や友人を失うことは、どんな形であれつらいことだが、きちんと別れが言えず、心に区切りがつかないままでいるのは、本当につらく、やりきれないということを、仕事を退職したばかりの治子*さんから学んだ。治子さんは、がれきでひどい怪我をして、三月三一日に手術を受けることになっていた。その手術のため宮古の病院に向かっている時に携帯電話が鳴り、壊れた自宅の中で、いつもの場所に座ったまま、がれきに埋もれた状態でおばや（おばあちゃん）の遺体が見つかったと連絡を受けた。「それを聞いてやっと安心して、これで心置きなく手術に臨めると思いました。それまではずっと心配な気持ちでいましたから。今は、おばやが見つかって本当にほっとしました。」

八〇分の葬儀は住職と二人の若い僧侶によって執り行われた。まず一分間の黙禱が捧げられ後、読経があった。三重県の陶芸家たちが、身内を亡くした人のためにと送ってくれた様々な色や形の地蔵が用意されていて、地蔵は各自、持ち帰ることができた。式の最中は、皆、平静を保っており、泣いている人は見か

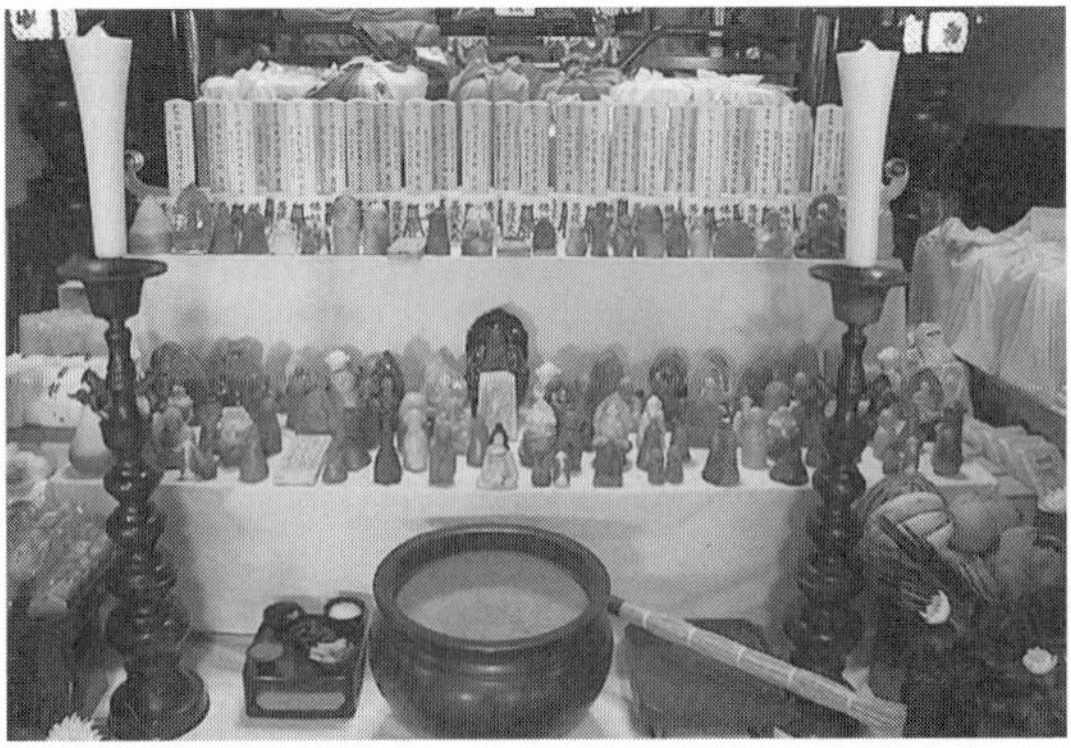

龍昌寺で行われた２度目の合同葬儀にて。2011 年 7 月 16 日。

けなかった。

葬儀が終わり外に出ると、はじめて涙が見られた。佐智子さん*の小学校の同級生の一人は、津波に飲まれてしまい、三月末に行われた卒業式を同級生の皆と一緒に迎えることができなかった。その少女の同級生や学校の先生たちの多くが合同葬に参列した。お悔やみを言うために、泣きじゃくる母親とその家族のまわりに皆集まっていた。何と話しかけているのかまでは聞こえなかったのに、その少女のことを知らない私までももらい泣きしそうになった。

身近な誰かを亡くした人を慰める言葉を見つけることは難しいが、亡くなったのが幼い子供の場合はなおさらである。ここに記したことに関しては、学術的解釈は特にない。ただ、こういった瞬間に立ち会い、記録してきたことで、私たち研究者は、調査に参加してくれた人たちに対して親愛の感情をもち、それによって、人としての心の結びつきが生まれる出会いの機会となった。

三月一一日の大震災と大津波の余波が続くなか、時間を割いて調査に参加し、考えや気持ちを語ってくれた方々すべてに心よりお礼申し上げたい。

（注）＊を付した名前は仮名。

あとがき

二〇一一年三月一一日、この本の著者は世界のあちらこちらに散らばっていて、その多くは互いに会ったこともなかった。私ギルはたまたまオックスフォードの実家で寝ていた。日本の午後二時四六分はイギリスの午前五時四六分だ。七時ごろ、母親に起こされた。「テレビを見なさい。」仙台空港の津波だった。日本沈没か。二〇年間日本に住んでいるのに、大震災の時は九五〇〇キロも離れていた。

その日、オックスフォード大学のニッサン日本問題研究所の学会があった。テーマは「日本、アメリカとヨーロッパの大学教育における国家の役割」。自転車に乗り研究所に向かった。隣の部屋でNHKの衛星放送が流れていたが、大講義室では普通に大学教育の問題を話し続けた。こういうとき、そんな話しをしてていいのか。あぁでも、遠いイギリスにいる我々はどうせ役に立たないよね。とにかく無力な感じだった。夕食会の時間、旧知のブリギッテ・シテーガとじつは初めて顔を合わせた。我々は学会の平常心ぶりに多少違和感を覚えていた。二人とも日本に身内の人がたくさんいて、その安否もまだ確認していない。調査や研究の話をする余裕などなかった。学会の二日目が始まる直前、ニュースをチェックすると、今度は福島第一原発の第一原子炉が爆発する映像が出た。やはり日本沈没か。しかし学会はゆっくりと大学教育の問題で進行しつづけた。

3．11の数日後には、オックスフォードの中心で福島支援デモを行った。私も親と一緒に参加した。原子力発電の問題性を指摘するビラを配りながら、私は少し考えて、「ノーモア・フクシマ！」と言いだした。やはり「ノーモア・ヒロシマ」という有名なスローガンは頭にあった。しかし二〇分ぐらい「ノーモア・フクシマ！」と大声で言っていると、たまたまそこにいた日本人の中年女性に声をかけられた。

「そのスローガン、やめてほしい。福島の人々はただでさえ大変なのに、外人さんに〈ノーモア・フクシマ！〉と言われたくないでしょう。」

もちろん福島が消えてほしいという意味ではなく、「福島第一原発にあったような事故が二度と起こらないように原発をやめましょう」という意味である。「ノーモア・ヒロシマ！」と言う人が広島を差別しているわけではないと同じく。しかしそう説明しても、彼女は納得しない。

「広島は六五年前だった。福島は今現在大変だよ。当事者はその言葉を絶対に聞きたくないよ。」

聞いてみると彼女は福島県民ではなく江戸っ子。あまり納得はしなかったが、母親に「彼女の言うとおりかも。よしなさい」と言われて、仕方なく「ノーモア・原発事故！」にスローガンを変えた。

しかし四月二日に日本に戻った後で、「ノーモア・フクシマ！」をよく耳にした。東京の大規模反原発デモでよく使われていた。別な経緯で同じスローガンにぶつかったのである。それを聞いて、福島県の人たちはどういう気持ちだっただろうか。それもあって、私は宮城や岩手ではなく、福島を調査する決意をしたのだった。

二〇一一年六月二五日～二六日、東京で第一五回日本アジア研究会（Asian Studies Conference Japan：ASCJ）があった。そこで私が組んだ被災地パネルがあり、百数十人が来たと思う。そこにもブリギッテがいて、すでに岩手のフィールドワークを始めていると分かった。数週間避難所に暮らして調査したという。それより長期間の調査をした研究者は極めて少ない。四月から新学年が始まったせいもあり、急きょ仕事を中断して被災地に飛び込むのはそう簡単ではない。私も、仕事の合間を縫って週末や休みの期間に行った。ブリギッテの比較的長期にわたる調査は貴重なデータをもたらした。

ＡＳＣＪ学会では、他にもかなり大勢の人が被災地を調査していると分かった。そこで、ブリギッテに研究プロジェクトのパートナーになるように「プロポーズ」すると、幸い引き受けてくれた。二人で日本研究者のメーリングリストを生かして他のメンバーを募り、一五人ぐらいのチームを組んだ。最後までしぶとく頑張ったのが本書の一一名である。ブリギッテは組織力があり、私を含むよそのメンバーが怠けているとき活を入れてくれる。彼女がいなければ、この本は存在しない。

途中からデビッド・スレイターを編集チームに加えた。彼もユニークな視点から、東北の被災者たちと外から入った支援者の顔合わせを巧みに捉えている。彼は私とブリギッテと違い、震災直後から被災地に入り、熱心に復興支援活動をしていた。彼の観点はこの論集に必要不可欠である。

当時、被災地で人類学・社会学の調査を行うことの是非を問う声もあった。「日本研究の方が東日本大震災に関して興奮しているような話をここで読むと時々気分が悪い」とある有名な日本人の人類学者が英語でメーリングリストに投稿した。「被災地を調査するのは時期尚早、被災者の心を傷つけるリスクが高い」と今でも言う人類学者はいる。確かに、被災地を調査対象とすることには様々な倫理的問題がある。ただでさえ苦しんでいる人々にしつこく質問して、事情をさらに悪くするなら、無責任の極みである。しかし同時に社会科学者がこの問題を無視することも無責任だと言われても仕方がない。実際、フィールドに入ってみると様々な反応があった。特に津波で身内を失った人には誰とも話したくないことがよくある。無理に話をさせることは、もちろんなかった。しかし同時に、自分の経験を話したい、地元の問題を外部に分かってほしい、という人もいた。そして年月が経ち、3．11の話題性が次第に薄れるなか、被災地をまだまだ訪れてくる研究者の存在が有りがたいという人もあった。

メンバーを募集してから、二回（二〇一一年八月一九日と二〇一一年一一月一三日）横浜でシンポジウムを行った。一回目のシンポジウムでは、山下晋司（東京大学）、苅谷剛彦（オックスフォード大学）、マイケル・シャクルトン（大阪学院大学）、アレックス・ヴィーシー（明治学院大学）、二回目のシンポジウムではジェームス・ロバーソン（東京女学館大学）、アール・キンモンス（大正大学）、スザンネ・クリーン（ドイツ日本研究所）マイケル・ワトソン（明治学院大学）など、数多くの学者から助言や批判をいただき、とても参考になった。この本の論文はそのシンポジウムの発表とそれに対するコメントをもとにしている。のちに、本に仕上げる過程で、マーク・セルデン（コーネル大学）にも多々お世話になった。コメントをいただいた先生方に心から感謝を申し上げる。

幸いにして、国際交流基金の知的交流会議助成プログラムから助成金を受けられたことが、この論集の英語版（*Japan Copes with Calamity: Ethnographies of the Earthquake, Tsunami and Nuclear Disasters of March 2011*. Oxford: Peter Lang, forthcoming 2013）と日本語版の出版の大きな助けとなった。この場を借りて国際交流基金に感謝の意を伝えたい。この二冊の本は同じ原稿から始まったが、編集の過程でお互いにかなり独立性が出た。例えば、論文の掲載順など構成はかなり違う。外国人が編者となって作ったこの本が日本人の読者に読み応えのあるものになったとすれば、それは人文書院の伊藤桃子さんの素晴らしい編集のおかげである。大変お世話になったことに感謝申し上げたい。

日本に関して外国人がどう考えているか知りたい——それは日本人によくある特徴だと言われる。この論集にはイギリス人、アメリカ人、オーストリア人、フィンランド人、アイルランド人が参加していてかなり国際的だが、そこに日本人のメンバー、森岡梨香さんと池田陽子さんも加わった。国際経験豊かな二人は、この国の社会科学の新世代の担い手であり、自分の論文を完璧な英語と日本語で執筆するだけでなく、他のメンバーの論文の翻訳までこなして、この日本語論集に大きく貢献してくれた。論文のうち三本は森本麻衣子さん、深澤誉子さんというプロの翻訳家が翻訳を引き受けてくれた。私は自分の論文とイントロダクションを日本語で書いたが、国立民族博物館の森田良成さんに原稿を見てもらい、お世話になった。そして妻の真奈美にも最初から最後まで助けてもらった。感謝、感謝。

私を含むこの本の著者全員が東北の復興・復活を心の底から祈っております。

トム・ギル

二〇一三年二月一八日　大磯にて

ネーサン・ピーターソン（Nathan J. Peterson）
1981年米国ネブラスカ州生。アイオワ大学博士課程（美術史）在籍。東アジア現代美術史，中国の仏教洞と日本神道祭祀研究。中国天津大学外国語講師。2007年より日中で調査研究，教育に従事。3・11の後，10ヶ月岩手県の宮古市に住み，2012年より現職。フォトエッセー『讀不完的書，走不完的路』（『米国大使館新交流報』3号，北京，2012）ほか。

アリーン・デレーニ（Alyne E. Delany）
1970年米国生。ピッツバーグ大学博士（文化人類学）。アールボーグ大学（デンマーク）革新的漁業運営研究所准教授。ヨーロッパや日本の漁業，とりわけ社会組織，沿岸文化，ジェンダー，社会の持続可能性研究。"Transition in *Nori* Cultivation : Evolution of Household Contribution and Gendered Division of Labor"（*CBM - Cahiers de Biologie Marine* 52, 2011），"Profiling of Small-scale Fishing Communities in the Baltic Sea"（*European Commission Report*, 2008）ほか。

ヨハネス・ウィルヘルム（Johannes H. Wilhelm）
1970年日本生。ボン大学哲学部博士（日本学）。ウィーン大学東洋学研究所助教。北日本の太平洋側における沿岸漁業，地域の社会経済・歴史などを10年以上研究。現在は東日本大震災による津波の被害者の調査と地方社会を支える地元文化の維持に力を注いでいる。「アンバサンに見られる里海の記憶——宮城県牡鹿半島寄磯浜をフィールドから」（『季刊・東北学』5号，2005年）など三陸の沿岸地域の文化，またヨーロッパと日本の交流史や沖縄の歴史についての論文がある。

森本麻衣子（もりもと　まいこ）
1977年生まれ。東京大学法学部卒業。カリフォルニア大学バークレー校博士課程（文化人類学）在籍。東アジアにおける歴史と記憶，暴力とトラウマなどの問題に関心をもつ。訳書にレイ・ベントゥーラ『横浜コトブキ・フィリピーノ』（現代書館，2007）。

深澤誉子（ふかざわ　たかこ）
1985年生まれ。東京大学文学部卒業（社会学）。日本在住外国人に係る地域政策を研究。企業勤務を終えた後，翻訳業に転身。主に学術およびビジネス関連の文書を専門とする。現在カリフォルニア州バークレーに在住。

代表者として，生活困窮者，福祉施設，移住労働者やDV被害者らに，食品を提供する活動を始める。2002年，非営利団体「セカンドハーベスト・ジャパン」（http://2hj.org/）を設立し，理事長になり，現在に至る。

トゥーッカ・トイボネン（Tuukka Toivonen）
1979年フィンランド生。オックスフォード大学博士号（社会政策学）。同大学グリーン・テンプルトン・カレッジ研究員およびGLOCOM客員研究員。主な研究テーマは「若者」「政策」「社会的イノベーション」。現在，若者による社会起業を説明するうえで大切な要因となる「社会イノベーション・コミュニティ」について新しい研究企画を立ち上げている最中であり，共同研究希望者を募集している。2013年秋以降，オックスフォード大学ニッサン日本問題研究所研究員に。*Japan's Emerging Youth Policy: Getting Young Adults Back to Work*（Routledge, 2012）。
Web Site: www.tuukkatoivonen.org/

デイヴィッド・マクニール（David A. McNeil）
1965年生。エディンバラ・ネピア大学博士（社会学・経済学）。上智大学非常勤講師。文部科学省奨学金で1993年に初来日。アイルランド，イギリス，中国の大学で講師を務めた後2000年再来日。以後，*Irish Times*や*Independent*，*Economist*などの新聞，雑誌の特派員記者を務める。共著*Strong in the Rain*（雨ニモ負ケズ）*: Surviving Japan's Earthquake, Tsunami and Fukushima Nuclear Disaster*（Palgrave Macmillan, 2012）ほか。

池田陽子（いけだ　ようこ）
福島県生。コロンビア大学国際公共政策大学院修士（国際関係学），ニューヨーク市立大学（CUNY）博士（文化人類学）。博士号論文は『ニューヨークで畑を耕す——地域に根差した環境運動』（原文英語）。環境・地域問題，日米文化比較，ブロードウェーとアメリカ文化等，幅広い関心を持つインディペンデント・スカラー，英語コンサルタント。「ジェントリフィケーションとコミュニティーガーデン——ニューヨーク住人達の都市緑化運動」（『文化人類学研究』13，2012）。

森岡梨香（もりおか　りか）
大阪生。カリフォルニア大学サンディエゴ校社会学部博士（医療社会学）。博士論文は過労死の社会的構築。米国やビルマの国連機関や非営利組織などで，エイズ予防などの研究とプログラムに関わる。米国ではジョンズホプキンス大学関連機関でエイズ治療の薬品服用パターン（Drug Adherence）や，麻薬中毒者の薬物メンテナンスプログラムの研究にも関わる。東北大震災後，福島原発事故と放射能汚染がもたらす社会変化を女性の観点から追う。

略歴一覧

（執筆順。★印は編者）

トム・ギル（Tom Gill）★

1960 年英国生。ロンドン大学（LSE）博士（社会人類学）。明治学院大学国際学部教授。日雇い労働者，ドヤ街，ホームレス調査を経て，福島原発事故被災者調査へ。「寄せ場の男たち――会社・結婚なしの生活者」西川祐子・荻野美穂編『共同研究・男性論』（人文書院，1999），「闘争空間としてのストリート」関根康正編『ストリートの人類学（上）』（国立民族博物館調査報告 80，2009），「西ベルファストの平行線――確執の都市風景」（『明治学院大学国際学部付属研究所年報』15 号，2012），「日本人の都市路上に散った男らしさ――ホームレス男性にとっての自立の意味」サビーネ・フリューシュトゥック/アン・ウォルソール編『日本人の「男らしさ」――サムライからオタクまで「男性性」の変貌を追う』（明石書店，2013）ほか。http://www.meijigakuin.ac.jp/~gill/

ブリギッテ・シテーガ（Brigitte Steger）★

1965 年オーストリア生。ウィーン大学日本学研究所博士（日本学）。ケンブリッジ大学東アジア研究所准教授。日本の社会人類学，とくに日常生活。*Inemuri: Wie die Japaner schlafen und was wir von ihnen lernen können*（Rowohlt, 2007），*To Nap or not to Nap: A Cultural History of Sleep in Japan*（近刊），共編著に，*Night-time and Sleep in Asia and the West: Exploring the Dark Side of Life*（with Lodewijk Brunt, Routledge, 2003），*Worlds of Sleep*（with Lodewijk Brunt, Frank & Timme 2008），*Manga Girl Seeks Herbivore Boy: Studying Japanese Gender at Cambridge*（with Angelika Koch, LIT，2013）ほか。

デビッド・スレイター（David H. Slater）★

1960 年米国生。シカゴ大学博士（人類学）。上智大学国際教養学部准教授。比較文化研究所所長。共編著に，*Social Class in Contemporary Japan: Structures, Sorting and Strategies*（with Hiroshi Ishida, Routledge, 2011），*Alternative Politics: Demonstration and Youth Activism*（with Patricia Steinhoff, Honolulu: Hawaii, forthcoming）ほか。

チャールズ・マクジルトン（Charles E. McJilton）

1963 年米国生。ミネソタ州出身。上智大学修士（社会学）。上智大学非常勤講師（NGO マネジメント）。1984 年初来日。1995 年，山谷の日雇労働者やホームレスの自立センターを作るため「Let's Build」プロジェクトを起こす。97 年から 15ヶ月間，隅田川沿いのブルーシートテントで生活。2000 年から日本初のフードバンクの共同

© Jimbun Shoin, 2013
Printed in Japan.
ISBN 978-4-409-53043-6 C0039

東日本大震災の人類学
――津波、原発事故と被災者たちの「その後」

二〇一三年 三 月 一 日 初版第一刷印刷
二〇一三年 三 月一一日 初版第一刷発行

編 者 トム・ギル
ブリギッテ・シテーガ
デビッド・スレイター

発行者 渡辺博史

発行所 人文書院
〒六一二-八四四七
京都市伏見区竹田西内畑町九
電話 〇七五(六〇三)一三四四
振替 〇一〇〇〇-八-一一〇三

装幀 田端 恵 (株) META
印刷 亜細亜印刷株式会社
製本 坂井製本所

乱丁・落丁本は小社送料負担にてお取替致します。

JCOPY 〈(社) 出版者著作権管理機構 委託出版物〉
本書の無断複写は著作権法上での例外を除き禁じられています。複写される場合は、そのつど事前に、(社) 出版者著作権管理機構 (電話 03-3513-6969、FAX 03-3513-6979、e-mail: info@jcopy.or.jp) の許諾を得てください。

川橋範子

妻帯仏教の民族誌 ジェンダー宗教学からのアプローチ　2400円

仏教は女性を救済するか？　「肉食妻帯勝手」の布告より140年。僧侶の妻、尼僧、女性信徒、仏教界で女性の立場はどう変わってきたのか。日本の伝統仏教教団に身をおく著者が「ネイティヴ」宗教学者として試みる、女性による仏教改革運動のフェミニスト・エスノグラフィー。

白川千尋／川田牧人＝編

呪術の人類学　5000円

呪術とは何か。迷信、オカルト、スピリチュアリズム——呪術は、日常のなかで具体的にどのように経験・実践されているのだろうか。人を非合理な行動に駆り立てる、理解と実践、言語と身体のあわいにある人間存在の本質に迫る。諸学の進展に大きく貢献する可能性のある画期的試み。

藤原潤子

呪われたナターシャ 現代ロシアにおける呪術の民族誌　2800円

一九九一年のソ連崩壊以降、ロシアでは呪術やオカルトへの興味が高まった。本書は、三代にわたる「呪い」に苦しむひとりの女性の語りを出発点として、呪術など信じていなかった人々——研究者を含む——が呪術を信じるようになるプロセス、およびそれに関わる社会背景を描く。

ジェイムズ・クリフォード／太田好信ほか訳

文化の窮状 二十世紀の民族誌、文学、芸術　6000円

【叢書 文化研究3】「文化」概念の再考を迫った衝撃の名著、待望の完訳。「有機的な一体性をもち、ある土地に根ざした固有の」文化などもはやありえない。根《ルーツ》を絶たれたひとびとにありうべき未来への経路《ルーツ》をひらく。
附：著者インタヴュー「往還する時間」／解説「批判的人類学の系譜」（太田）

表示価格（税抜）は2013年3月現在